بهائیگری
شیعیگری
صوفیگری

احمد کسروی

شرکت کتاب

Bahi'ism, Shi'ism Sufi'ism
Subject: Religion - Islam - Iranin history
Author: Ahmad Kasravi

Copyright © 2025 Ketab Corporation
All right reserved.

2nd Edition: 2025

بهائیگری - شیعیگری -صوفیگری
موضوع: ادیان - اسلام - تاریخ ایران
نویسنده: احمد کسروی
چاپ دوم شرکت کتاب: ۱۴۰۴ خورشیدی- ۲۵۸۴ ایرانی خورشیدی- ۲۰۲۵ میلادی

No part of this book may be reproduced in any manner without the express written consent of the author / publisher, except in the case of brief excerpts in critical reviews or articles.
For information about permission to reproduce selections from this book, write to Permissions @ Ketab Corporation

The Library of Congress Cataloging-in-publishing Data is available upon request.

ISBN: 978-1-59584-498-9
Ketab Corporation:
12701 Van Nuys Blvd., Suite H,
Pacoima, CA, 91331, USA
www.ketab.com

2 2 3 4 5 6 7 8 25

فهرست

بهائیگری
گفتار یکم ۱
گفتار دوم ۶۸

شیعیگری
مقدمه ۱۲۸
گفتار یکم ۱۳۶
گفتار دوم ۱۵۷
گفتار سوم ۲۰۳
گفتار چهارم ۲۵۷

صوفیگری
مقدمه ۲۹۱
گفتار یکم ۳۰۱
گفتار دوم ۳۱۵
گفتار سوم ۳۳۵
گفتار چهارم ۳۵۱
گفتار پنجم ۳۶۷
گفتار ششم ۳۸۳
گفتار هفتم ۳۹۹
گفتار هشتم ۴۰۹

بهائیگری

گفتار یکم

بهائیگری چگونه پدید آمده؟

بهائیگری تاریخچه‌ای دراز می‌دارد، ولی ما آن را به کوتاهی خواهیم نوشت.

باید دانست بهائیگری از بابیگری پدید آمده، بابیگری از شیخیگری ریشه گرفته و شیخیگری از شیعیگری برخاسته. پس یک بخش از تاریخ بهائیگری تاریخ شیعیگریست و ما چون از شیعیگری و تاریخ آن در کتاب‌های دیگر سخن رانده‌ایم[1]، در اینجا به آن بخش نخواهیم پرداخت؛ ولی از مهدیگری که به داستان باب و بهاء به همبستگی نزدیک می‌دارد و ما در آن کتاب به کوتاهی نوشته‌ایم، در اینجا کمی درازتر سخن خواهیم راند.

---

۱ – کتاب‌های «شیعیگری» و «بخوانید و داوری» کنید چاپ شده.

۱ - مهدیگری و تاریخچه آن

باید دانست مهدیگری یا باور داشتن به آنکه کسی در آینده با نیروی بیرون از آیین (خارق‌العاده) پیدا خواهد شد و جهان را به نیکی خواهد آورد، از باستان زمان میان ایرانیان و جهودان می‌بوده.

ایرانیان که به اهریمن باور داشته و کارهای بد جهان را از او می‌دانستند چنین می‌پنداشتند که روزی خواهد آمد و کسی از نژاد زردشت بنام «ساوشیانت» پیدا خواهد شد و او اهریمن را کشته، جهان را از همه بدی‌ها خواهد پیراست. اما جهودان چون آزادی کشور خود را از دست داده به زیر یوغ پادشاهان آسوری و کلدانی افتاده بودند، یکی از پیغمبرانشان برای آنان چنین نوید داد که خدا، مسیحی (پادشاهی) از میان جهود خواهد برانگیخت که بیگانگان را دور راند و جهود را از خواری و زبونی برهاند.

این پندارها در میان ایرانیان و جهودان می‌بوده و هر چه زمان می‌گذشته در دلها ریشه بیشتر می‌دوانیده و در اندیشه‌ها به ارج و بزرگی می‌افزوده و دلبستگی مردم به آن بیشتر می‌شده تا آنجا که یک آرمانی برای ایرانیان و جهودان گردیده بوده.

اکنون سخن در آنست که این باور (یا بهتر گویم: این پندار) کی و چگونه و از کجا به میان مسلمانان راه یافته است. زیرا بی‌گمان است که در زمان بنیادگزار اسلام، چنین سخنی در میان نمی‌بوده و نمی‌بایست بود. از آنسوی دیده می‌شود که هنوز صده یکم اسلام به پایان نرسیده این پندار در میان مسلمانان شناخته می‌بوده، چه ما

می‌بینیم که محمد بن حنیفه (پسر امام علی بن‌ابیطالب) که پس از مرگ یزید بن معاویه در مدینه به خلافت برخاست پیروانش که «کیسانی» خوانده شدندی او را مهدی نامیده‌اند، و چون مرده مرگ او را باور نداشته و چنین گفته‌اند:

«زنده است و در کوه رضوی (در نزدیکی مدینه) می‌باشد و خود بیرون خواهد آمد و جنگ‌ها خواهد کرد.»

سیداسماعیل حمیری که یکی از شاعران بنام عرب و خود از کیسانیان می‌بوده شعرها در باره محمد حنفیه داشته. از جمله چنین گفته:

الا ان الائمه من قریش ولاه الحق اربعه سواء
علی و الثلاثه من بنیه هم الاسباط لیس بهم خفاء
فسبط سبط ایمان و بر وسبط غیبته کربلاء
وسبط لا یذوق الموت حتی یقودا لجیش یقدمه اللواء
بغیب لایری فیهم زمانا برضوی عنده عسل و ماء[1]

چنانکه دار مستتر شرقشناس فرانسه‌ای[2] نیز نوشته چنین پیدا

۱ - کوتاه شده معنی آنکه: «امامان از قریش چارتن می‌باشند، علی و سه پسر او، یکی حسن، دیگری حسین، دیگری محمد که نخواهد مرد تا لشگرها بکشد. ولی تا هنگامی ناپیداست و در کوه رضوی در نزد او آب و انگبین می‌باشد.»

۲ - در پنجاه و چند سال پیش که مهدی یا متمهدی سورانی در سودان برخاست و با انگلیسیان و مصریان جنگها کرد و نام او به اروپا و دیگر جاها رسید، دارمستتر شرق‌شناس جهود نژاد فرانسه در یک نشستی در باره مهدیگری گفتاری رانده است که محسن جهانسوز آنرا بفارسی ترجمه و خود نیز چیزهایی افزوده و بنام «مهدی» کتابی گردانیده که به چاپ رسیده، ما در این نوشته‌های خود از آن کتاب سود جسته‌ایم.

است که این پندار را به میان مسلمانان، ایرانیان انداخته‌اند.

زیرا محمد حنیفه که نخست کسیست که مهدی خوانده شده پیروان او (یا کیسانیان) بیشترشان ایرانیان می‌بودند. مختار در کوفه ایرانیان را بسر خود گرد آورد و به پشتیبانی آنان بنیاد فرمانروایی نهاد، و او که محمد حنیفه را به خلافت برداشت غلامش کیسان نام، محمد را مهدی خواند و کیش کیسانی را پدید آورد.

هر چه بود این پندار از نیمه دوم صده یکم تاریخ هجری در میان مسلمانان شناخته گردید در اندک زمانی در دلها جا برای خود باز کرد، و آنچه رواج این پندار را بیشتر گردانید این بود که در همان زمان کشاکش بسیار سختی در زمینه خلافت در میان مسلمانان می‌رفت و چند خاندان بزرگ در آن راه کوشش‌ها بکار می‌بردند. بنی‌امیه با زور و نیرنگ خلافت را برده و علویان و عباسیان (پسران علی داماد پیغمبر و عباس عموی پیغمبر) می‌کوشیدند که آنرا از دست امویان درآورند. عباسیان یک تن را میان خود برگزیده و دوراندیشانه از راه زمینه‌چینی پیش می‌رفتند، ولی علویان که بیشترشان مردان ساده‌ای می‌بودند، گذشته از آنکه همدستی نمی‌نمودند و آرزومندان خلافت در میان ایشان بیش از یک تن و دو تن می‌بودند، به زمینه‌چینی هم نپرداخته فریب سخنان پیروان خود را می‌خوردند و با شتاب بکار برخاسته زود از میان می‌رفتند. چنانکه کسان بسیاری از آنان در همان راه. کشته شدند

این داستان‌ها در کتاب‌ها (به ویژه در «مقاتل الطالبین» ابوالفرج

اصفهانی) نوشته شده. آنچه در اینجا می‌باید نویسم آنست که این آرزومندان خلافت یکی از افزارهای کار، مهدیگری را می‌داشتند. بدینسان که هر یکی خود را مهدی می‌خواند و مردم را به کارهایی که از پیدایش مهدی می‌بیوسیدند امیدمند می‌گردانید و بیشتر آنان، خودشان یا پیروانشان، حدیثی هم از زبان پیغمبر یا امام علی بن ابیطالب، به دلخواه خود ساخته میان مردم می‌پراکندند. در این باره داستان‌هایی هست که برخی را به نام نمونه در اینجا یاد می‌کنیم:

۱- یکی از علویان که در زمان بنی‌امیه به طلب خلافت برخاست زیدبن علی (نواده حسین بن علی) بود. این مرد که خود دلیر و پارسا می‌بود به کوفه آمد و پیروان خاندان علوی که «شیعه» نامیده شدندی بسرش گرد آمده چهل هزار تن به او دست دادند و زید فریب آنان را خورده به بسیج کار برخاست ولی چون هنگامش رسید که به جنگ و جانفشانی پردازد، انبوهی از شیعیان بهانه‌ای پیدا کرده خود را، به کنار کشیدند و زید با دسته کمی مانده کاری را پیش نبرد و خود کشته گردید. همین زید را پیروانش «مهدی» می‌نامیدند و امیدها به مردم می‌دادند. اینست که چون کشته شد یکی از بدخواهان چنین شعری سروده:

صلبنالکم زیدا چون علی جزع نخلهٌ

ولی ارمهدیا علی الجزع یصلب[1]

۱ – معنی آنکه: «زید را از تنه درخت آویختیم و من مهدی ندیده بودم که به تنه درخت آویخته شود.»

از اینسو ما نیز در کتابها حدیثی می‌یابیم بدینسان:

«ان مهدینا سیظهر فی ظهر الکوفه»،

معنی آنکه: مهدی ما بزودی در پشت کوفه پدید خواهد آمد. بیگمان این حدیث را پیروان زید ساخته و برای پیشرفت کار خود پراکنده‌اند.

۲- عباسیان با آنکه بنیاد کارشان را به زمینه‌چینی گزارده، چون کینه ایرانیان را با عرب و خاندان امیه می‌دانستند، ابومسلم را به خراسان برای دسته‌بندی‌ها فرستاده بودند. با این حال آنان نیز از داستان مهدی به سودجوئی برخاسته‌اند و ما حدیثی در کتابها می‌بینیم بدینسان: «اذا رأیتم الاعلام السوده من جانب خراسان فاستبشروا بظهور مهدینا»، معنی اینکه: «چون درفش‌های سیاه را از جانب خراسان دیدید، بخود مژده دهید که مهدی ما پیدا شده». بیگمان این حدیث و مانندهایش را عباسیان و کارکنانشان ساخته‌اند زیرا پیروان آن خاندان می‌بودند که با درفش‌های سیاه از سوی خراسان خواستندی آمد.

۳- از کسانی که در این راه برخاستند و کشته گردیدند، محمد نفس زکیه است که به مهدیگری بیشتر از دیگران شناخته می‌بود. پدر محمد عبدالله نوه پسری حسن بن علی و نوه دختری حسین بن علی، و خود میان علویان گرامی می‌بود. اما پسرش محمد که «نفس زکیه» نامیده شدی چون در میان دو کتفش خال بزرگی می‌داشت (که پیغمبر اسلام نیز چنین خالی داشته بود)، از اینرو از زمان کودکی

علویان و دیگران به او با دیده دیگری نگریستند و امیدها به آینده او بستندی. چون پندار مهدیگری تا این زمان در میان علویان و دیگران شناخته شده بود، بسیار از مردم محمد را «مهدی» نامیده و دربـاره او امیدها در دل پروراندندی. شاعران شعرهایی درباره او گفتـه‌انـد کـه یکی اینست:

و ان یــک ظنـی فـی محمـد صادقا

یکن فیه ماتروی الاعاجم فی الکتب[1]

این شعر دلیل روشن دیگری است که مسلمانان پندار مهدیگری را از ایرانیان (یا بگفته شاعر از اعاجم) گرفته بودند.

باری نزدیک به آخرهای زمان بنـی‌امیـه روزی در مدینـه سـران علویان و عباسیان انجمنـی برپـا کردنـد. از کسـان بنـامی کـه در آن انجمن می‌بودند یکی ابراهیم بن محمد (از عباسیان که سپس ابراهیم امام شناخته گردید و ابومسـلم را او بـه خراسـان فرسـتاد)، دیگـری عبدالله پدر محمد، دیگـری محمـد دیبـاج عمـوی محمـد، دیگـری ابراهیم برادر محمد می‌بودند. گفتگو در این مـی‌بـود کـه یکـی را از میان خود برگزینند و همگی به او دسـت دهنـد و او را بـه خلافـت رسانند، و چون محمد در میان مردم بنـام «مهـدی» شـناخته شـده و مردم را به آینده او امیدهایی می‌بود، به جـوانی و کـم سـالیش نگـاه نکرده و او را برگزیدند و همگی آنانکه می‌بودند (از جملـه پـدرش

---

۱ - معنایش اینست: «اگر گمـان مـن دربـاره محمـد راسـت درآیـد آنچـه ایرانیـان در کتاب‌های خود نوشته‌اند درباره او رخ خواهد داد.«

عبدالله) به او دست دادند (بیعت کردند).

بدینسان مهدیگری محمد هرچه شناخته‌تر و استوارتر گردید و سال‌ها علویان و دیگران چشم براه پیدایش و خیزش او دوخته بودند و شاعران شعرها می‌سرودند. لیکن از این نام او را سودی نبود، و چون چندی نگذشت که عباسیان با دست ایرانیان به خلافت رسیدند، در زمان ابوجعفر منصور (همان مردی که به محمد بیعت کرده بود) عبدالله پدر محمد با کسان دیگری از خویشانش به زندان و شکنجه افتادند و خود محمد و برادرش ابراهیم نیز کشته شدند.

هرچه بوده ما در کتاب‌ها حدیثی می‌بینیم بدینسان: «لولم یبق من الدنیا الایوم واحد لطول الله ذالک الیوم حتی یبعث الله فیه رجلا من اهل بیتی یواطئی اسمه اسمی و اسم ابیه اسم ابی». معنی آنکه: «اگر نماند از جهان مگر یکروز خدا آنرا دراز گرداند تا برانگیزد در آن مردی را از خاندان من که نامش با نام من و نام پدرش با نام پدر من یکسان باشد.»

بی‌گمان این حدیث را کسان ابن محمد برای پیشرفت کار او ساخته و پراکنده‌اند.

از این داستان سه چیز پیداست:

یکی اینکه، مهدیگری از ایرانیان به میان مسلمانان آمده و در خود اسلام چنین چیزی نمی‌بوده؛ دوم اینکه این پندار از آغاز پیدایش خود افزار سیاستی می‌بوده و آرزومندان خلافت هر یکی از آن سود می‌جسته‌اند؛ سوم آنکه مهدی در آن زمان معنی ساده‌ای

می‌داشته و جز این نمی‌بوده که کسی پیدا شود و رشته خلافت را بدست گیرد و با آیین اسلام سررشته‌داری کند.

۲- مهدیگری و شیعیگری

اما مهدیگری در شیعیگری داستانش اینست که چون جعفر بن محمد که بنیادگزار شیعیگری کنونی اوست به دعوی خلافت و امامت برخاست و بدانسان که در جای دیگری باز نموده‌ایم، دسته‌ای را از تندرُوان شیعه بسر خود گرد آورد و سپس جانشینان او یکی پس از دیگری آن دسته را راه بردند، اینان هم از داستان مهدی سود می‌جستند. زیرا چون دسته کم و ناتوانی می‌بودند برای دلداری چنین می‌گفتند: «مهدی از ما خواهد بود.» شعر پائین را در کتاب‌ها به نام جعفربن محمد نوشته‌اند:

لکل اناس دوله یرقبونها   و دولتنا فی آخرالدهر یظهر[1]

در کتاب‌ها حدیث‌هایی هست بدینسان: «ان القائم من ولد فاطمه». معنی آنکه: «برخیزنده از فرزندان فاطمه خواهد بود». همانا اینها را نیز آنان ساخته بودند.

از اینروست که اسماعیلیان که پیروان اسماعیل پسر جعفربن محمد می‌بودند و سپس دسته جدایی گردیدند و داستان‌های درازی

---

۱ - هر مردمی دولتی را دارند که چشم براهش می‌باشند و دولت ما در زمان‌های آخر پدید خواهد آمد.

پیدا کردند، بنیاد کوشش‌های خود را برروی زمینه مهدیگری گزاردند و یکی بنام مهدی برخاست و بنیاد فرمانروایی فاطمیان را گزاشت.

از این سوی در میان خود شیعیان زمینه بهتر و گشاده‌تری برای پندار مهدیگری پیش آمد که هم شیعیگری رنگ دیگری بخود گرفت و هم مهدیگری رویه دیگری پیدا کرد و از سادگی بیرون رفت.

چگونگی آنکه چون حسن بن علی‌العسگری که به شمارش شیعیان امام یازدهم می‌بود درگذشت او را فرزندی شناخته نمی‌بود و از اینرو پراکندگی به میان شیعیان افتاده گروهی جعفر برادر آن درگذشته را (که شیعیان جعفر کذاب نامیده‌اند به امامی می‌شناختند. گروهی گفتند: «امامت پایان پذیرفت و دیگر امامی نخواهد بود». گروهی به دعوی شگفتی برخاسته گفتند: «امام را فرزندی پنجساله هست که پنهان است و در سرداب می‌زید». پیشرو این گروه و گوینده این سخن عثمان بن سعید نامی می‌بود که می‌گفت: «آن امام پنهان مرا میانه خود و شما میانجی گردانیده. شما هر سخنی می‌دارید بگویید برسانم و پاسخی گیرم و پول‌هایی که خواهید داد بدهید بفرستم».

این گفته‌ها دلیلی همراه نمی‌داشت. از آنسوی این باور کردنی نمی‌بود که کسی را فرزندی زاید و چند ساله گردد و مردم از زاییدن و بودن او آگاه نگردند. از این گذشته امام چرا پنهان می‌زیست؟!... چرا از سرداب بیرون نمی‌آمد؟... امام اگر پیشواست باید آشکار باشد و به مردم پیشوایی کند. امام پنهان چه معنی تواند داد؟...!

لیکن در شیعیگری از نخست دلیل خواستن و یا اندیشیدن و فهمیدن نمی‌بوده و اکنون هم نمی‌بایست بودن. از آن سوی شیعیان با آن جدایی و دوری که از مسلمانان دیگر پیدا کرده بودن این نشدنی بود که بازگردند و به آنان پیوندند و در این هنگام ناچار می‌بودند که هرچه گفته می‌شود بپذیرند و دستگاه خود را بهم نزنند.

بهر حال عثمان بن سعید سال‌ها خود را «باب» (درِ امام) می‌نامید و به شیعیان فرمان می‌راند و از آنان پول‌ها می‌گرفت و گاهی از «ناحیه مقدسه» آن امام «توقیع» (یا نوشته) بیرون می‌آورد.

پس از مرگ او پسرش محمد رشته را بدست گرفت. پس از او نوبت به حسین بن روح رسید. پس از او محمد بن علی سیمری که همانا از ایرانیان می‌بوده جانشین گردید. هفتاد سال کمابیش این دستگاه در میان می‌بود. در این میان کسان بسیاری با ایشان به کشاکش برخاستند و هر یکی از آنان دعوی جانشینی از امام سرداب‌نشین کردند. ولی عثمان بن سعید و جانشینان او کار را از پیش برده بودند و میدانی به دیگران ندادند و هر زمان که نیاز افتاد، «توقیعها» از امام در بیزاری از آن مدعیان بیرون آوردند.

جعفر برادر حسن عسگری که وارث او می‌بود از دعوی اینان در شگفت شده می‌گفت: «برادرم را فرزندی نبوده». عثمان بن سعید با زیرکی او را از میدان دربرد، بجای خود که لقب کذّاب به او داده بیچاره را رسوای جهان گردانید.

رویهمرفته دستگاه بسیار شگفتی چیده بودند و کار خود را بسیار

استادانه پیش می‌بردند. ولی محمد سیمری که درِ چهارم می‌بود. چون زمان مرگش رسید کسی را به جانشینی نشناسانید. چنین گفت: «دیگر امام را دری میان مردم نخواهد بود و امام به یکبار از میان مردم دور و ناپیدا خواهد بود». انگیزهٔ این کار او دانسته نیست. هر چه هست پس از مرگ او دستگاه دری برچیده شد و شیعیان بیسر مانده ناچار گردیدند چشم به راه پیدا شدن خود امام باشند (که پس از هزار سال بیشتر هنوز چشم براهند.)

بهر حال همان زمان‌ها بوده که به امام ناپیدا عنوان «مهدی» نیز داده‌اند. شیعیان که می‌بایست چشم براه بیرون آمدن او باشند و به پیدایشش امیدها بندند بهتر می‌بود که او را مهدی نیز شناسند. بهتر می‌بود که میدان پندار را هر چه پهناورتر گردانند. در تبریز مثلی هست می‌گویند: «اکنون که پندار پلو است بگذار هر چه چربتر باشد.»

چنین پیداست که در این باره هم دست عثمان بن سعید و یارانش در کار بوده. چه در اینجا نیز آزمودگی و پختگی نشان داده شده. در اینجا نیز حدیث‌های بسیاری ساخته گردیده. اگر دیگران یک یا دو حدیث ساخته بودند اینجا بیش از بیست و سی حدیث ساخته شده. از جمله:

«الائمه بعدی اثنا عشر آخر هم قائمهم». معنی آنکه: «امامان پس از من دوازده تن باشند. آخر ایشان برخیزنده‌شان (مهدی) خواهد بود». یا «المهدی من ولد فاطمه اسمه اسمی و کنیه کنیتی». معنی

اینکه: «مهدی از پسران فاطمه است. نام او نام من، کُنیه‌اش کُنیه من است»[1].

چیزی که بود اینان مهدیگری را در سادگی خود نگزاردند و آرایه‌های بسیاری به آن افزودند: «پیش از پیدایش مهدی کارهای شگفت بسیاری رخ خواهد داد. یکی سفیانی از شام سرخواهد افراشت. یک سید حسنی از سوی خراسان پیدا خواهد شد، یک دجال خرسواری از اسپهان پدید خواهد آمد، آوازی از میان آسمان و زمین شنیده خواهد شد، آفتاب بازگشته از مغرب بیرون خواهد آمد، امام ناپیدا شامگاه چند بزغاله‌ای در جلو خود به مکه خواهد درآمد، نیم شب بالای مناری رفته یاران خود را که ۳۱۳ تن و در شهرهای شیعه‌نشین ایران پراکنده‌اند بسوی خود خواهد خواند. اینان با «طی الارض» در یک چشم بهم زدن در نزد او خواهند بود. هنگام بامداد مردم بیرون آمده چشمانشان به کسان ناآشنائی خواهد افتاد. امام «یالثارات الحسین» گفته کشتن خواهد آغازید»... از اینگونه چندان است که اگر نوشته شود چند صفحه را پُر خواهد گردانید. چون کسی دلیل نخواسته و بازپرسی در میان نبوده هرچه پنداشته‌اند به رشته سخن کشیده‌اند.

بدینسان مهدیگری به کیش شیعی درآمده و جایگاه بالایی برای خود در آن باز کرده. سپس نیز هر چند که زمان گذشته دلبستگی

---

۱ – نام امام ناپیدا را عثمان بن سعید، محمد و کنیه‌اش را ابوالقاسم گفته است که نام و کنیه پیغمبر نیز همان می‌بوده.

شیعیان به آن بیشتر گردیده. روزان و شبان چشم براه امام ناپیدا دوخته پیدایش او را می‌بیوسیده‌اند، با دعا از خدا می‌خواسته‌اند. به برخی آمادگی‌ها می‌کوشیده‌اند. در کتاب‌ها دعای درازی بنام «دعای نُدبه» هست که باید شیعیان بخوانند و با ناله و گریه پدید آمدن امام ناپیدا را طلبند.

در زمان سلجوقیان درحله که یکی از شهرهای شیعه‌نشین شمرده می‌شده جایگاهی بنام «مشهد صاحب زمان» می‌بوده که می‌پنداشته‌اند امام ناپیدا در آنجاست و اینست روزی صدتن از مردم با شمشیرهای آمیخته در دست، با کوس و شیپور اسبی را به میان انداخته به در آنجا می‌رفته‌اند و فریاد می‌کشیده‌اند: «ای صاحب‌الزمان بیرون بیا...» زمانی همچنان ایستاده و کوس و شیپور زده و فریادها کشیده سپس باز می‌گشته‌اند. سالیان دراز همین کارشان می‌بوده و تا زمان مغول و پس از آن نیز همان رفتار را می‌داشته‌اند. از آنسوی سرداب در سامرا یکی از زیارتگاه‌ها می‌بوده و گروهی نیز امام را از آنجا می‌طلبیده‌اند اینست یکی از ملایان سُنّی، بنام ابن حجر شعرهای نکوهش‌آمیز پائین را سروده:

ما آن للسرداب ان یلد الذی سمیتوه بزعمکم انسانا
فعلی عقولکم العفاء فقد تلثتم العنقاء و الغیلانا[1]

---

۱ – معنی آنکه: «آیا هنگامش نرسیده که سرداب بزاید آنچه را که آدمیش می‌پندارید، خاک بخردهای شما که برای سیمرغ و غول سومی نیز پدید آورید».

در زمانهای دیرتر نیز دلبستگی مردمان به امام ناپیدا چندان می‌بوده که دیده می‌شود کریمخان زند سکه به نام او می‌زده. سکه‌های کریمخان دارای این شعر می‌بوده:

شد آفتاب و ماه زر و سیم در جهان

از سکـه امــام بحق صاحب‌الزمان

در زمان فتحعلیشاه برادر او حسینقلیخان شمشیر و سپر و زره زراندود مرصعی بنام امام زمان وقف کرده و به خزینه بارگاه قم سپارده بود که اکنون ما آنها را در موزه قم تماشا می‌کنیم.

در زمان فتحعلیشاه شمشیر و سپر و زره از کار افتاده بوده، و اینکه حسینقلیخان آنها وقف کرده و تفنگ و طپانچه یا توپ وقف نکرده از آنروست که در پندار شیعیان امام زمان جز با افزارهای زمان اسلام جنگ نخواهد کرد و در زمان پیدایش او توپ و تفنگ و دیگر افزارهای نوین از کار خواهد افتاد.

تا پیش از جنبش مشروطه، در ایران یگانه امیدگاه مردم امام ناپیدا می‌بود و نیکی آینده و رهایی کشور از بدبختی و مانند اینها را جز از راه پیدایش آن امام نبیوسیدندی، هر روز سه بار در پشت سر نمازها «السلام علیک یا صاحب‌الزمان» خواندندی و شتاب او را در پیدا شدن با زاری طلبیدندی. اینها چیزهائیست که تا زمان ما می‌بوده و ما آنها را نیک بیاد می‌آوریم.

در زمان مشروطه نیز در نتیجه چاپ شدن دفترچه «سیاسه الحسینیه» در مشهد و تبریز و دیگر جاها دسته‌های بیوسندگان

(انتظاریون) پدید آمده بودند که ما داستان آنها را در کتاب «داوری» نوشته‌ایم.

۳ - شیخیگری

شیخیگری را شیخ احمد احسایی بنیاد گزارده. این مرد در زمان فتحعلی شاه در کربلا زیسته، چون پارسایی بسیار از خود نشان می‌داد، و خود مرد تیزهوش و زبانداری می‌بود و شاگردان بسیاری به گرد سر داشت در ایران و عراق و جنوب عربستان بسیار شناخته شده یکی از علمای بزرگ آن زمان بشمار می‌رفت، چنانکه چون به ایران سفر کرد، فتحعلی شاه و پسرانش پیشواز و پذیرایی نیکی به او نمودند.

این شیخ از یکسو به شیعیگری دلبستگی بسیار می‌داشت و در آن زمینه که دیگران راه گزاف‌اندیشی و گزافگویی را پیموده بودند، این چند گام نیز جلوتر می‌افتاد. از یکسو به فلسفه یونان پرداخته بود، و چنانکه می‌دانیم کسانی که از ملایان و دیگران به فلسفه پرداختندی گفته‌های افلاطون و ارسطو را بی‌چون و چرا پنداشتندی و چشم بسته پیروی کردندی.

چون فلسفه یونان با شیعیگری هیچگونه سازشی نمی‌داشت شیخ احسائی که به هر دو دلبسته می‌بود دیگرگونی‌هایی در شیعیگری پدید آورد و از در هم آمیختن باورهای شیعی با فلسفه سخنان نوینی به میان می‌آورد و این سخنان اگرچه بی‌پرده گفته

نمی‌شد و شیخ آنرا در لفافه می‌پیچید، با این حال پنهان نتوانست ماند و بر زبان‌ها افتاد و ملایان که چه در نجف و کربلا و چه در شهرهای ایران بسیار فراوان می‌بودند و بیشتر آنان به نام و آوازه شیخ احمد رشک می‌بردند، دستاویز یافته به هیاهو برخاستند و شیخ و شاگردانش را بی‌دین خواندند. چون شاگردان شیخ در شهرهای ایران فراوان می‌بودند و آنان به ایستادگی و پاسخدهی برخاستند در میانه کشاکش بزرگی پدید آمد و در برخی از شهرها (از جمله در تبریز) رشته بدست الوادها افتاده خونریزی نیز رخ داد. بدینسان در ایران و عراق و این پیرامون‌ها دو تیرگی «شیخی» و «متشرع» پدید آمد و به دیگر دو تیرگی‌ها افزوده گردید.

سخنان نوینی که شیخ احسایی از بهم آمیختن فلسفه شیعیگری و یا از اندیشه خود پدید آورده بسیار است و ما را در اینجا نیازی به گفتگو از همه آنها نیست. برای نمونه تنها دو سخن او را یاد می‌کنیم:

۱- در فلسفه گفتگویی به نام «شوندهای چهارگانه» (یا علل اربعه) می‌بوده. افلاطون و ارسطو یا دیگران گفته بوده‌اند: برای پدید آمدن یک چیزی چهار «علت» باید بود. مثلاً این صندلی که ساخته شده چهار چیز آن را پدید آورده:

یکی «علت فاعلی»، یا صندلی ساز که آنرا ساخته.

دیگری «علت مادی»، یا چوبی که از آن ساخته شده.

دیگری «علت صوری» و یا رویه و شکلی که ساخته شده.

دیگری «علت غایی» و یا نشستن به رویش که صندلی بهر آن

ساخته شده.

این یک جستاری در فلسفه است و شیخ احسایی آنرا گرفته می‌گوید: «شوندهای چهارگانه آفریده شدن جهان امامان ما بوده‌اند.»

ببینید این سخن تا چه اندازه چرند است. ولی شیخ احسایی آنرا دنبال کرده نتیجه‌ها می‌گیرد. در پندار او آفرنده این جهان امامان بوده‌اند. روزی دهنده و گرداننده نیز آنان هستند. خدا رشته کارها را بدست آنان سپارده، می‌گوید «این تن‌های ما نیز از آن امامانست. از اینرو هر امامی هرگاه که خواست به تن هر کسی که خواست تواند درآمد. و دلیل آورده می‌گوید: از این راه بود که امیرالمؤمنین توانست در یک شب در چهل جا میهمان باشد. نیز از این راه بود که در جنگ جمل چون مروان تیری انداخت و طلحه را کشت خود او می‌گفت: علی مرا کشت.»

۲ – نام «معراج» را همگی شنیده‌اید. به گفته مسلمانان شبی «براق» از بهشت آورده‌اند و پیغمبر اسلام به آن برنشسته و جبرائیل را به رکاب خود انداخته به آسمان‌ها رفته و از یکایک آنها گذشته و در عرش با خدا دیدار کرده و بازگشته». اگر کتاب‌ها را بخوانید صد افسانه در این باره نوشته شده و این یکی از باورهای مسلمانانست.

ولی شیخ احسایی از روی فلسفه آنرا نپذیرفتنی می‌دانسته، زیرا از روی فلسفه و دیگر دانش‌های یونانی آسمانها کره‌هاییست که همچون پوست‌های پیاز بروی هم آمده و بهم پیوسته، و این نشدنی می‌بود که کسی با تن مادی از آن کره‌ها بگذرد، چه در آنحال بایستی

کره‌ها از هم شکافته گردد (به گفته خودشان خـرق و التیـام لازم می‌آمد.)

از آنسو نیز داستان معراج از «ضروریات دین» شمرده مـی‌شـد و این نشدنی می‌بود که کسی آنرا نپذیرد. بویژه شیخ احسایی که بـه «اخبار» پابستگی بسیار می‌داشت. آنگاه او خود از تنـدرُوان (غالیان) می‌بود که می‌خواست تا بتواند به ستایش پیغمبر و خاندان او بیفزاید، نه اینکه بکاهد و داستانی همچون معراج را از میان برد.

اینست شیخ احسایی به چاره‌جویی برخاسته. چنانکه خوانندگان می‌دانند در آنزمان «عنصرها» را بیش از چهار (که خاک و آب و بـاد و آتش باشد) نشناختندی و چنین دانستندی کـه آدمـی و جـانوران دیگر چیزها از این چهار عنصر پیـدایش یافتـه‌انـد. از آنسـوی در کتاب‌های یونانی چنین گفته شده بود که این زمین که ما بـرروی آن می‌زییم خود از خاکست، ولی روی آن کره‌ای از آب پدید آمده (کـه دریاهاست)، و روی آن کره‌ای از باد می‌باشد (که هواست)، و پس از همه کره آتشی هست که گرد جهانرا فراگرفته. پس از این چهار کره، آسمانهاست.

شیخ احسایی از اینها سود جسته چنین می‌گفت: «پیغمبر ما چون به معراج می‌رفت، در گذشتن از کره خاک عنصر خـاکی خـود را، و در گذشتن از کره آب عنصر آبی خود را، و در گذشتن از کـره هـوا عنصر هوائی خود را، و درگذشتن از کره آتش عنصر آتشی خـود را انداخت، و این بود که از تن مادی رها گردیده توانست از کـره‌هـای

آسمان (بی شکافتن آنها) درگذرد.»

اگر این گفته شیخ را بشکافید معنایش اینست که پیغمبر تنها روانش به آسمانها رفته است، و این یکی از ایرادهای بزرگی می‌بود که ملایان به او می‌گرفتند. به آسمان‌ها رفتن پیغمبر که خود افسانه می‌بود و شیخ ناچار شده آن چرندها را می‌بافت و ملایان دیگر گفته‌های او را دستاویز گرفته مردم را به جان هم می‌انداختند.

اینهاست نمونه‌هایی از گفته های شیخ احسایی و شما می‌بینید که جز چرند بافی نیست. «شوندهای چهارگانه» بودن امامان چه معنی می‌دارد؟! مگر همچون دیگران بی‌اختیار نیامده بی‌اختیار نمی‌رفتند؟!

در این باره راستی آنست که برخی از آن امامان در زمان خود گزاف‌گوئیها کرده‌اند. چون دیده‌اند هرچه می‌گویند شیعیان می‌پذیرند، خودداری نکرده‌اند که خود را دست دارنده در کارهای جهان شناساندند. سپس چیزهایی هم شیعیان به آنها افزوده امامان را تا به یاوری خدا رسانیده‌اند. چنانکه در جای خود[1] باز نموده‌ایم این باور همگانی شیعیانست که «چهارده معصوم» یاوران خدایند و کارهای جهان در دست ایشانست. شیخ احسایی یک گام بالاتر گزارده و به یکبار دست خدا را کوتاه گردانیده همه کارها و بلکه آفریدن جهان را به امامان می‌سپارد، آنگاه چون می‌خواهد پای فلسفه را نیز به میان کشد، «داستان شوندهای چهارگانه» را به میان می‌آورد

---

۱ - کتاب «داوری» که چاپ شده.

و کار را به یکبار به چرندبافی می‌رساند.

در باره معراج نیز سخن شیخ جز چرندبافی نیست. گذشته از آنکه معراج خود افسانه‌ای می‌بوده، گفته‌های شیخ سراسر بی‌معنی است.

تو گویی عنصرهای چهارگانه رخت و کلاه می‌بوده که می‌گوید در گذشتن از کره خاک عنصر خاکی خود را انداخته، و در گذشتن از کره آب عنصر آبی خود را انداخته... .

شگفت‌تر آنکه مردم اینها را هیچ نمی‌فهمیدند، و اکنون نیز که شیخیان هستند انبوه ایشان آگاهی درستی از گفته‌های شیخ احسایی نمی‌دارند، و چه بسا کسانی از آنان اینها را بخوانند و بگویند: «شیخ چنین سخنی نگفته» و اگر شما بازگردید و بگوئید: «پس شیخ چه گفته است؟!... بر سر چه چیزهاست که شما خود را از مردم جدا می‌گیرید و نام شیخی بر روی خود می‌گذارید؟»!... در آنجاست که خواهید دید درماندند و پاسخی نتوانستند.

بهر حال از گفته‌های شیخ احسایی دو سخن با زمینه کتاب ما بهم بستگی می‌دارد که می‌باید در اینجا به آنها پردازیم:

نخست: شیخ احسایی هزار سال زنده ماندن امام ناپیدا را با فلسفه سازگار نمی‌دیده و اینست درباره آن چنین گفته: «و اما مولای صاحب‌الزمان فخاف من اعدائه و فرودخل فی العالم الهور قلیائی». معنی آنکه «آقای من صاحب‌الزمان چون از دشمنان خود ترسید گریخت و به جهان هور قلیایی رفت.»

جهان هور قلیایی کجاست؟!... «هور قلیا» یک نام یونانی یا سریانیست و دانسته نیست از کجا به دست شیخ افتاده. در این باره او را سخنان بسیاری هست که در اینجا فرصت گفتگو از آنها نیست. جهان هور قلیایی همان جهان برزخست که در پندار مسلمانان جایگاه مردگان میباشد. پس معنی گفته شیخ آنست که امام ناپیدا از این جهان رفته و به مردگان پیوسته. چیزی که هست چون آشکاره نتوانسته بگوید آنرا در این لفافه پیچیده.

از آنسوی شیخ نمیخواسته امام ناپیدا (یا به گفته خودش: صاحب‌الزمان) را نابوده انگارد. نمیخواسته یک پایه از پایه‌های شیعیگری را براندازد. بلکه چنانکه خواهیم دید شیخ را به امام زمان دلبستگی بسیار میبوده و خود را یکی از «در»های او میشمارده است.

پس آن گفته‌اش چه معنی میداشته؟... باید دانست در این باره شیخ پیروی از سید محمد مشعشع کرده و چنین پیداست که کتاب او را بنام «کلام المهدی» در دست میداشته است.

اگر کسانی داستان سید محمد را در «تاریخ پانصد ساله خوزستان» خوانده‌اند میدانند که این سید از یکسو شیعی دوازده امامی میبود و نام‌های دوازده امام را بدانسان که در کتابهاست میشمرد و با این حال دعوی مهدیگری میکرد. در حالیکه در نزد شیعیان مهدی جز امام دوازدهم که محمد بن حسن‌العسگری باشد نیست و نتواند بود. پس سید محمد چه میکرد و چه پاسخی به

ایرادهای شیعیان می‌داد؟...

باید دانست که سید محمد نیز در این باره پیروی از باطنیان کرده یک سخن ایشان را گرفته کار خود را راه می‌انداخت. چگونگی آنکه باطنیان که یکدسته بی‌دینان ویرانکاری می‌بودند و خواستشان جز بی‌دین گردانیدن مردم و بهم زدن زندگانی آنان نمی‌بود، برخی از سران ایشان به دعوی خدایی برخاسته و در آن باره چنین می‌گفتند: «هر چیزی در این جهان یک گوهری (ذات) دارد که همیشه برپاست و هیچگاه دیگر نگردد و یک رویه (صورت) یا پرده که هر زمان دیگر گردد». می‌گفتند: «مثلاً جبرئیل یک گوهر دارد که همیشه یکیست. ولی رویه‌اش هر زمان دیگر می‌گردیده که گاهی در کالبد دحیه کلبی به نزد پیغمبر می‌آمده و گاهی به رویه گدایی به امیرالمؤمنین نمایان می‌شده»... می‌گفتند: «خدا نیز چنین است که یک گوهر پایداری می‌دارد ولی هر زمان به رویه دیگری تواند در آمد...» سید محمد این گفته باطنیان را گرفته و با داستان امام زمان و مهدیگری خود سازش داده و چنین گفته: «امام زمان همچون دیگر امامان در آن جهانست ولی گوهر امام زمانی در کالبد من نمایان گردیده». این کوتاه شده سخنان بسیاریست که سید محمد گفته.

شیخ احسایی نیز همین را گرفته و به رنگ دیگری انداخته و سرمایه کار خود گردانیده. اینست در حال آنکه می‌گوید: «صاحب‌الزمان گریخت و به جهان هورقلیا رفت» که معنایش مرده بودن است. در همان حال دست از او نکشیده از یکسو خود را

«نایب خاص» یا «در» او می‌شمارید و از یکسو نوید می‌داد که صاحب‌الزمان در کالبد دیگری پیدا خواهد شد و کارهایی که بایستی کُند خواهد کرد.

شما نیک ببینید که چگونه گمراهیها از یکدیگر سود جسته‌اند. نیک ببینید که چگونه یک پندار بی پا به رنگهای گوناگون درآمده.

دوم: شیخ احسایی چنین می‌گفته که باید میانه امام ناپیدا و مردمان یک تن میانجی باشد. داستان «در» که پس از مرگ محمد بن علی سیمری کهن شده و از میان رفته بود شیخ آن را تازه گردانیده خود را جانشینی یا دری از امام زمان می‌شمرد. در این باره در نوشته‌هایش چیزی دیده نمی‌شود (یا ما ندیده‌ایم) لیکن بیگمان چنین دعوایی می‌داشته، و جایگاه خود را برتر از مجتهدی یا (نیابت عامه) می‌پنداشته اینست گاهی در نوشته‌های خود سخن از دیدن امامان و گفتگو با آنان رانده است.

بهر حال آن گفته شیخ درباره امام ناپیدا، و این دعویش درباره جانشینی یا دری سرمایه‌ای برای سیدعلی محمد باب گردیده (چنانکه کمی پائین‌تر خواهیم دید.)

شیخ احمد چنانکه نوشته‌اند در سال ۱۲۴۲ بدرود زندگانی گفت، ولی پیروانش با همان گرمی می‌بودند و شاگردانش در کربلا بسر سید کاظم رشتی که بزرگترین آن شاگردان می‌بود گرد آمده او را بجای شیخ نشاندند. این سید کاظم شاگر شیخ احمد، ولی استاد بزرگی در بافندگی می‌بود. از او چرندبافی‌هایی در دست است که

من نمی‌دانم چه نامی به آنها دهم.

کتابی از او بنام «شرح القصیده» در میانست که بچاپ رسیده. داستان این کتاب آنست که در همان زمانها یکی از «خدام نجف» خوابی دیده (راست یا دروغ) که امیرالمؤمنین به او گفته شمشیری (یا درفشی) از نجف برای والی بغداد فرستاده شود و این دستور بکار بسته شده و عبدالباقی عمری که یکی از شاعران بنام آنزمان می‌بوده قصیده‌ای در ستایش والی بغداد و در پیرامون این داستان ساخته که در دیوان او هست. سید رشتی چون با عبدالباقی دوستی می‌داشته آن قصیده را شرح کرده و کتابی گردانیده.

چون عبدالباقی جمله «انا مدینه العلم و علی بابها» را در شعر خود آورده بود، سید کاظم در شرح آن چنین گفته: مدینه العلم شهری در آسمان است که هزاران کوی می‌دارد و بهر کویی هزاران هزار کوچه می‌باشد. چنین گفته: من نامهای همه این کوی‌ها و کوچه‌ها را می‌دانم ولی شمردن همه آنها بسیار دراز می‌شده تنها به شمردن برخی از آنها پرداخته و جمله‌هایی نوشته که از هیچ دیوانه‌ای سر نتوانستی زد. مثلاً نوشته: «عقد صاحبه رجل اسمه شلحلحون (کوچه‌ایست که دارنده‌اش مردی بنام شلحلحون است)» یا «عقد صاحبه کلب اسمه کلحلحون (کوچه ایست که دارنده‌اش سگی بنام کلحلحون است.)»

من این کتاب را بیست و چند سال پیش در تبریز خوانده‌ام و چنین بیاد می‌دارم که نود و چند صفحه را با خط ریز پر از این

چرندنویسی‌ها گردانیده.

شما نیک اندیشید که به این مرد و به این نوشته‌هایش چه نامی می‌توان داد؟!... جمله‌ایست می‌گویند پیغمبر اسلام گفته که اگر راست باشد معنایش اینست: «من شهر دانشم و علی در آن شهر می‌باشد». راستی را سخنی از «شهر» نرانده. راستی را پیغمبر «شهر» و علی «دروازه» نمی‌بوده. این جمله کجا و آن معنایی که سید کاظم داده کجاست؟!... آنگاه سید کاظم نامهای کوچه‌های آن شهر آسمانی را از کجا می‌دانسته؟! مگر سیدکاظم به آسمان رفته بود؟!... از اینها بگذریم، چگونه دارنده یک کوچه سگست؟!... آیا اینها جز چرندبافی چه نامی می‌تواند داشت؟!

در آنسالی که در تبریز، «خیابانی» برخاست و من از شهر بیرون رفتم و نهانی سفر می‌کردم، از بناب به آنسو با یکی از ملایان شیخی که به حج می‌رفت همراه گردیدم. مردی می‌بود پنجاه و چند ساله و در راه پیاپی حدیث شیخ رجب برسی را می‌خواند، رجب برسی یکی از علی اللهیان می‌بوده و کتابی نوشته و حدیث درازی در آن یاد کرده که بنام وی «حدیث شیخ رجب برسی» شناخته گردیده.

حدیث این است که روزی سلمان و اباذر با خود گفته‌اند: ما تا کنون علی را از راه «نورانیت» نشناخته‌ایم، و بهتر است برویم و از او در این باره پرسشهایی کنیم، و چون به نزد علی رفته پرسیده‌اند او پرده از روی رازها برداشته و به سخن پرداخته: «منم آنکه زمینها و آسمانها را پدید آوردم، منم آنکه آدم و حوا را آفریدم، منم آنکه نوح

را رها گردانیده‌ام....»

این حدیث که بسیار دراز است خود دستاویزی در دست شیخیان می‌باشد. آن ملا نیز با لذت بسیاری اینها را می‌خواند و پیاپی می‌گرداند. مرا با او در این باره سخنانی رفت. سپس سخن از گفته‌های سید رشتی در باره «مدینه العلم» به میان آورده پرسیدم: اینها چه معنی می‌دارد؟ گفت: «المعنی فی بطن الشاعر». گفتم شاعر چرا جمله‌ها را بیرون ریخته و معنی‌ها را در شکم خود نگهداشته؟!... گفت:

شما تا ایمان نیاورید معنی اینها را نخواهید دانست. این بود پاسخی که من از او شنیدم.

راستش این است که سید کاظم که همچون شیخ احمد خود را جانشین ویژه امام و یا درِ او می‌پنداشت (و برخی از شاگردان همان باور را درباره او می‌داشتند) کمی خود می‌شمرد که سخن از آسمان‌ها نگوید و چیزهایی را که مردم دیگر نتوانند دانست به زبان نراند و همینهاست که او را به بافتن این چرندها واداشته است.

برای آنکه نمونه‌ای از چرندبافی‌های این مرد دیوانه در میان باشد، تکه‌ای از شرح القصیده را که در دست است در پایین می‌آوریم:

شاموا السنا من قبتک و عنده

وجد و امنارالهدی یشب و یشغل

و کان موسی رسول و موسی بن جعفر روحه من الاولیه الا الهیه

الربوبیه الذی لیس بشرقیه و لاغربیه و تلک شجره هی شجره النبوه الطاهره فی الولایه و هی حقیقه المحمدیه... فکان حضره الا ولی هی الشجره البسیطه الوحدانیه الاجمالیه و قال النبی انا الشجره المقصود فنادی من شجره مبارکه انی انا الله رب العالمین قال النبی انا المنادی انی انا الله... کذا کانت البسمله اقرب الی الاسم الاعظم من سواد العین الی بیاضها و هی الجامعه لجمیع ما فی فاتحه الکتاب الجامعه لجمیع ما فی القرآن الجامعه لجمیع مافی الا ناسی الثلاثه الانسان الصغیر و الانسان الوسیط و الانسان الکبیر و هی المطابقه لاسم الاعظم هوزبره و بیناته و ذلک الاسم الاعظم اذا نزل فی العالم التفصیل یکون علیا و هو قوله تعالی و هوالعلی الکبیر و هوالعلی العظیم و حیث ان الهدایه انماتتم بالولایه... الاسم الاعظم الاسم العلی و هوقوله تعالی و انه فی‌ام الکتاب لدنیا لعلی حکیم فاسم العلی و معناه الله[1].

هرچه هست سید کاظم با این سخنان شیخیان را هر چه گرمتر می‌گردانید و درختی را که شیخ احسایی کاشته بود هرچه ریشه‌دارتر می‌ساخت. از آنسوی در بیرون نادانی مردم و لذتی که انبوهی از ایشان از کشاکش و دو تیرگی می‌داشتند، و همچنین بهره‌مندی ملایان از این کشاکش و گرمی که در بازارهای ایشان از این پیشآمد پدید آمده بود هر یکی شوند دیگری به ریشه‌دار گردیدن شیخیگری

---

۱ – این تکه را حسینقلی جدیدالاسلام در کتاب خود آورد.•

می‌بود.

می‌باید گفت: برای مردم سرگرمی نوینی پیدا شده و برای ملایان بازار تازه‌ای باز گردیده بود.

سید کاظم هفده سال کمابیش جانشین شیخ احمد می‌بود تا در سال ۱۲۵۹ درگذشت. یکی از سخنان او در زندگیش این می‌بوده که زمان پیدایش امام زمان نزدیک است، و گفته‌اند به همین شوند می‌بود که کسی را جانشین خود نگردانید.

٤- کریمخانیگری

سید کاظم چون کسی را به جانشینی نامزد نگردانیده بود، پس از وی شیخیان به چند دسته گردیدند. چه از یکسو حاجی کریمخان پسر ابراهیم خان قاجار که از شاگردان سید می‌بود در کرمان بدعوی جانشینی برخاست. ابراهیم‌خان پدر کریمخان پسر عموی فتحعلیشاه می‌بود و سالها در کرمان فرمانروایی داشته و خاندانش در آنجا دارای دستگاهی می‌بودند. ولی کریمخان به کربلا رفته و در پیش سید کاظم درس خوانده ملا گردیده بود و این زمان که دعوی جانشینی ازو میکرد بسیاری از شیخیان آن را پذیرفتند و گردن گزاردند.

از یکسو نیز حاجی میرزا شفیع تبریزی که او نیز از شاگردان سید می‌بود خود دستگاه جدایی در چید و بنام آنکه پس از شیخ و سید به کس دیگری نیاز نیست، با کریمخان نبرد آغازید. بسیاری از شیخیان نیز پیروی از این نمودند.

بدینسان شیخیان به دو دسته گردیدند: یکی آنان که پیروی از کریمخان کردند و بنام «کریمخانی» شناخته شدند؛ دیگری آنان که به پیروی از حاجی میرزا شفیع کریمخان را نشناختند که به همان نام «شیخی» بازماندند.

در هنگامیکه اینان هر کدام دسته‌ای پدید می‌آورد سیدی در شیراز بنام میرزا علیمحمد بدعوی برخاسته و گروهی از ملایان شیخی نیز به او گرویده بودند و یک دسته بزرگتری از آن راه پدید می‌آمد. ولی ما چون از بابیگری جداگانه سخن خواهیم راند در اینجا به آن نمی‌پردازیم. در اینجا داستان شیخیان و کریمخانیان را به کوتاهی به پایان می‌رسانیم:

حاجی میرزا شفیع و همراهان او بروی گفته‌های شیخ احمد و سید کاظم ایستادگی نموده چیزی به آن نمی‌افزودند. ولی کریمخان که خود را کمتر از شیخ و سید نمی‌شناخت کتابهای بسیاری نوشته و به سخنان نوینی می‌پرداخت. چنانکه شیخ احمد به گزافگوئیهای شیعیگری خرسندی ننموده خود گزافه‌های دیگری به آنها افزوده بود، کریمخان نیز به گزافگویی‌های شیخ و سید خرسندی ننموده و خود او در گزافگویی‌ها گامهای بسیاری پیش رفته: «جانشینی ویژه» (نیابت خاصه) از امام زمان که شیخ و سید نیمه نهان و نیمه آشکار دعوی کرده بودند این در کتاب‌های خود رویه رسمی به آن داده و چنین گفته: چنانکه میانه مردم با خدا به میانجی نیاز است (که پیغمبر باشد) میان امام زمان و مردم نیز به میانجی نیاز می‌باشد. اینست باید

در هر زمان چنین کسی باشد. گاهی مثل آورده چنین گفته: چنانکه هر خانه‌ای به چهار پایه (رکن) نیازمند است، جهان نیز چهار پایه می‌خواهد: ۱- خدا ۲- پیغمبر ۳ - امام ۴ - جانشین ویژه امام.

اینست در زبان آنان جانشین ویژه «رکن رابع» یا (پایهٔ چهارم) نامیده شده. سخنان پوچ دیگری نیز از او سر زده که در اینجا به گفتگو از آنها نیازی نیست. راستی را کریمخان نیز بافنده استادی می‌بوده اگر چه به پای سید کاظم نمی‌رسیده.

بهرحال کریمخان تا می‌بود دعوی رکن رابع می‌داشت و پس از او پسرش حاجی محمدخان بجایش نشست و سال‌ها می‌بود و دستگاه پدری را راه می‌برد. پس از او پسرانش یکی پس از دیگری جانشین گردیده‌اند و اکنون نیز در کرمان هستند و نانی را که نیای بزرگشان پخته می‌خورند و با صد خوشی می‌گذرانند. در شهری همچون کرمان که مردم از بینوایی خون خورند[۱] رکن رابع (یا بگفتهٔ خودشان: سرکار آقا)، از پیروان مالیات کریمخانی گرفته اتومبیلهای سواری نگه می‌دارد.

اما در تبریز که بیش از دیگر شهرها کانون شیخیگری می‌بود چون یکدسته پیروی از کریمخان می‌داشتند کریمخان و جانشینانش همیشه نماینده‌ای در این شهر گماردندی. آخرین نماینده که ما می‌شناسیم شیخ علی جوان می‌بود که بیست و چند سال پیش در گذشته، از آنسوی حاجی میرزا شفیع که بخش بیشتر شیخیان بر سر

---

۱ - خون لخت یا دلمه گوسفند را پخته می‌خورند.

او می‌بودند و چنانکه گفتیم دعوی جانشینی از سید کاظم می‌داشت و خود دستگاهی درچیده بود تا سال ۱۳۰۱ که خودش زنده می‌بود دستگاه را راه می‌برد و چون در آن سال مرد پسرش حاجی میرزا موسی جانشین او گردید، و چون در سال ۱۳۱۹ او نیز مرد پسرش آقا میرزا علی «ثقه‌الاسلام» جای او را گرفت. این همان است که در مشروطه پا در میان می‌داشت و در سال ۱۳۳۰ روسیان با هفت تن دیگر بدارش زدند. یگانه کس پاکی از آن خانواده می‌بود.

از آنسو در تبریز که از زمان شیخ احمد کشاکش شیخی و متشرع برخاسته بود، پیشوای متشرعان حاجی میرزا احمد مجتهد می‌بود. این نیز به نام همان کشاکش با شیخیان دستگاهی درچیده می‌داشت که چون در سال ۱۲۶۵ مُرد جایش را به پسرش حاجی میرزا باقر گزاشت، که چون او نیز در سال ۱۲۸۵ مُرد برادرش حاجی میرزا جواد درفش افراشت. این مرد در آذربایجان دستگاه پادشاهی می‌داشت. به ویژه که دولت تزاری روس برای ناتوانی دولت در آذربایجان هواداری‌هایی از آن می‌نمودی و گاهی نمایش‌هایی نشان می‌دادی. پس از مرگ او در سال ۱۳۱۳ پسرش حاجی میرزا رضا جانشین گردید و چون او نیز پس از کمی مرد نوبت به حاجی میرزا حسن (پسر حاجی میرزا باقر) رسید که سال‌ها بنام «مجتهد» دستگاه را پیش بردی. این نیز در مشروطه پا در میان داشته و همانست که به همدستی برادرزاده‌اش حاجی میرزا عبدالکریم امام جمعه «انجمن اسلامیه» را در کوی دوچی بنیاد گزارده بودند.

هفتاد و هشتاد سال تبریز میدان کشاکش این دسته‌ها می‌بود. هر سال که رمضان رسیدی هر دسته‌ای روزانه در مسجدهای خود گرد آمدندی و سخنان کهن را تازه گردانیدندی. کریمخانیان یک مسجد بیشتر نمی‌داشتند و سخنانشان بیش از همه درباره «ولایت کریمخان و جانشینان او» بودی. شیخیان چند مسجد می‌داشتند: یکی مسجد «یا علی» می‌بود. آخوندی بالای منبر «فضایل امیرالمؤمنین» سرودی و شنوندگان هر چند دقیقه یکبار آوای «یا علی» بلند گردانیدندی. دیگری مسجدی بود که آخوندی داستانها از شیعیان جن گفتنی و نامهای آنانرا شمردی. از اینسو در مسجد متشرعان پیاپی بد آنها گفته شدی و آوازها به لعنت بلند گردیدی.

دشمنی در میان شیخی و کریمخانی و متشرع چندان بودی که بیشترشان به همدیگر سلام ندادندی و آمد و رفت نکردندی و دختر ندادندی و نگرفتندی این زیانی می‌بود که مردم از آن کشاکش می‌بردندی. ولی از آنسو پیشوایان سود بسیار می‌یافتندی. همان خانواده حاجی میرزا احمد از دیه‌داران بزرگ آذربایجان می‌بودند و اکنون نیز می‌باشند همچنان خانواده حاجی میرزا شفیع دیه‌های بسیاری در دست می‌داشتند و اکنون نیز می‌دارند. هر دو خانواده از این راه دارایی بسیار اندوخته‌اند.

۵ - بابیگری

چنانکه گفتیم به هنگامیکه کریمخان در کرمان و حاجی میرزا

شفیع در تبریز دسته ها می‌بستند سید علی محمد نامی هم در شیراز دعوی آغاز کرده بود. سید علی محمد نیز از شاگردان سید کاظم شمرده می‌شد. بهاییان خواسته‌اند این را انکار کرده بگویند باب جز از مکتب در جایی درس نخوانده بود. ولی این انکار بیجاست.

چون سید کاظم جانشینی برنگزیده و این زبان‌ها افتاده بود که سید گفته پیدایش خود امام نزدیکست و از آن سوی گفته شیخ احمد درباره مرگ محمد بن حسن‌العسگری و اینکه باید گوهر امام زمانی در کالبد دیگری پدید آید راه دعوی مهدیگری یا امام زمانی را به روی هر کسی باز می‌داشت. اینها چیزهایی بود که سید علی محمد را که جوانی بیست و چند ساله می‌بود، به آرزو می‌انداخت و او را به دعوی امام زمانی وامی‌داشت. ولی چنین پیداست که به چنان دعوایی دلیری نمی‌کرده و اینست خود را «باب» یا درِ امام زمان می‌نامیده و اینست در میان مردم با این نام شناخته گردیده.

چنانکه گفتیم دعوی «بابی» را شیخ و سید نیم آشکار و نیم نهان کرده بودند. کریمخان نیز آنرا در کتاب‌های خود می‌نوشت (که هنوز این زمان بیرون نیامده بود). ولی سید علی محمد آن را آشکار می‌گفت و به رویش پافشاری نشان می‌داد.

از آن سوی پس از مرگ سید کاظم کسانی از شاگردان او تشنه‌وار امام زمان یا جانشین ویژهٔ او را می‌جستند. برخی از آنان که از جمله ملاحسین بشرویه‌ای می‌بوده در مسجد کوفه به «اعتکاف» نشسته با دعا از خدا خواستار می‌بودند که امام را به آنان نشان دهد.

سپس نیز برخی رو به شهرها آورده به گردش و جستجو می‌پرداختند. از این راه بود که ملا حسین به شیراز آمده سید علی محمد را پیدا کرد. در آن روزها سید در مسجدی می‌نشست و هنوز میان مردم شناخته نشده بود. چنانکه نوشته‌اند سه روز با هم گفتگو می‌داشتند و ملاحسین سر فرو نمی‌آورده تا پس از سه روز سر فرود آورده. همچنین کسان دیگری از شاگردان سید کاظم در همان روزها در شیراز به نزد باب آمده و به او گرویده‌اند اینست باب آماده گردیده که خود را آشکار گرداند و بکار برخیزد.

شنیدنی‌تر اینست که سید باب فریب حدیث‌های گوناگون ساخته‌ای را که در کتاب‌ها درباره پیدایش امام زمان است خورده و در کار خود درمانده بود. در یکجا در حدیث‌ها گفته می‌شود امام زمان از مکه با شمشیر سر خواهد برآورد. در یکجا سخن از آمدن درفش‌های سیاه از سوی خراسان رانده می‌شود. سید باب چنین می‌پنداشته که باید پیدایش او با این حدیث‌ها سازگار درآید و این را به خود بایا می‌شمارده.

اینست به ملا حسین دستور داده که به خراسان رود و دسته‌ای گرد آورد و از آنجا با درفش‌های سیاه رو به اینسو گزارد. خود نیز آهنگ مکه کرده که در آنجا آواز بلند گرداند و با شمشیر پدید آید. این خود نمونه‌ای از ساده دلی اوست.

ملا حسین که به خراسان رفت داستانش را یاد خواهیم کرد. اما خود باب که به مکه رفت هیچگونه نشانی از بودن او در مکه پدیدار

نگردید. تا آنجا که کسانی رفتنش را به مکه باور نکرده‌اند. چنین پیداست که در آنجا در کار خود درمانده و به جان خود ترسیده خاموشی را بهتر دانسته. بویژه که تنها می‌بوده و یارانی جز یکی دو تن نمی‌داشته. هرچه بوده با دست تهی رو به بازگشت آورده.

در حالیکه تا این هنگام ملاحسین و دیگران آوازه او را به گوش‌ها رسانیده در میان مردم تکانی پدید آورده بودند. از اینرو چون باب به بوشهر رسید دیری نگذشت که با دستور حسینخان والی فارس او را گرفتند و با نگهبانی به شیرازش آوردند و در خانه خودش بند کردند. سپس حسین خان نشستی برپا گردانیده ملایان را خواند و باب را نیز به آنجا آوردند. ولی چون از باب جز دعوی شنیده نمی‌شد، و سخنانی که معنی‌دار باشد و شنوندگان را به تکان آورد نمی‌تراوید، و تنها سرمایه او مناجات‌بافی‌هایی می‌بود که با عربی غلط و خنده‌آور می‌ساخت، ملایان به ریشخند پرداختند و حسینخان دستور داد پاهایش را به فلک گزارده چوب زدند و رویش را سیاه گردانیده به مسجدش بردند و در آنجا باب به منبر رفت و از دعوی خود بیزاری نموده پشیمانی نشان داد.

این چیزیست که بهائیان نتوانسته‌اند پرده به رویش کشند و عبدالحسین آواره مُبَلّغ بهایی که تاریخی نوشته و کتاب او از دیده عبدالبهاء گذشته در این باره بیش از این پرده‌کشی نتوانسته که می‌نویسد: «نتوانستند خدشه‌ای بر سخنان ایشان وارد نمایند و بدانند که این کلمات نافی ادعاست یا مثبت آن».

خود عبدالبهاء نیز در «مقاله سیاح» نزدیک بهمین سخنانی رانده[۱] این در سال ۱۲۶۱ قمری رخ داد. پس از این داستان باب خانه‌نشین می‌بود. ولی با آن بیزاری و پشیمانی که در زیر چوب و فلک و بالای منبر کرده بود باز هوس گریبانش را رها نمی‌کرد و در خانه نشسته از آن عربی‌های غلط خنک می‌بافت. از آنسو چون آوازه‌اش در ایران پیچیده بود در مردم تکانی پدید می‌آورد. مردم که همه امیدهای خود را به پیدایش امام زمان بسته و نهصد سال بیشتر شب و روز «عجل الله فرجه» گفته بودند اکنون که می‌شنیدند کسی برخاسته و خود را امام زمان یا درِ او می‌خواند خواهان و ناخواهان به جنب و جوش می‌آمدند و برخی آهنگ شیراز کرده به دیدن سید باب می‌رفتند.

اگر سید باب عربی‌های غلط نبافتی و برخی سخنان معنی‌دار و سودمند گفتی بی‌گمان کارش پیش رفتی و به دولت چیره شده آن را برانداختی. ولی این مرد به یکبار بی‌مایه می‌بود و گذشته از آنکه آن غلط‌بافی‌ها را می‌کرد و آبروی خود را نزد باسوادان می‌ریخت برخی گفته‌های بسیار بی‌خردانه ازو سر می‌زد.

مثلاً چون درباره همان غلط بافی ایراد می‌گرفتند چنین پاسخ می‌داد: «صرف و نحو گناهی کرده و تاکنون در بند می‌بود. ولی من چون خواستم خدا گناهش را بخشید و آزادش گردانید». ببینید در

۱- بر سر منبر نوعی تکلم نموده که سبب سکوت و سکون حاضرات و ثبوت و رسوخ تابعان گردید.

برابر غلط گویی‌های خود چه بهانه می‌آورد. این سخن یا از روی ریشخند بوده و یا گوینده‌اش جز دیوانه نمی‌بوده. آیا از این پاسخ، ایرادگیران چه توانستندی فهمید؟!...

شگفتست که عبدالبهاء در کتاب «مقاله سیاح» و دیگران از بهاییان و بابیان در کتاب‌های دیگر گله کرده‌اند که به سید باب «غلط نحوی» گرفتند. گویا چشم می‌داشته‌اند که نگیرند!... چشم می‌داشته‌اند که یکی غلط‌بافی‌هایی کند همان را دستاویز دعوی امامی یا پیغمبری کند و مردم چشم پوشیده ایراد نگیرند!...

در پوچی سخنان سید باب و در غلط‌آمیز بودن آنها همین بس که بهاءالله که غلط‌بافی و پوچ‌گوئیش را نشان خواهیم داد آنها را مایه رسوایی دانسته و دستور داده که از میان برند و نگذارند به دست مردم بیفتد.

اما در اینجا فرصت آنکه پوچی گفته‌های سید باب و از غلط‌های آنها سخن رانیم نیست. تنها برای نمونه بخش‌هایی از آن گفته‌ها را در پائین آورده و داوری در باره آنها را به خود خوانندگان باز می‌گزاریم.

یکی از کتاب‌هایی که سید باب در آغاز کار خود نوشته و همچون قرآن معجزه خود گردانیده «تفسیر سوره کوثر» است که بنام سید یحیی دارابی نوشته. برخی از جمله‌های آن کتاب اینهاست:

«فانظر لطرف البدء الی ما اردت ارشحناک من آیات الختم ان کنت سکنت فی ارض اللاهوت و قرأت تلک السوره المبارکه فی

البحر الاحدیه ورأ قلزم الجبروت فایقن کل حروفها حرف واحده و کل یغایر الفاظها و معانیها ترجع الی نقطه واحده لان هناک المقام الفواء دو رتبه مشعرالتوحید... و ان ذلک هوالاکسیر الاحمرالذی من ملکه یملک ملک الاخره و الا ولی فورب السموات و الارض لم یعدل کلها کتب کاظم علیه السلام و قبل احمد صلوات الله علیه[۱] فی معارف الالهیه والشئونات القدوسیه و المکفهرات الافرید و سیه بحرف انا اذا القیت الیک باذن الله فاعرف قدرها و اکتمها بمثل عینیک الا عن اهلها فاناالله و انا الی ربنا لمنقلبون و ان کنت سکنت فی ظل المشیه مقامالاراده علی ارض الجبروت و تقرأ تلک السوره المبارکه فاعرف فی الکلمه الا ولی من الالف ماء الایداع ثم من النون هواء الاختراع ثم من الالف الظاهر ماء الانشاء ثم رکن المخزون المقدم لظهور الارکان الثلاثه حرف الغیب بعنصر التراب... و انی لواردت ان افضل حرفا من ذلک البحرالموج الزاخر الاحاج لنفدالمداد و انکسر الاقلام و لا نفادلما الهمنی الله فی معناه.»

باری باب چندی در شیراز در خانه خود گوشه‌نشین می‌بود تا در فارس وبا افتاد و مردم بحال خود پرداختند و از آنسوی منوچهرخان معتمدالدوله والی اسپهان که از گروندگان یا از گرایندگان به باب می‌بود سوارگانی فرستاد که نهانی باب را از خانه‌اش بیرون آورند و به اسپهانش بردند. در اینجا باب آسوده می‌زیست و معتمدالدوله ازو نگهبانی می‌کرد. ولی چون ششماه

۱۰ – خواستش سید کاظم و شیخ احمد است.

کمابیش گذشت معتمدالدوله بدرود زندگی گفت و جانشـین او کـه برادرزاده‌اش می‌بود باب را نگهداری ننموده چگونگی را به تهران به محمدشاه و حاجی میرزاآقاسی نوشت. همچنان ملایان اسپهان بـه حاجی میرزا آقاسی نامه‌ای نوشتند، و چون پاسخی که حاجی میرزا آقاسی به نامه آنان در تاریخ ۱۱ محرم ۱۲۶۳ داده نسخه آن در دست است آنرا در پایین می‌آوریم:

خـدمت علمـای اعـلام و فضـلای ذوی العزوالاحتـرام مصـدع می‌شود که در باب شخص شیرازی که خـود را بـاب و نایـب امـام نامیده نوشته بودند که چون ضال مضل است برحسب مقتضیات دین و دولت لازم است مـورد سیاسـت اعلیحضرت قـدر قـدرت قضـا شوکت شاهنشاه اسلام پناه روح‌العالمین فداه شود تا آینده را عبرتـی باشد. آن دیوانه جاهل جاعل دعوی نیابت نکرده بلکه دعوی نبـوت کرده زیرا که از روی نادانی و سخافت رای در مقابل بـا آنکـه آیـه شریفه فأتوا بسوره من مثله دلالت دارد که مقابله یـک سـوره اقصـر محال است، کتابی از مزخرفات جمع کرده، و قـرآن نامیـده و حـال آنکه لئن اجتمعت الانس و الجـن علـی ان یـأتو بمثل هـذالقرآن لا یأتون بمثله و لوکان بعضهم لبعض ظهیرا چه رسد بقرآن آن نادان که بجـای کهـیعص مثلاً کـاف، هـا، جـیم، دال نوشـته و بـدین نمـط مزخرفات و اباطیل ترتیب داده بلی حقیقت احوال او را مـن بهتـر می‌دانم که چون اکثر این طایفه شیخی را مداومت به چـرس و بنـگ است جمیع گفته‌ها و کرده‌های او از روی نشأه حشیش است کـه آن

بدکیش به این خیالات باطل افتاده و من فکری که برای سیاست او کرده‌ام اینست که او را به ماکو فرستم که در قلعه ماکو حبس موبد باشد. اما کسانی که به او گرویده‌اند و متابعت کرده‌اند مقصرند شما چند نفر از تابعین او را پیدا کرده و به من نشان بدهید تا آنها مورد تنبیه و سیاست شوند. باقی ایام فضل و افاضت مستدام باد[۱].»

از روی این دستور باب را به سوارانی سپردند که به تبریز بردند و از آنجا به ماکو بردند که چند ماه در بند می‌بود و سپس از آنجا به دژ چهریق که نزدیکی مرز ایران و عثمانی و در دست کردان شکاک می‌بود روانه گردانیدند. چون در این هنگام سه سال بیشتر از آغاز برخاستن باب گذشته و آوازه او به همه شهرها افتاده بود، و از آنسوی ملاحسین بشرویه‌ای شهر به شهر گردیده مردم را می‌شورانیده و همچنین قره‌العین و ملامحمد علی قدوس و دیگران به میان آمده بودند و روی هم رفته تکان بزرگی در مردم دیده می‌شد، حاجی میرزا آقاسی چنین اندیشید که شور و تکان در مردم بیش از همه نتیجه آنست که باب در زندانست و مردم سخنان او را نشنیده از دور مهر می‌ورزند. این اندیشه چندان دور نمی‌بود زیرا راستی را مردم از باب و سخنانش آگاهی نمی‌داشتند و آن شور و هیاهو بیش از همه بنام امام زمان و به پیروی از ملایان شیخی

---

۱ – این نامه از کتاب امیرکبیر و ایران» آورده شده و از تاریخ آن پیداست که پیش از مرگ معتمدالدوله (که در ربیع‌الولی آنسال درگذشت) بوده. می‌توان پنداشت که نامه رسیده ولی معتمدالدوله از فرستادن باب خودداری کرده تا پس از مرگ او برادرزاده‌اش. فرستاده.

می‌بود.

بهر حال حاجی میرزا آقاسی به تبریز دستور فرستاد که باب را به آنجا آورند و نشستی با بودن ملایان برپا گردانند و از او پرسش‌هایی کنند و سخنانش را دانند. در تبریز این دستور را بکار بستند و باب را از چهریق خواسته نشستی برای گفتگو در پیش ناصرالدین میرزای ولیعهد که جوانی شانزده ساله می‌بود برپا گردانیدند.

مجتهد بزرگ تبریز در این هنگام میرزا احمد می‌بود که سردسته متشرعان شمرده می‌شد (چنانکه نامش را برده‌ایم). او به این نشست نیامد. از شیخیان ملامحمد ممقانی آمد. ملایان دیگر نامهاشان خواهد آمد.

این نشست که در سال ۱۲۳۶ رخ داده یک نشست تاریخی بی‌مانندی بوده. کسی که دعوی مهدیگری می‌داشته علمای بزرگ یک کیشی گرد آمده با بودن ولیعهد کشور با او گفتگو کرده‌اند. آیا چه پرسیده‌اند و او چه پاسخی داده؟... چه دلیلها به مهدیگری خود نشان داده؟...

گفتگوهای آن مجلس را در ناسخ‌التواریخ و دیگر تاریخ‌های قاجاری نوشته‌اند. نیز میرزا محمد تنکابنی از ملایان آن زمان در قصص العلماء آورده. نوشته اینها یکسان است و همه می‌رساند که باب بسیار بی‌مایه می‌بوده و اینست هر چه پرسیده‌اند پاسخی نتوانسته و درماندگی نشان داده. بابیان و بهاء نیز ایرادی به اینها

نگرفته نوشته‌هاشان دروغ نشمارده‌اند. تنها گله کرده‌اند که پرسش‌ها بیرون از زمینه می‌بوده.

راستی هم اینست که این نشست چنانکه بیمایگی باب را رسانیده بیمایگی ملایان را نیز روشن گردانیده. زیرا از کسی که دعوی امام یا مهدی بودن می‌داشته برخی پرسش‌هایی کرده‌اند که اگر پاسخ دادی باز هم مهدی یا امام نبودی. برخی از این پرسشها به چیستان ماتندتر است تا به یک پرسش خردمندانه.

گله بابیان و بهاییان بیجاست. زیرا سید باب اگر راستگو بودی و نیرویی از سوی خدا داشتی توانستی از جلو ملایان درآید و بگوید: «این پرسشها بیرون از زمینه است و من برای چیستان گشایی برنخاسته‌ام». چنان فرصت بی‌مانند که برایش پیش آمده بود توانستی به سخن پردازد و بگوید: «من از سوی خدا برخاسته‌ام و جهانرا به نیکی خواهم آورد. سخنان من این است و دلیل‌هایم آن می‌باشد». توانستی با دلیل‌ها زبان ملایان را ببندد و جا در دلها برای خود باز کند. ولی دیده می‌شود بیچاره هیچ نتوانسته و جز نمی‌دانم و نمی‌توانم پاسخی نداشته. از آنسوی با غلط‌بافی‌ها و سخنان سُست و خنک خود زبان ریشخند ملایان و دیگران را به خود بازگردانیده و بار دیگر کار به چوب خوردن و «غلط کردم» گفتن انجامیده.

بهر حال ما درباره آن نشست تاریخی یک سند ارجداری در دست می‌داریم چگونگی آنکه گزارش نشست را که ولیعهد به پدرش محمد شاه نوشته نسخه آن بدست افتاده (که گفته می‌شود

اکنون در کتابخانه مجلس است). و میرزا ابوالفضل گلپایگانی که بنام‌ترین ملایان بهایی می‌بود آنرا در کتاب «کشف الغطاء» که به دستور عبدالبهاء نوشته و به چاپ رسانیده آورده و ما از کتاب او برداشته‌ایم.

این سند از هرباره ارجدار و استوار است. زیرا نوشته رسمی دولتی است. گزارشیست که ولیعهدی برای آگاه بودن شاهی نوشته. پیداست که گمان دروغ و گزاف کمتر توان برد. از آنسو خود بهاییان این را استوار داشته پذیرفته اند که جای ایرادی از سوی ایشان نتواند بود. گذشته از اینها با آنچه ناسخ التواریخ و قصص العلماء نوشته‌اند یکیست. آنها به درازی نوشته‌اند و این کوتاهتر گردانیده. اینست ما همانرا در اینجا می‌آوریم:

هوالله تعالی شأنه

قربان خاک پای مبارکت شوم در باب «باب» که فرمان قضا جریان صادر شده بود که علمای طرفین را حاضر کرده با او گفتگو نمایند حسب‌الحکم همایون محصل فرستاده با زنجیر از ارومیه آورده به کاظم خان سپرد و رقعه به جناب مجتهد نوشت که آمده به ادلّه و براهین و قوانین دین مبین گفت و شنید کنند جناب مجتهد در جواب نوشتند که از تقریرات جمعی معتمدین و ملاحظه تحریرات این شخص بیدین کفرا و اظهر من‌الشمس و واضح من الامس است بعد از شهادت شهود تکلیف داعی مجدداً در گفت و شنید نیست

لهذا جناب آخوند ملا محمد و ملا مرتضی قلی را احضار نمود و در مجلس از نوکران این غلام امیراصلانخان و میرزا یحیی و کاظم خان نیز ایستادند. اول حاجی ملا محمود پرسید که مسموع می‌شود که تو می‌گویی من نایب امام هستم و بابم و بعضی کلمات گفته که دلیل بر امام زمان بودن، بلکه پیغمبری تست. گفت بلی حبیب من قبله من نایب امام هستم و باب هستم و آنچه گفته‌ام و شنیده‌اید راست است اطاعت من بر شما لازم است بدلیل ادخلوالباب سجدا و لکن این کلمات را من نگفته‌ام آنکه گفته است گفته است. پرسیدند گوینده کیست، جوابداد آنکه به کوه طور تجلّی کرد روا باشد اناالحق از درختی چرا نبود روا از نیکبختی، منی در میان نیست اینها را خدا گفته بنده بمنزله شجره طور هستم آن وقت در او خلق می‌شد الآن در من خلق می‌شود و به خدا قسم کسی که از صدر اسلام تاکنون انتظار او را می‌کشید منم آنکه چهل هزار علماء منکر او خواهند گشت گفت اگر چهل هزار نباشد چهار هزار که هست ملا مرتضی قلی گفت بسیار خوب تو از این قرار صاحب الامری اما در احادیث هست و ضروری مذهب است که آنحضرت از مکه ظهور خواهند فرمود و نقبای جن و انس با چهل و پنجهزار جنیان ایمان خواهند آورد و مواریث انبیاء از قبیل زره داود و نگین سلیمان و یدبیضاء با آن جناب خواهند بود. کو عصای موسی و کو یدبیضاء جواب داد که من مأذون به آوردن اینها نیستم. جناب آخوند ملامحمد گفت غلط کردی که بدون اذن آمدی بعد از آن پرسیدند که از معجزات و

کرامات چه داری گفت اعجاز من اینست که برای عصای خود آیه نازل می‌کنم و شروع کرد به خواندن این فقره بسم الله الرحمن الرحیم سبحان الله القدوس السبوح الذی خلق السموات و الارض کما خلق هذه العصا آیه من آیاته اعراب کلمات را بقاعده نحو غلط خواند تاء سموات را به فتح خواند گفتند مکسور بخوان آنگاه الارض را مکسور خواند[۱] امیر اصلانخان عرض کرد اگر این قبیل فقرات از جمله آیات باشد من هم توانم تلفیق کرد و عرض کرد الحمدلله الذی خلق العصاء کما خلق الصباح و السماء. باب خجل شد بعد از آن حاجی ملا محمود پرسید که در حدیث وارد است که مأمون از جناب رضا علیه‌السلام سئوال نمود که دلیل بر خلافت جد شما چیست؟ حضرت فرمود آیه انفسنا مأمون گفت لولانسائنا حضرت فرمود لولا ابنائنا این سئوال و جواب را تطبیق بکن و مقصور را بیان نما. ساعتی تأمل نموده جواب نگفت بعد از این مسائلی از فقه و سایر علوم پرسیدند جواب گفتن نتوانست. حتی از مسائل بدیهیه فقه از قبیل شک و سهو سئوال نمودند ندانست و سر به زیر افکند باز از آن سخن‌های بی‌معنی آغاز کرد که همان نورم که به طور تجلی کرد زیرا که در حدیث است که آن نور، نور یکی از

---

۱ – عبدالبهاء در کتاب «مقاله سیاح» دراین باره چنین می‌نویسد: «نکته نحوی گرفتند احتجاج به قرآن نمود و ایتان بمثل منافی قواعد نحو از آن بیان کرد». ببینید که چگونه داستان را به رنگ دیگری انداخته و دروغی از خود به آن افزوده. زیرا چنانکه پیداست به باب غلط نحوی گرفته اند. غلطهای بسیار آشکار (نه نکته) آنگاه باب درمانده و پاسخی نتوانسته. نه آنکه پاسخ گفته و از قرآن نیز مانندههایی یاد کرده. این یک نمونه است که چگونه ناچار شده‌اند تاریخ را کج گردانند و به داستانها رنگهای دیگری دهند.

شیعیان بوده است. این غلام گفت از کجا که آن شیعه تو بوده‌ای، شاید نور ملا مرتضی قلی بوده بیشتر شرمگین شد و سر بزیر افکند. چون مجلس گفتگو تمام شد جناب شیخ‌الاسلام را احضار کرده باب را چوب مضبوط زده تنبیه معقول نموده و توبه و بازگشت و از غلط‌های خود انابه و استغفار کرد و التزام پا بمهر سپرده که دیگر این غلطها نکند و الآن محبوس و مقید است منتظر حکم اعلیحضرت اقدس همایون شهریاری روح‌العالمین فداه است امر امر همایونی است. انتهی

تا اینجاست نوشته ولیعهد. در قصص العلماء می‌نویسد: سید گفت که اسم من علیمحمد با رب وفق دارد. نظاءالعلماء جواب داد که هر علیمحمد و محمدعلی با رب وفق دارند. آنوقت شما باید دعوی ربوبیت بکنید نه دعوی بابیت. ببینید بیچاره به چه سخنان سُست و بی‌پایی زبان می‌گشاده.

در نقطه الکاف داستان دیگری از همینگونه می‌نویسد حاجی میرزا جانی کاشانی که یکی از بابیان دل افروخته می‌بوده و در این راه کشته شده کتابی بنام «نقطه الکاف» نوشته که مستر براون آنرا به چاپ رسانیده. در آن کتاب از بزم ولیعهد و گفتگوهای آنجا سخن رانده. از جمله گفتگوی ملا محمد مامقانی را با باب چنین می‌نویسد:

گفته بودم شنیدم که شما ادعای بابیت نموده‌اید. فرموده بود بلی. عرض کردند که باب چه معنی دارد؟ فرمودند کلام شریق انا مدینه العلم و علی بابها را چگونه فهمیدی؟ آیا نظر نکردی به وجه خود

که چهار مشعر دارد و در یک صفحه واقع است که پنج می‌شود به عدد باب که مطابق هاء هویت است. اما آن چهار مشعر اول چشم می‌باشد که حاکی از مقام فؤاد است و حامل آن رکن توحید می‌باشد و مقام مشیت است. دوم مشعر گوش می‌باشد که حاکی از رتبه عقل و حامل رکن نبوت و مصداق اراده است. سوم مشعر شامه است که حاکی از مقام نفس است و مطابق ولایت است و حامل مقام قدر. چهار مشعر دهان است که حاکی از مقام جسم و مقام رکن شیعه و مطابق به رکن قضا می‌باشد و خود صفحه وجه. این پنج می‌شود.

دلیل را نگرید: می‌گوید چون چشم و گوش و بینی و دهان با خود چهره پنج می‌شود، و از کلمه باب نیز بحساب ابجد پنج در می‌آید و هاء که حرف نخست کلمه هویت است نیز در شماره ابجدی پنج است پس من خود مهدی یا درِ آن می‌باشم. کسی که دعوی مهدیگری می‌کرده این بوده دلیل او. همان حاجی میرزا جانی بارها در کتاب خود گله می‌نویسد که مهدی آمد و مردم بی‌انصاف او را نپذیرفتند!

آن «توبه نامه یا بمُهر» که در گزارش ولیعهد یادش شده ما نمی‌دانیم چه بوده و آیا مانده یا از بین رفته. ولی یک نامه‌ای از سید باب به ولیعهد (که نیز توبه نامه خوانده می‌شود) با پاسخ آن از شیخ علی اصغر شیخ‌الاسلام و از سیدابوالقاسم نامی در دست است که براون و دیگران در کتاب‌های خود پیکرهای آنها را آورده‌اند و ما در پائین نسخه‌هاشان می‌آوریم:

نامه سید باب به ولیعهد

فداک روحی الحمدالله کما هوا هله و مستحقه که ظهورات فضل و رحمت خود را در هر حال برکافه عباد خود شامل گردانیده. بحمدالله ثم حمدالله که مثل آن حضرت را ینبوغ رأفت و رحمت خود فرموده که به ظهور عطوفتش عفو از بندگان و تستر بر مجرمان و ترحّم بر یاغیان فرموده اشهدالله من عنده که این بنده ضعیف را قصدی نیست که خلاف رضای خداوند عالم و اهل ولایت او باشد اگر چه بنفسه وجودم ذنب صرف است ولی چون قلبم موقن به توحید خداوند جل ذکره و نبوت رسول او (ص) و ولایت اهل ولایت اوست و لسانم مقر بر کل مانزل من عندالله است امید رحمت او را دارم و مطلقاً خلاف رضای او بوده از قلمم جاری شده غرضم عصیان نبوده و در هر حال مستغفر و تائبم حضرت او را و این بنده را مطلق علمی نیست که منوط به ادعایی باشد استغفرالله ربی و اتوب الیه من ان ینسب الی امر و بعضی مناجات و کلمات که از لسان جاری شده دلیل بر هیچ امری نیست و مدعی نیابت خاصه حضرت حجه علیه‌السلام را محض ادعای مبطل است و این بنده را چنین ادعایی نبوده و نه ادعای دیگر مستدعی از الطاف حضرت شاهنشاهی و آن حضرت چنانست که این دعاگو را با لطافت عنایات و بسط رأفت و رحمت خود سرافراز فرمائید والسلام.

پاسخ نامه از شیخ الاسلام

سید علی محمد شیرازی شما در بزم همایون و محفل میمون در حضور نواب اشرف والا ولیعهد دولت بی‌زوال ایدالله و سد ده و نصره و حضور جمعی از علمای اعلام اقرار به مطالب چندی کردی که هر یک جداگانه باعث ارتداد شماست و موجب قتل و توبه مرتد فطری مقبول نیست و چیزی که موجب تأخیر قتل شما شده شبه خبط دماغست اگر آن شبه رفع شود بلاتأمل احکام مرتد فطری به شما جاری می‌شود. حرره خادم الشریعه الطاهره.

محل مهر   محل مهر

ابوالقاسم الحسنی الحسینی   علی اصغر الحسنی الحسینی

پس از این آزمایش و چوبکاری باب را دوباره به چهریق برگردانیدند که تا سال ۱۲۶۶ در آنجا در بند می‌بود. در این میان کارهایی رخ می‌داد. از جمله محمدشاه درگذشت و حاجی میرزا آقاسی از کار افتاد و ناصرالدین میرزا از تبریز به تهران رفته، به تخت نشست و میرزاتقی‌خان رشته کارهای کشور را به دست گرفته. بابیان که به پیشاهنگی ملاحسین بشرویه‌ای و دیگران در مازندران دسته‌ای پدید آورده بودند از آشفتگی کارهای دولت در آخرهای زمان محمد شاه فرصت یافته دژی ساختند و با سپاهیان دولتی به جنگ برخاستند. همچنین در زنجان ملامحمد علی و در تبریز سید یحیی دارابی کار را به خونریزی کشانیدند و جنگ‌های بسیار دلیرانه کردند.

در نتیجه این پیشامدها در سال ۱۲۶۶ ناصرالدین شاه و میرزا تقی خان امیرکبیر چنین اندیشیدند که تا باب زنده است پیروانش از پا نخواهند نشست. راستی هم آن بود که بابیان که سید باب را «صاحب‌الزمان» می‌پنداشتند حدیث‌هایی را که در کتاب‌های شیعیان درباره شهرگشایی‌های صاحب‌الزمان و یاران اوست بدیده گرفته و امیدها به فیروزی خود می‌بستند و با آن امیدها در اینجا و آنجا بکار برمی‌خاستند. این بود میرزا تقی‌خان و شاه چنین نهادند که او را بیاورند و در تبریز بکشند و در این باره دستور به حمزه میرزا عموی شاه فرستادند.

حمزه میرزا سید باب را به تبریز خواست و او را با دو تن از شاگردانش که یکی سید حسین یزدی و دیگری میرزا محمدعلی تبریزی می‌بود همراه فراشان گردانید که به خانه‌های ملایان می‌بردند و از یکایک ایشان فتوی به کشتنشان می‌گرفتند. بیچاره باب لابه می‌نمود و از گفته‌های خود بیزاری می‌جست ولی سودی نمی‌داشت.

سه تن از ملایان فتوی به کشتن ایشان نوشتند. سید حسین یزدی بیزاری از باب نموده از کشتن رها گردید. ولی باب را با میرزا محمدعلی (که پایداری شگفت از خود می‌نمود) به سربازخانه کوچک[۱] برده با ریسمانی آویزان کردند و یک فوج نصرانی را که برای اینکار آماده گردانیده بودند دستور آتش دادند. سربازان چون آتش کردند داستان نابیوسیده‌ای رخ داد. چگونگی آنکه گلوله به

۱- همانجا که جبه خانه شده بود و اکنون جایگاه بانک و دیگر اداره‌هاست.

ریسمانی که باب بسته به آن می‌بود خورده پاره گردانید، و باب رهـا شده از ترس جان خود را به یکی از اتاقهـای آن پیرامـون انـداخت. چون دود تفنگها فرونشست مردم نگاه کردند و بـاب را ندیدنـد، و یکی از سرکردگان او را جسته و در آن اتاق یافته بیرون کشید که بار دیگر آویزانش کردند و بار دیگر به سربازان دستور آتش دادند.

بدینسان باب بیچاره بدرود زندگانی گفته از دسـت هـوس‌هـای خود و نادانی‌های پیروان و آزار دشمنان رها گردید. ایـن پیشـامد در شعبان سال ۱۲۶۶ بود.

٦- ازلیگری

باب یکسال پیش از کشته شدن به میرزا یحیی نوری که در میان بابیان لقب «ازل» می‌داشت و خود جوان هیجده سالـه‌ای می‌بود نامـه نوشته و او را به جانشینی از خود برگزیده بود. پس از کشتـه شـدن باب اندک گفتگویی درباره جانشینی او پدیـد آمـد. ولـی زود پایـان پذیرفته و همگی به ازل گردن گزاردند.

ازل از ترس دولت و یا به شوند دیگری نهان می‌زیست. تابستان را در شمیران و زمستان را در نور گذرانیده به میان مردم نمی‌آمد.

برادر پدری او میرزا حسینعلی بهاء که دو سال بزرگتـر مـی‌بـود عنوان پیشکاری ازل را می‌داشت و کارها انجام مـی‌داد. بدینسـال دو سالی گذشت و آرامش در میانه رخ داد. پنداشته می‌شد کشتن بـاب کار خود را کرده و آب به آتش شور و تکان بابیان فروریختـه شـده.

ولی پیشامدهایی وارونه آنرا نشان داد. زیرا نخست در همان سال‌ها کوششی از بهاییان دانسته شد که می‌خواسته‌اند روزی برخیزند و شاه و میرزا تقی‌خان و امام جمعه تهران را بکشند و این بود کسانی از آنان دستگیر افتاده با دستور میرزا تقی‌خان کشته گردیدند. سپس در سال ۱۲۶۸ که میرزا تقی‌خان نمی‌بود داستان بزرگ دیگری رخ داد و بار دیگر کسانی کشته گردیدند.

این داستان یکی از افسوس‌آورترین و دلسوزترین پیشامدهای تاریخ ایرانست و می‌باید خستوان بود که دژ رفتاری بیش از اندازه رخ داده. کنت گوبینو سفیر فرانسه که این زمان در تهران می‌بوده و این داستان را با هناینده‌ترین زبانی در کتاب خود نوشته و بچاپ رسانیده، همین نوشته‌ها نتیجه آنرا داده که اروپائیان بابیان را شناخته و درباره ایشان خوش گمانی بیش از اندازه پیدا کرده‌اند. این داستان را در ناسخ‌التواریخ به درازی نوشته و ما چون خواستمان نوشتن تاریخ پیشامدها نیست به کوتاهی یاد نموده دنباله سخنان خود را خواهیم گفت.

چنان که گفتیم بابیان در جنگ‌هایی که نخست کرده بودند فریب حدیث‌ها را خورده امید کشورگیری می‌داشتند. چون در حدیث‌ها سخنان بسیاری از چیرگی امام زمان به دشمنان و از فیروزی‌های او رفته اینان به آن امید با دولت می‌جنگیدند و آرزوهای بسیار در دل می‌پروردند. ولی کشته شدن باب و شکست‌هایی که در مازندران و زنجان و تبریز از دولتیان دیدند، همه آرزوها را از میان برد. این بار

بابیان به کینه‌جویی پرداخته چنین خواستند که به ناصرالدین شاه و دیگران کیفری دهند، و این بود از تهران سه تن را فرستادند که به ناصرالدین شاه که در تابستانگاه نیاوران می‌زیست تیراندازند و او را بکشند. این سه تن دلیرانه بکار پرداختند، ولی تیر به شاه نخورده جز گزند اندکی به او نرسانید. با اینحال شاه و درباریان به خشم آمده چنین نهادند که هرکه را از بابیان پیدا کردند بکشند و این بود فراشان را بجستجو فرستادند و در دو روز سی و دو تن از آنها گرفتار شدند. چند تن از ایشان را که یکی میرزا حسینعلی بهاء می‌بود، چون به بابیگری خستوان نمی‌بودند نکشته به زندان فرستادند ولی بیست و چند تن را که یا بابی شناخته می‌بودند و یا خود پوشیده نداشته می‌خستویدند ناصرالدین شاه دستور داد بکشند، و چون می‌خواستند همگی مردم را با آنان دشمن و خونی گردانند هر یکی را به دست گروه دیگری سپاردند. یکی را به بازرگانان دادند که هر کدام زخمی زده بکشند. یکی را به اوباش دادند که گردآمده از پا درآوردند. یکی را به دارالفنون فرستادند که شاگردان نابود ساختند. یکی را به ملایان سپردند. یکی را به سربازخانه فرستادند. بدینسان بیست و چند تن، هر یکی با دست گروه دیگری کشته گردید و پیداست که چه غوغا و دژ رفتاری‌هایی رفت.

بدتر از همه داستان حاجی سلیمانخان و قاسم تبریزی بود. حاجی سلیمانخان یکی از شناختگان بابیان به شمار می‌رفت، و چون با قاسم بدست فراشان داده شده بودند در تنهای ایشان سوراخ‌هایی

پدید آوردند و شمع‌ها فرو برده روشن گردانیدند، و رقصنده و نوازنده بجلوشان انداخته در کوچه‌های تهران گردانیدند و پس از دژ رفتاری‌های بسیاری که فراشان و مردم کردند در بیرون دروازه چهارتکه‌شان گردانیده از دروازه‌ها آویختند. تهران چنین دژ رفتاری در خود ندیده بود که آنروز دید. از کسانی که در اینروز کشته گردید یکی حاجی میرزا جانی کاشانی (نویسنده نقطه الکاف) بود. قره‌العین که چند سال پیش دستگیر شده در خانه محمود خان کلانتر می‌زیست این زمان او را نیز کشتند.

از این پس بابیان نتوانستند در ایران بمانند. میرزا یحیی ازل که در نور می‌بود چون داستان را شنید با رخت درویشی از همانجا رو به گریز آورد و پس از گردش‌ها و راه‌پیمایی‌ها خود را از ایران بیرون انداخته در بغداد نشیمن گرفت. بابیان نیز از هر کجا که می‌بودند و خود را نهان می‌داشتند یک تن و دو تن آهنگ بغداد کردند. میرزا حسینعلی بهاء که در زندان می‌بود پس از چهار ماه به خواهش کنسول روس و دیگران رها گردیده همراه غلامی از کنسولخانه و گماشته‌ای از دولت ایران بیرون رانده شده[۱] او نیز در بغداد به ازل و به دیگران پیوست.

بدینسان بغداد کانونی برای بابیان گردید، که روز بروز شماره

---

۱ - خود بهاء در یک لوح چنین می‌گوید: «و چون مظلوم از سخن خارج حسب الامرحضرت پادشاه حرسه الله تعالی مع غلام دولت علیه ایران و دولت بهیه روس به عراق و عرب توجه نمودیم.»

شان در آنجا فزونتر می‌شد. در آنجا نیز میرزا یحیی به کمتر کاری می‌پرداخت و میرزا حسینعلی همچنان پیشکاری او را می‌داشت.

۷- من یظهره الله

سید باب با آن چوبهایی که می‌خورد و توبه‌هایی که می‌کرد و درماندگی‌هایی که نشان می‌داد، هوس دست از گریبانش برنداشته کار خود را همچنان دنبال می‌کرد. یکی از کارهای او این بوده که در زندان کتابی به نام «بیان» با عربی و فارسی نوشته که «کتاب احکام» اوست. این کتاب همانست که از بس رسواست بهاییان کوشیده‌اند از میانش برند و نسخه‌ای باز نگزارند.

در این کتاب باب بارها از کسی که در آینده خواستی آمد سخن رانده او را «من یظهره الله» می‌نامد و جایگاه بس بلندی برایش باز کرده به بسیج بزرگی برای آمدنش می‌پردازد. برای آنکه نمونه‌ای هم از کتاب بیان آورده باشیم چند بخشی را از آن که در باره «من یظهره الله» است در پایین می‌نویسیم.

در یک جا می‌گوید:

«قل الثالث من بعد العشران یبعث ملکافی البیان کتب علیه ان یملکن لنفسه ما یجعلنه علی رأسه مما یکن علیه خمس و تسعین عدد اممالم یکن له عدل و لاشبه و لاکفو ولاقرین و لامثل ولم یخرج عن حدود الهاء ظهورات اسمائه عن امرالله علیه الی یوم القیمه یومئذ صنع ذلک فی البیان فلتفتدون عند اقدام من یظهره الله

ثم یدی الله تسجدون ان تفخرون بذلک یا اولـی اللملـک و الا و الله غنی عن العالمین.»

معنی این عربی‌های غلط بسیار خنک آنکه باب دستور مـی‌دهـد که اگر پادشاهی از میان بابیان برخاست باید نود و پـنج تکـه گـوهر بیمانندی بدست آورد و به تاج خود زند که اگـر مـن یظهـره الله در زمان او پدید آمد رفتـه در پیشـگاه او سـجده کنـد و آن تـاج را بـا گوهرهایش بجلو پاهای او گزارد. در جای دیگری می‌گوید:

«قل انما السابع تفتبلغن الی من یظهره الله کل نفس مـنکم بلـور عطر یمتنع رفیع من عنـد نقطـه البیـان ثـم بـین یـدی الله تسـجدون بایدیکم لابایدی دونکم»

معنی اینها نیز آنکه باب دستور می‌دهد که هر کسی به من یظهره الله شیشه بلورین پر از عطری، بنام ارمغان نقطه بیان (که همان بـاب باشد) برد و در پیش او سجده کرده با دست خود برساند.

از گفته‌های باب در دیگر جاها نیز چنین پیداست که او پیدایش «من یظهره الله» را به یک آینده دوری نوید می‌داده، ولـی بسـیاری از بابیان پروای این نکرده هوس «من یظهـره اللهـی» گریبـانگیر ایشـان می‌گردد. چنانکه در بغداد چند تن به همـین دعـوی برخاسـتند، کـه یکی را بنام «میرزا اسدالله دیان» بابیان کشتند و دیگران نیـز کـاری از پیش نبرده خود به خاموشی گراییدند.

ولی در این میان برخی خودسری‌هایی از میـرزا حسـینعلی بهـاء رو می‌نمود و چنین فهمیده می‌شد که او را نیز هوایی در سر اسـت،

و چون این رفتار او به سران بابیگری گران می‌افتاد و زبان به نکوهش باز کرده بودند، بهاء در بغداد نمانده ناپدید گردید، و پس از دیرگاهی دانسته شد به سلیمانیه به میان کردان رفته و در آنجا با درویشان خانقاهی روز می‌گزارد. چون این دانسته شد میرزا یحیی نامه‌ای به دلجویی از او نوشت و میرزا حسینعلی پس از آنکه دو سال در سلیمانیه مانده بود به بغداد بازگردید. ولی رفتارش همان می‌بود و رمیدگی میانه او با میرزا یحیی و سران بابی از میان برنمی‌خاست.

در بغداد بابیان از یکسو میان خود کشاکش‌ها می‌داشتند و یکدیگر را می‌کشتند و از یکسو میانه ایشان با شیعیان زد و خوردها رخ می‌داد و چون ملایان نجف و کربلا نیز از آنان ترسیده نزدیک بودنشان را نمی‌خواستند. دولت عثمانی بهتر دانست همگی را از بغداد به استانبول کوچاند و این کار در سال ۱۲۷۹ رخ داد که بابیان تا آن هنگام ده سال در بغداد زیسته بودند.

۸ - بهائیگری

در استانبول بابیان بیش از چند ماهی نماندند که همه را به ادرنه فرستادند. در اینجا بود که میرزا حسینعلی دعوی «من یظهره اللهی» آشکار گردانید و رمیدگی میانه او با برادرش به دشمنی انجامید.

بهاء در آن چند سال برخی از سران بابی را بسوی خود کشانیده از آنسو نیز با بابیانی که در ایران نهانی می‌زیستند نامه‌نویسی‌ها کرده

زمینه برای خود آماده گردانیده بود.

بهاء چنین می‌گفت: «آنکس که می‌بایست پدید آید منم. باب یک مژده‌رسانی برای پیدایش من می‌بود. اینکه در این چند سال ازل جانشین باب و پیشوای بابیان نشان داده شده بهر این می‌بوده که هوش‌ها به آنسو گردد و من و جایگاهم از دیده‌ها دور مانده از گزند و آسیب ایمن باشم».

در این زمینه «لوح‌ها» می‌نوشت و به ایران می‌فرستاد. عربی‌های این نیز غلط و خنک ولی به اندازه غلطی و خنکی عربی‌های باب نیست.

پیداست که میرزایحیی ازل و بسیاری از سران بابی این دعوی بهاء را نمی‌پذیرفتند و ایستادگی می‌نمودند. ولی بهاء پروا ننموده کار خود را دنبال می‌کرد. از اینرو در میانه کشاکش‌ها رخ می‌داد و دو سو تا می‌توانستند آبروی یکدیگر می‌ریختند. دروغ‌ها به همدیگر می‌بستند. بهاء می‌گفت: «این آهنگ را بهاء درباره من می‌داشت». دو برادر یکدیگر را به «مباهله» می‌خواندند. پیروان از پیکار بازنایستاده و مردم را نیز ناآسوده می‌گردانیدند.

در نتیجه اینها دولت عثمانی ازل و بهاء و پیروانشان را به دادگاه کشانید و دادگاه رأی داد که هر یکی با پیروان خود بجای دور دیگری فرستاده شوند که در آنجا بحال «قلعه بند» زندگی کنند. این بود که میرزا یحیی را با خاندان و پیروانش به جزیره قبرس که آن زمان در دست عثمانی می‌بود فرستادند. بهاء را با خاندان و پیروانش

به عکا روانه گردانیدند. از اینجا دو برادر از هم جدا شـدند. پیـروان ازل که همان بابیان می‌بودند، «ازلی» نامیده گردیده، پیروان بهـاء نـام نوین «بهائی» پیدا کردند.

بهاء در عکا در «قلعه بند» (در سربازخانه) می‌زیسـت و یکـی از داستان‌ها که در همان ماه نخست رسیدنشان بـه آنجـا رخ داد کشـته شدن سه تن از ازلیان به دست بهاییان بود. چگونگی آنکه عثمانیـان چون ازل و بهاء را از ادرنه به قبرس و عکا می‌فرستادند چهار تن از بهائیان را همراه ازل و چهارتن از ازلیان را همـراه بهـاء گردانیدنـد. چـون دشـمنی دو دسـته را بـا همـدیگر مـی‌دانسـتند خواسـتند بـه جاسوسی درباره یکدیگر وادارند. چهارتن ازلـی کـه همـراه بهـاء خواستندی رفت یکی حاجی سید محمد اسپهانی (از یـاران بـاب) و دیگری میرزاآقاخان کج کلاه، و دیگری میـرزا رضـاقلی تفرشـی، و دیگری میرزا نصرالله می‌بودند. میرزا نصرالله پیش از روانـه شـدن در ادرنه درگذشت و چنین گفته شد که بهاییان زهرش دادند. اما آن سه تن تا عکا همراه بهاء می‌بودند. تا یک شبی چند تـن از بهاییـان بـا خنجر و شمشیر به سرشان ریختند و هر سه را کشتند و تـا چنـدی بهاء گرفتار بازپرس و بازخواست از سوی عثمانیان می‌بود. این یکی از آدمکشی‌هایی است که از بهاییان می‌شمارند.

بهاء در عکا با «تقیه» راه رفته خـود را یـک مسـلمان پابرجـایی نشان می‌داد. زیرا نماز می‌خواند و روزه می‌گرفت و به مسـجد رفتـه در پشت سر امام سنی نماز آدینه می‌گزاشت، و با اینحال رشته خود

را با بهاییان ایران نبریده برایشان لوح‌ها می‌فرستاد و دستورها می‌داد. چنانکه گفتیم او نخست دعوی «من یظهره اللهی» می‌داشت ولی کم‌کم از آن زمینه گذشته خود را نه تنها یک برانگیخته از خدا می‌نامید، به شیوه صوفیان و دیگران دعوی خدایی نیز می‌کرد. مرد درمانده‌ای که گاهی از ترس جان باورهای خود را انکار می‌کرد و گاهی با دست عثمانیان از شهری به شهری برده می‌شد، ناگهان میدان یافته از خدایی دم می‌زد. با اینحال گاهی نیز هوس گریبانگیرش شده شعرهای پوچ بی‌وزن و قافیه می‌سرود:

از باغ الهی با سدره ناری آن تازه غلام آمد هی هی جذب الهی هذا خلع رحمانی هذا قمص ربانی.

با اینحال در سایه هوشیاری و زیرکی خودش و پسر بزرگترش میرزا عباس کارش در میان بابیان نیک پیش می‌رفت و دیرگاهی نگذشت که میرزا یحیی و هواداران او را از میدان بیرون گردانید.

بیچاره میرزا یحیی چون به جزیره قبرس رفت آوازش بریده گردید. در ایران حاجی میرزا هادی دولت‌آبادی نماینده او می‌بوده ولی چنین پیداست که با میرزا یحیی بهم بستگی بسیار کم می‌داشته. پیروانش نیز با خاموشی و آرامی می‌زیستند و آن تندی و گرمی که از بهاییان پدیدار می‌بود از آنان دیده نمی‌شد. اکنون نیز به یکبار گمنام و خاموشند و همانا بیشتری از آنها کیش خود را فراموش کرده‌اند.

بهاء بیست و چند سال در عکا می‌زیست و کارهای خود را

دنبـال مـی‌کـرد. یکـی از کتاب‌هـای او کـه بجـای قـرآن نوشته و مانندسازی کرده بنام «اقدس» است و بـرای آنکـه نمونـه‌ای نیـز از نوشته‌های او در دست باشد جملـه‌هـایی را از آن کتـاب در پایین می‌آوریم:

«قل قد جعل الله مفتاح الکنز حبی المکنون لـوانتم تعرفـون لـولا المفتاح لکان مکنونا فی ازل الازال لو انتم توقنون قل هـذه المطلـع الوحی و مشرق الاشراق الذی به اشرقت الافاق لـوانتم تعلمـون قـل هذا القضاء المثبت و به یثبت کل قضاء محتوم یا قم الاعلی یـا قلم الانشاء قد کتبنا علیکم الصیام ایاما معدودات و جعلنا النیروز عیدالکم بعدا کمالها کذلک اضائت شمس البیان من افق الکتاب من لدن مالک المبدء و المآب و اجعل الایام الزائده عن الشهور قبل شهر الصیام انـا جعلناها مظاهر الهاء بین اللیالی و الایام لذا ما تحددت بحدود السـنه و الشهور. ینبغی لاهل البهاء ان یطعموا فیها انفسهم و ذی القربی ثـم الفقراء والمساکین و یهللن و یکبرن و یسبحن و یمجدن ربهم بالفرح و الانبساط.»

چنانکه دیده می‌شود اینهـا کـم غلط‌تـر از بافندگی‌هـای سید بابست. با اینحال بهاء چون می‌دانسته که غلط می‌بافد و ملایان ایـراد خواهند گرفت اینست پاسخ داده چنین می‌گوید:

«قل یا معشر العلماء لاتزنوا کتاب الله بما عندکم مـن القواعـد و العلوم انه لقسطاس الحق بین الخلـق قدیوزن مـا عنـد الامـم بهـذا القسطاس الاعظم و انه بنفسه لو انتم تعلمون».

می‌گوید: «این نوشته‌های مرا نباید با قاعده‌های صرف و نحو سنجند بلکه باید قاعده‌های صرف و نحو را با این نوشته‌های من بسنجند». این سخن معنایش آنست که من چون عربی را درست نمی‌دانم و غلط می‌نویسم، شما باید آن قاعده‌هایی را که برای درست نوشتن هست کنار گذارید و شما نیز غلط نویسید، بهتر گویم: معنایش آنست که هر غلطی گفتم گفته‌ام. شما نباید ایراد گیرید. این همان پاسخیست که سید باب درباره غلط‌های خود می‌داد.

۹ - عبدالبهاء

بهاء در سال ۱۳۱۲ درگذشت. پس از او پسرش میرزا عباس که عبدالبهاء شناخته شده جای او را گرفت. ولی چون برادر دیگرش میرزامحمدعلی گردن به جانشینی او نمی‌گزاشت و درباره ارث نیز کشاکش بسیاری در میان می‌بود بار دیگر پیکار دو برادر پیش آمد. در اینجا نیز هر یکی تا توانست آبروی آندیگر را ریخت و یک رشته دشمنی‌ها به میان آمد که از سخن ما بیرونست.

بهر حال عبدالبهاء جای پدر را گرفته به راه بردن پیروان پرداخت. این نیز لوح‌ها می‌فرستاد و کتابی می‌نوشت، و برای آنکه نمونه‌ای از نوشته‌های این نیز در دست باشد یکی از لوح‌های او را که به فارسی نوشته در پایین می‌آورم:

بادکوبه احبای الهی و اماء رحمن علیهم و علیهن البهاء الابهی هوالله

ای عاکفان کوی دوست ای عاشقان روی دوست قفقاز یا جمیعا تابع رود ارس است که در قرآن اصحاب رس تعبیر شده جمعی از انبیاء در زمان قدیم که خبرشان منقطع شده در آن اقلیم مبعوث شدند و عالم انسانی را بنفحات رحمانی معطّر نمودند و همچنین در زمان اخیر حضرت اعلی روحی فداه به چهریق سرگون و در آنجا مسجون گشتند حافظ شیرازی رائحه به مشامش رسید و این غزل را گفت:

ای صبا گر بگذری بر ساحل رود ارس
بوسه زن بر خاک آن وادی و مشگین کن نفس

و حضرت زردشت نیز مدتی در آن صفحات سیر و حرکت می‌فرمودند و کوه قاف که در احادیث و روایات مذکور همین قفقاز است و ایرانیان را اعتقاد چنانست که آشیانه سیمرغ است و لانه عنقای شرق لذا امید چنان است که این عنقا که شهیر تقدیس در شرق و غرب منتشر نموده و آن امر بدیع ربانی در قفقاز لانه و آشیانه نماید الحمدالله احبای بادکوبه در این سالهای جنگ با جمیع طایف آشتی داشتند و بموجب تعالیم الهی بکل مهربان و در امرالله جوش و خروش داشتند و از باده محبت الهی سرمست و مدهوش بودند حال باید مانند نهنگ بخروشند و تلافی سالها جنگ نمایند و به آهنگ مستانه و ترانه عاشقانه آن اقلیم را به اهتزاز و حرکت آرند

تا نورانیت چنان قلوب را روشن نماید که اشعه یگانگی بتابد و ظلمات بیگانگی زائل گردد و جمیع طوایف با یکدیگر بیامیزند و در الفت و محبت به قند و شکر ریزند و شور و ولعی انگیزند که ممالک مجاوره نیز به اهتزاز و حرکت آیند و علیکم و علیکن البهاء الابهی تموز ۱۹۱۹ عبدالبهاء عباس.

این از لوحها بنام عبدالبهاست و شما از اینجا پی به مایه دانش او توانید برد. دیگر لوحها و کتاب‌هایش نیز از همین بافندگی‌هاست.

عبدالبهاء سی و چند سال پی کار خود را می‌داشت و چون دولت عثمانی مشروطه را پذیرفت و به او نیز آزادی داده شد، در سال ۱۳۲۸ سفری به مصر و اروپا کرد. همچنان سفری به آمریکا کرد و در سال ۱۳۴۰ بدرود زندگی گفت.

۱۰- شوقی افندی

پس از مرگ عبدالبهاء نوه دختری او شوقی افندی جایش را گرفت. در این هنگام باز سخنانی به میان آمد و کسانی بازگشتند. زیرا از روی گفته بهاء در کتاب اقدس که می‌گوید: قداصطفینا الاکبر بعد الاعظم... بایستی پس از عبدالبهاء که «غصن اعظم» می‌بود نوبت به میرزا محمدعلی «غصن اکبر» برسد. آنگاه عبدالبهاء نوید برپا گردانیدن «بیت‌العدل» نیز داده بود، اینها مایه گفتگو می‌بود. ولی چون عبدالبهاء وصیت کرده بود شوقی در جای او پایدار گردید و اکنون نیز هست.

این شوقی نیز لوح‌ها می‌فرستد و پیروان را راه می‌برد و برای آنکه نمونه‌ای هم از نوشته‌های این در دست باشد لوحی را که دو سال پیش به ایران فرستاده و نسخه‌ای از آن در دست منست در پایین می‌آورم:

طهران محفل مقدس روحانی بهائیان ایران شیدالله ارکانه عرایض تقدیمی آن امنای الهی مورخه ۶ و ۲۷ و ۲ – ۲۸ ماه و ۲۱ و ۳ – ۲۳ – ۱۳۲۱ماه به ساحت اقدس مبارک حضرت ولی امر الله ارواحنا فداه واصل و مطالب معروضه با نام‌های گرامی اعضای محترمه موقره منتخبه کاملا در محضر اطهرا نور معلوم و به لحاظ مکرم فائز فرمودند بنویس در این سنه که مخاطرات عظیمه متوجه قلب جامعه بهائی در ارض اقدس و مهد امرالله در ایران گشته و دشمنان قدیم و جدید در داخل و خارج مستعد هجوم و تولید انقلاب و ایجاد اختلاف و فسادند یاران الهی علی‌الخصوص هیئت منتخبه برگزیدگان جامعه و حامیان و حارسان شریعت مقدسه الهیه باید با کمال جدیت و خلوص و انقطاع و اتحاد و اتفاق و عزمی متین و شجاعتی بی‌مثل و حکمت و متانتی بی‌نظیر و عدیل به آنچه علت استحکام اساس و توسعه دایره و ارتفاع شأن جامعه است لیلا و نهارا قیام نمایند صرصر امتحانات متتابعه شدیده را مقاومت نمایند و از هبوب عواصف بلایا و رزایاء متوالیه در داخل و خارج پریشان و اندوهگین و مأیوس و متزلزل نگردند. به یقین مبین بدانید که در بحبوحه انقلاب و اضطراب و اغتشاش و اعتراض و طغیان دول و

امم و قبایل و ملل عظمت امرالله به اسباب غیبیه و وسایل غیرمنتظره عجیبه بغته جلوه نماید و قهاریت غلبه روح نازنینش کاملاً ثابت و آشکار گردد و وحدت اصلیه و متانت اساس و علو منزلت جامعه پیروانش بر عالمیان مکشوف و مبرهن گردد زیرا جمال الهی حامی عدل است و ناصر حق حافظ یاران راستان است و هادم بنیان ظلم و عدوان هر چند این سنه جدیده و سنه آتیه از سنین اخیره قرن اول دور بهائی محسوب ولی وقایع هولناکش از مبادی محسوب نتایجش در قرن ثانی ظهور نماید و چهره گشاید یاران باید در نتایج نظر نمایند نه در مبادی هذا مایلیق لهم و لا مثالهم فی هذا الیوم المریب راجع به عرایض مرسله از طرف محفل روحانی تبریز جناب حاجی آقا صفائی اشتهاردی و جناب عفیفیان امه‌الله قدسیه خانم شیوائی علویه خانم تاج صفوی امه الله علویه ملکه توسلی و جناب آقا محمد علی معینی و امه الله فاطمه خانم معینی سنگسری و عریضه جناب آقای علی اصغر رشیدی سنگسری فرمودند این مکاتیب و اصل و جواب هر یک علیحده مرقوم و ارسال خواهد شد در خصوص قضیه تعرفه رسمی بهائی فرمودند بنویس الغاء تعرفه جائز ولی محافل روحانیه باید با کمال دقت و جدیت اسماء مومنین و مومنات را کاملاً در محل محفل ثبت نمایند تهاون و مسامحه جایز نه و الا امور جامعه مغشوش گردد و مشکلات جدیده رخ نماید دستور کامل از طرف هیئت محفل محلی روحانی به مراکز تابعه علی الخصوص مراکز قسمتهای امریه باید در این خصوص صادر گردد

تقدیمی امه الله قدسیه خانم فدائی صبیه حضرت حاجی ایمان مرحوم سه طغری لوح مبارک جمال اقدس ابهی جل شانه الا علی و هفده طغری الواح مبارکه حضرت عبدالبهاء ارواحنا لرمسه الاطهر فدا فرمودند بنویس این الواح مقدسه سالما بارض اقدس واصل و بنام تقدیم کننده به یادگار در محفظه آثار در خود مقام اعلی محفوظ و دیگر فرمودند در حق متصاعدین الی‌الله آقا حبیب‌الله صمیمی و علاءالدین کاظم‌زاده از اعماق قلب علو درجات و مقامات مقدسیه علیا استدعا نمایم تا در بحر انوار مستغرق گردند و در جوار رحمت کبریائی مقر و ماوی جویند و به آنچه آمال مخلصین و مقربین است در ملکوت ابهی فائز و نائل شوند منتسبین آنان را از قبل این عبد تسلی و اطمینان دهند حسب الامر مبارک مرقوم گردید فی الشهر الکلمات ۲۱-۹۹ – جولای ۱۹۴۲ نورالدین زین ملاحظه گردید بنده آستانش شوقی.

اینست تاریخچه کوتاهی از پیدایش کیش بهائی (یا به گفته خودشان: دین بهائی) چون خواست ما داستان پیدایش خود کیش یا دین می‌بود به داستان جنگها و رخدادهای دیگر نپرداختیم.

گفتار دوم

ایرادهای بزرگی که به کیش بهائی توان شمرد

به کیش بهائی ایرادهای بسیاری توان شمرد، بلکه باید گفت: این کیش از سر تا پا ایراد است. ولی ما چون فرصت کم می‌داریم در اینجا به کوتاهی کوشیده جز به چند ایراد بزرگ نخواهیم پرداخت.

نخست: این کیش چنان که دیده شد پندار بر پندار است. به این معنی کیش بروی بابیگری و آن بروی شیخیگری و آن بروی شیعیگری و مهدیگری نهاده شده و همه اینها پایه‌ای جز پندار نمی‌دارد.

ببینید بهاءالله گفته: من آن یظهره اللهم که سید باب آمدنش را آگاهی داده. سید باب گفته من آن مهدیم که شیعیان می‌بیوسیدند و شیخ احسایی آن را معنی کرده.

برای آنکه نیک دانسته شود چه پندارهایی در ریشه کیش بهایی خوابیده فهرست پایین را می‌آورم:

۱ - امام جعفر الصادق که بنیادگزار شیعیگری بوده چنین گفته: «خلیفه یا امام باید از سوی خدا برگزیده شود.»

۲ - هم او چنین گفته: «مرا خدا برگزیده». جانشینانش نیز یکی پس از دیگری این دعوی را کرده‌اند.

۳ - امام حسن العسگری که جانشین پنجم جعفر بن محمد بوده چون مُرده و فرزندی در بیرون نمی‌داشته عثمان بن سعید نامی چنین گفته: «او را فرزندی هست که نهانست و او امام می‌باشد.»

۴ - یک داستان مهدیگری از باستان زمان در میان جهودان و ایرانیان می‌بوده که سپس به میان مسلمانان نیز آمده و آنان چنین می‌گفته‌اند: کسی در آینده با یک نیرویی بیرون از آیین خواهد برخاست و جهان را به نیکی خواهد آورد.

۵ - عثمان بن سعید از این نیز سودجویی نموده و چنین گفته: آن امام ناپیدا مهدی نیز هست و روزی که بیرون آید شمشیر کشیده جهان را به نیکی خواهد رسانید.

۶ - شیخ احسایی پس از هزار سال برخاسته و چون دیده هزار سال زندگی امام ناپیدا باور کردنی نیست به تأویل پرداخته و چنین گفته: «آن امام ناپیدا مُرده است ولی گوهر او پایدار است و در یک کالبد دیگری خواهد آمد.»

۷ - سید باب برخاسته و همان سخن احمد را گرفته و چنین گفته: «من امام زمانم و آن گوهر در کالبد من می‌باشد.»

۸ - هم او در میان دیگر گزافه‌های خود چنین گفته: «پس از دیر

زمانی خدا یکی را که بزرگتر از منست (من یظهره الله) پدید خواهد آورد.

۹ – بهاء اندکی پس از باب برخاسته چنین گفته: «آن کس بزرگتر یا من یظهره الله من می‌باشم.»

اینها نُه چیز است که بر روی هم آمده که اگر یکی پوچ باشد کیش بهایی بی‌بنیاد خواهد گردید، و راستی آنست که هر نُه تا پوچ و بی‌پاست، اینست که می‌گوییم: این کیش پندار بر پندار می‌باشد.

ما از برخی از این پندارها در این کتاب و در کتاب شیعیگری سخن رانده‌ایم. در اینجا تنها از مهدیگری سخن خواهیم راند.

مهدیگری (یا اینکه کسی با نیروی بیرون از آیین «خارق‌العاده» برخیزد و جهان را به نیکی آورد)، گذشته از آنکه پندار بی‌پاست و چنانکه گفتیم پدید آورده جهودان و ایرانیانست خود با آیین خدا (یا بهتر گوییم: با آیین گردش جهان) ناسازگار می‌باشد.

چنانکه در جاهای دیگری بارها گفته‌ایم یکی از چیزهایی که باید هر کسی بداند و بشناسد آیین گردش جهانست. این خود پایه بزرگی از این می‌باشد. باید هر کسی اینرا بداند و بشناسد تا به چیزهای بیرون از آیین دل نبندد و فریب نخورد.

مهدیگری از دو راه بیرون از آیین جهان می‌باشد:

نخست از این راه که می‌پندارد مهدی با یک نیرویی بیرون از آیین جهان خواهد آمد و به کارهایی که بیرون از توانایی دیگرانست خواهد برخاست.

دوم از این راه که می‌پندارد جهان را به یکبار دیگر خواهد گردانید و ریشه بدی‌ها را از جهان خواهد برانداخت.

اینها هر دو پندار است و هر دو نشدنیست. آری خدا هرگاه که خواهد و هر که را خواهد به راهنمایی مردمان برانگیزد. ولی آن راهنما به کارهایی بیرون از آیین نیاز نخواهد داشت. کاری که او خواهد کرد این است که با گمراهی‌ها و نادانی‌ها نبرد کند و با روشن گردانیدن آمیغ‌ها خردها را به تکان آورد و یک راه راستی برای زندگانی نشان دهد و جهان را چند گامی پیش برد. اینست آنکه یک راهنمای خدایی خواهد کرد. تا کنون این بوده است و در آینده نیز خواهد بود. آن چیزی که در باره مهدی و کارهایش می‌پندارند همه بی پا و دور از خرد است.

در باره نیکی نیز آدمیان از روزی که در روی زمین پیدا شده‌اند زندگانی رو به پیشرفت و آدمیان رو بسوی بهتری داشته‌اند. تمدن یا شهریگری که گفته می‌شود این، جز پیشرفت آدمیان نیست. چیزی که هست این پیشرفت تاکنون گام به گام بوده است و در آینده نیز چنین خواهد بود. آدمی شاینده آنست که از بدی‌ها پیراسته گردد و برای برخورداری درست از آسایش و خرسندی راهی باز است. ولی این راه نه آنست که هواداران مهدیگری پنداشته‌اند.

می‌باید گفت: هواداران مهدیگری کسانیند که می‌خواهند راه کوشش به نیکی را نشناسند و خود نیک نباشند، ولی یک کسی با نیروهای پنداری پیدا شود و جهان را از یک راه پنداری به نیکی

آورد. می‌باید گفت این پندار بیش از همه نتیجه سُست نهادی و تنبلی می‌باشد.

بهر حال مهدیگری پنداریست که از هر سو جای ایراد است و چنانکه دیدیم پایه بابیگری و بهائیگری همین می‌باشد.

شگفت‌تر آنکه سید باب در همه جا از محمد بن‌الحسن العسگری که مهدی شیعیانست سخن رانده و خود را «در» او نامیده، بلکه در یکجا سخن از دیدن آن امام رانده. سپس نیز که به دعوی قائمی برخاسته خواستش جز همان «قائم» نمی‌بوده (از روی تأویلی که شیخ احمد کرده بود)، و در همه جا دلیل از حدیث‌های شیعیان آورده. این یک چیز بسیار آشکاریست.

با این حال به تازگی بهائیان سخن دیگر گردانیده مهدی شیعیان را نپذیرفته و بودن فرزند حسن عسگری را از ریشه دروغ می‌شمارند. عبدالحسین آواره که تاریخی با دستور عبدالبهاء نوشته و به چاپ رسانیده در آغاز آن در این زمینه به سخن درازی پرداخته به این نتیجه رسیده که یک مهدی بایستی برخیزد و آن سید باب می‌بوده، ولی مهدی که شیعیان باور می‌داشتند و می‌دارند جز دروغ نمی‌باشد. جای پرسش است که پس آنهمه گفته‌های سید باب از چه راه می‌بوده؟! چه شده که خود آن مهدی این را نفهمیده و شما اکنون می‌فهمید؟!... این نمونه‌ایست که چگونه کیش بهائی هر زمان رنگ دیگری تواند پذیرفت.

دوم: کیش بهائی از معنی دین بیرون و با آن ناسازگار است.

چنانکه در جاهای دیگر بارها گفته‌ایم «دین شناختن جهان و معنی زندگانی و زیستن به آیین خرد است». معنی راست دین این می‌باشد.

ولی در کیش‌ها این معنی را نشناخته‌اند. پیروان کیش‌ها دین را چیزهایی در کناره زندگی، و دستگاهی برای خواست دیگری می‌شناسند. مثلاً در نزد مسیحیان دین دستگاهی برای شناسانیدن مسیح (فرزند خدا) و نشان دادن جایگاه اوست و دینداران کسانیند که به فرزند خدا بودن مسیح گردن گذارند و همیشه با یاد او زیند. در نزد شیعیان دین دستگاهی برای بزرگ داشتن چهارده معصوم (گرامی داشتگان خدا)، و یاوران خدا شناختن ایشان و به یاد آنان پرداختن می‌باشد.

بهاء نیز دین را به همان معنی دانسته و اینست دستگاهی همچون دستگاه مسیحیگری یا شیعیگری برای بزرگ گردانیدن خود و جایگاه بلندی باز کردن برای خود پدید آورده. شما چون نوشته‌هایش را بخوانید بیش از همه ستایش از «شأن و عظمت خودش» می‌کند و افسوس می‌خورد که چرا مردم و ملایان او را (که خدای کوچک می‌بوده) نمی‌شناسند. در اقدسش می‌گوید:

تبکی علیکم عین عنایتی لانکم ما عرفتم الذی دعوتموه فی العشی و الاشراق و فی کل اصیل.

معنی آنکه: پروای من به شما می‌گرید، زیرا نشناختید کسی را که در شام و بامداد و نیمروز خوانده بودید.

در گفته‌های این پیغمبر بزرگ یا خدای کوچک آنچه نیست پرداختن به جهان و زندگانی و باز نمودن آمیغ‌هاست. شما در سراسر نوشته‌های او سخنی را که مردم نمی‌دانسته‌اند و او گفته پیدا نخواهید کرد.

یکی از کارهای بزرگ دین، نبرد با گمراهی‌های زمان و برانداختن آنهاست که راه را برای پیشرفت خود صاف گرداند. گمراهی‌های زمان بهاءالله شیعیگری و شیخیگری و علی اللهیگری و فلسفه و خراباتیگری و مانند اینها بوده که او به هیچیک نپرداخته بجای خود که از همه آنها سود جسته. اگر راستی را بخواهید او این گمراهی‌ها را در هم آمیخته و یک گمراهی نوین پدید آورده این مردم برای راهنمایی یا برانگیختگی مایه‌ای بایا نمی‌شمارده و درباره پیغمبر اسلام چنین می‌پنداشته که برخاسته و آن آیه‌ها را ساخته و مردم را بسرش گرد آورده. این است برای خود نیز بیش از این بایا نمی‌شمارده که در برابر قرآن کتابی پدید آورد و آیه‌هایی همچون آیه‌های او ببافد. همین را بس می‌شمارده. این است پیاپی فشار می‌آورد که چرا به من «ایمان» نمی‌آورید؟!... چرا مرا به خدایی نمی‌پذیرید؟!

از ناآگاهی این نمی‌دانسته که پیغمبر اسلام با یک مایه خدایی برخاست و راز کار او نبرد با بت‌پرستی و کوشش به برانداختن آن گمراهی و باز نمودن آمیغ‌های زندگانی می‌بود. وگرنه از تنها آیه‌سرایی کاری پیش نرفتی و سودی برنخاستی.

یک چیز شگفت اینست که بهاء در برابر شیعیگری به مانندهسازی پرداخته. به این معنی که در برابر قرآن، اقدس را گذارده، در برابر مکه خانه شیراز یا بغداد را پدید آورده، نماز و روزه را به رویه دیگری انداخته، در برابر گنبدها که پرستشگاه شیعیانست گور خود را «زیارتگاه» گردانیده، همچون شیعیان «زیارتنامه» ساخته، همچون آنان دعاهای درازی برای خواندن پدید آورده. از هر باره به آن کوشیده که یک دستگاهی همچون شیعیگری پدید آورد. به آن کوشیده که یک گمراهی نوینی به گمراهیهای کهن بیفزاید.

با این حال بهائیان امیدمندند که دین بهاء جهان را خواهد گرفت. چاره دردهای جهان را جز «نشر تعالیم جمال مبارک» نمیشمارند. یک چیز شگفتتر آنکه بارها دیدهام میآیند و با من گفتگو کرده میگویند: «این سخنانی که شما میگویید همه را جمال مبارک گفته». دروغ به این بزرگی را بروی من میگویند.

روزی به یکی گفتم: «مثلاً من در باره خرد یا روان سخنان بسیاری گفته و در برابر فلسفه مادی ایستاده با دلیلهای استوار معنی خرد و روان بودن آنها را باز نمودهام. آیا بهاءالله در این باره سخنانی گفته؟!...» چون پاسخی نمیداشت به خاموشی گرایید.

سوم: یک کار بسیار زشت بهاءالله نام خداییست که بروی خود گزارده، در آغاز اقدسش در این باره میگوید:

ان اول ماکتب الله علی العباد عرفان مشرق و حیه و مطلع امره الذی کان مقام نفسه فی عالم الامر و الخلق من فاز به قد فاز بکل

الخیر و الذی منع انه من اهل الضلال و او انی بکل الاعمال.

می‌گوید: «نخست چیزی که خدا به بندگان خود بایا گردانیده شناختن منست که از سوی او فرهش (وحی) آورده‌ام و در آفریدن جهان و در گردانیدن آن جانشین خدا بوده‌ام.»

از این جمله‌ها پیداست که آنچه بهاء را به این بیشرمی واداشته نادانی‌های شیعیگری و شیخیگری می‌بوده. چنانکه گفتم شیعیان «چهارده معصوم» و بستگان ایشان را دست‌اندر کارهای جهان و یاوران خدا می‌پندارند. شیخ احمد در این باره یک گام دیگری برداشته آشکاره می‌گوید: جهان را امامان آفریده‌اند. روزی را به مردم آنان می‌دهند. رشته همه کارها در دست ایشانست. بهاء که به دعوی «من یظهره اللهی» برخاسته و خود را پیغمبر بزرگی شناخته نخواسته از امامان پَس‌تر ماند و پست‌تر باشد. اینست نام خدا بخود بسته می‌گوید: من جانشین خدا در آفریدن جهان بوده‌ام.

این نمونه‌ایست که چگونه از ناآگاهی و نافهمی، معنی خدا و راز خداشناسی را نمی‌دانسته. چنانکه بارها گفته‌ایم داستان خداشناسی آنست که ما می‌بینیم این جهان می‌گردد، ولی این گردش از خود او نتواند بود. می‌بینیم آدمیان به این جهان بی‌اختیار می‌آیند و بی‌اختیار می‌روند. اینها را دیده می‌گوییم: «این جهان را گرداننده‌ای هست و آدمیان را به این جهان آورنده و برنده‌ای می‌باشد». آنچه ما را واداشته به هستی خدا خستوان باشیم اینست. پس چه اندازه خنکست که یکی از آن آدمیان سر برآورده و بگوید: آن خدا که شما

باور می‌داری منم.

چه اندازه خنکست که میرزا حسینعلی درمانده کـه در تهـران از ترس جان بابی بودن خود را انکار می‌کرد بگوید من خـدایم و ایـن جهان را من آفریده‌ام. چه اندازه خنکست کـه بهـاء کـه در ادرنـه از دست میرزا یحیی و پیروانش به تنگنـا افتـاده گـاه مـی‌خواسـت بـه برادرش زهر خوراند و گاه پیروان او را به «مباهله» می‌خواند بیکبـار آنها را فراموش کند و آواز برآورده بگوید: رشته کارهـای جهـان در دست منست.

آری آن درِ گزافگویی که در شیعیگری باز شده بـود بایسـتی بـه این نتیجه رسد؟ در جایی که جعفر بن محمد بنشیند و بگوید: «خدا ما را از آب و گِلِ والاتری آفریده» و شـیعیان پـر و بـال بـه آن داده مردگانی را یاوران خدا شناسند و شـیخ احمـدی برخاسـته بـه ایـن افسانه رویه فلسفی دهد و امامان را «شـوندهای چهارگانـه» خوانـد، جای شگفت نبوده که بهاء هم برخیزد و با این گستاخی خود را خدا نامد و در سراسر اقدسش ستایش از «جبروت و ملکوت و قدرت و عنایت» خود سراید.

از چیزهای شگفت لقب‌هائیست که بهائیان به سید باب و به بهاء و عبدالبهاء می‌دهند. مثلاً باب را «نقطه اولی، رب اعلی، جل اسـمائه الحسنی» و بهاء را «جمال اقدس ابهی، جل ذکره الاعلی» و عبدالبهاء را «غصن الله الاعظم، سرالله الاکرم، روحنـا لعظمتـه الفـداء» و ماننـد اینها یاد می‌کنند. اگر نیک نگرید همـه اینهـا را بـه جایگـاه خـدایی

می‌رسانند.

چهارم: میرزا حسینعلی برای پیغمبری خود دلیلی نیاورده و راستی آنست که دلیلی نداشته و زورش جز به بافندگی نمی‌رسیده. چنانکه گفتیم در پندار او پیغمبر اسلام با سرودن آیه‌ها کار خود را پیش برده بود. این هم بایستی آیه سراید و به دلیل دیگری نیاز نمی‌بود.

ولی میرزا ابوالفضل گلپایگانی که در میان بهائیان دانشمندی می‌بوده و چنین خواسته که کتابی با دلیل نویسد در این زمینه به دشواری افتاده، زیرا دلیلی نیافته.

مسلمانان نشان راستگویی یک برانگیخته را کارهای نتوانستنی (معجزه) شماردندی و از پیغمبر اسلام داستان‌های بسیاری از اینگونه ساخته در کتاب‌ها نوشته‌اند. از دو نیم گردانیدن ماه، سخن گفتن با سوسمار، شتر درآوردن از سنگ، آب روان گردانیدن از میان انگشتان، بازگردانیدن خورشید پس از فرورفتنش. ولی از بهاء که هنوز زنده می‌بود و مردم می‌دیدند که معجزه‌ای نمی‌تواند چنین داستان‌هایی نتوانستندی نوشت: از اینرو میرزا ابوالفضل هوش خود را تیز گردانیده و به یک رشته سخنان نیمه راست و نیمه دروغ پرداخته.

به این معنی آیه‌هایی را از قرآن نشان داده که هر زمان که از پیغمبر نتوانستنی خواسته‌اند ناتوانی نموده و بیزاری جسته (که این

گفته‌اش راست بوده[۱]. سپس درباره بهاءالله به دلیل تراشی‌هایی برخاسته و چنین گفته: چهار چیز دلیل راستگویی یک برانگیخته باشد: نخست دعوی کردن، دوم شریعت گزاردن، سوم سخنش در مردم هناییدن (نفوذ کردن)، چهارم بر روی دعوی پایدار ماندن.

ولی این گفته میرزا ابوالفضل راست نیست و این چیزها نشان راستگویی یک برانگیخته نتواند بود. زیرا دعوی را هرکس تواند کرد و «شریعتی» را هر کس تواند گزاشت. اما هناییدن سخن یا به گفته خودشان نفوذ: نخست دانسته نیست اگر در چند تن هناید بس تواند بود.

آنگاه این هناییدن و نهناییدن پس از دیرگاهی دانسته خواهد شد. باید دیرزمانی بگذرد تا دیده شود که آیا مردم به او می‌گروند و سخنانش را می‌پذیرند یا نه. کسی که امروز برخاسته و خود را برانگیخته می‌خواند، امروز دلیلش چیست؟!... آیا با چه دلیلی مردم او را بپذیرند؟!...

آمدیم بسر پایداری، این نیز به تنهایی دلیل راستگویی نتواند بود زیرا آگاهی دروغگو نیز بسر سخن خود پافشاری نماید. آنگاه اگر در برانگیختگی پایداری شرطست باب و بهاء هیچیکی راستگو نبوده‌اند. زیر باب بارها پشیمانی نموده از دعوی‌های خود بیزاری جست.

بهاء نیز در تهران بابی بودن خود را انکار کرد. آنگاه در عکا به شیوه «تقیه» را رفت و خود را مسلمان نشان داد.

۱- کسانیکه بخواهند آن آیه‌ها را بدانند «داوری» را بخوانند.

این نمونه‌ای از نافهمی بهائیان است که نمی‌دانند راست و دروغ یک برانگیخته را از چه راه شناسد. اگرچه در این نافهمی مسلمانان نیز با آنان همبازند.

در این باره هم ما در جای دیگری به سخن گشاده و درازی پرداخته معنی برانگیختگی و نشان راستگویی آنرا باز نموده‌ایم[۱]. در اینجا باید بکوتاهی نوشته درگذریم.

نشان راستگویی یک برانگیخته هم خود او و گفته‌ها و کرده‌هایش می‌باشد. برانگیختگی نه چیزیست که دروغ بردارد. برانگیختگی برای خوش خوردن و خوش خفتن و یاوه بافتن نیست که هر کسی تواند. یک برانگیخته باید با همه گمراهی‌ها نبرد آغازد و بی‌پایگی هر یک از آنها را روشن گرداند و آنگاه یک شاهراهی برای زندگانی نشان دهد. چون داور نیک و بد و راست و کج خرد است یک برانگیخته باید هرچه می‌گوید با خرد راست درآید.

کسی اگر چنین بود راستگوست و کاری از پیش تواند برد و گرنه دروغگوئیش به آشکار افتاده رسوا خواهد شد. اینست نشان راستگویی یک برانگیخته و به همین نشانست که باید گفت: باب و بهاء جز دروغگویانی نبوده‌اند. زیرا گذشته از اینکه با هیچ گمراهی به کوشش نپرداخته و هیچ نادانسته‌ای را دانسته نگردانیده‌اند آن یکی بی‌خردانه دعوی مهدی بودن کرده عربی‌های غلط بافته، سخنان پوچی گفته.

---

۱ - کتاب «ورجاوند بنیاد».

این یکی لاف خدایی زده، غلط‌بافیهای پوچ بسیار کرده، زیارتنامه ساخته، که همه اینها از خرد دور است.

باب و بهاء در قانونگذاری (یا با گفته خودشان: احکام) نیز بیخردیهای بسیاری از خود نشان داده‌اند. نوشته‌های باب چندان بیخردانه است که چنانکه گفتیم ناچار شده‌اند که آنها را از میان برند و از مردم پوشیده دارند، و من نیاز نمی‌بینم در اینجا از آنها سخن رانم. اما از بهاء یک نمونه یاد می‌کنم:

یکی از نوشته‌های بهاء لوحیست که به نام احمد نامی نوشته و در آنجا چنین گفته:

فاحفظ یا احمد هذا اللوح ثم اقرأه فی ایامک و لاتکن من الصابرین فان الله قدقدرلقارئها اجرمأه شهید. معنی آنکه: ای احمد این لوح را از بر کن و در روزهایت آن را بخوان و نشکیب. زیرا خدا به خواننده آن مزد صد شهید نوشته.

«شهید» در زبان اسلام کسی را گفتندی که در راه خدا (یا بهتر بگوییم: در جنگهای اسلامی) کشته شود. چنین کسی چون کارش سخت و خود جانبازی می‌بود و از آنسو نتیجه بزرگی از آن کار بدست آمدی، اسلام به او ارج نهاده و مزدهای بزرگی در نزد خدا نوید داده.

بهاء می‌گوید: هرکس یکبار این لوح را بخواند خدا به او مزد صد شهید خواهد داد. نخست باید پرسید چرا؟... مگر خواندن یک لوح چه سختی می‌دارد یا چه نتیجه بزرگی از آن برمی‌آید که چنین

مزد بسیار بزرگی به خواننده آن داده می‌شود؟!... آیا چنین سخنی از کسی که به دعوی برانگیختگی برخاسته بوده نشان هوسبازی و بی‌خردی نیست؟!... حالی که مردم توانند با خواندن یک لوحی مزد صد شهید گیرند و در زندگانی آینده جایگاه بسیار بلندی یابند و چه نیاز دارند که به کارهای نیک دیگر پردازند؟!... چه نیاز دارند که از بدی‌ها و گناه‌ها بپرهیزند؟!...

بهائیان به کسانی که در جنگ‌های بابیگری در مازندران و زنجان و دیگر جاها کشته شده‌اند ارج بسیاری می‌گزارند. ولی باید گفت آن کسان فریب خورده و زیان بسیار برده‌اند. زیرا بیچارگان پس از آنکه جنگ‌ها کرده و آدم‌ها کشته و خود کشته شده‌اند یک شهید بیشتر نبوده‌اند و مزد یک شهید بیشتر نخواهند دریافت. ولی فلان جوان خوشگذران بهائی هر روزی یکبار لوح احمد خواند و هنگامی که پیر شود و بمیرد مزد صد هزارها شهید را خواهد یافت.

این سخن از بهاء مانند آنست که کسی کارخانه‌ای برپا گرداند و به کارگران مزدهایی در برابر کارشان پردازد. ولی یکروز هم هوس به سرش زده یک رباعی بسازد و به شاگردان آگاهی دهد که هرکسی که این رباعی مرا از بر دارد و بیاید در جلو من بخواند مزد صد کارگر به او خواهم داد. پیداست که این آگهی درِ کارخانه را خواهد بست. زیرا کارگران بجای آنکه هشت ساعت با سختی بکوشند و مزد یک کارگر بگیرند هر زمان که خواستند به نزد آقای کارخانه‌دار رفته رباعی او را خوانده مزد صد کارگر گرفته پی خوشی‌های خود

خواهند رفت.

می‌دانم خواهند گفت: «مانند‌ه این سخن در کیش‌های دیگر نیز هست». می‌گوییم: «آنها نیز مانند‌ه این، آنها نیز جز از راه گزافگویی و بی‌خردی نبوده». مثلاً در کیش شیعی گفته شده: «هر کس به حسین بگرید بهشت به او بایا شود» ولی این را که گفته و بهر چه گفته؟!... اگر شما نمی‌دانید ما نیک می‌دانیم که جز در راه پیشرفت آرزوهای سیاسی گفته نشده. همچنین ما نیک می‌دانیم بهاء نیز فریب آنها را خورده. چون از خود چیزی نمی‌داشته و نیک از بد نمی‌شناخته هر چه از دیگران دیده و خوش داشته مانند‌ه‌ای برایش ساخته.

در همان لوح احمد سوگند به خدا می‌خورد که اگر کسی در سختی باشد و یا دچار اندوهی گردد و این لوح را بخواند خدا او را از سختی و از اندوه رها گرداند. بی‌گمان این را به پیروی از «حدیث کساء» شیعیان گفته. کسی که خود را خدا می‌خوانده و می‌گفته جهان را من آفریده و من می‌گردانم این اندازه از جهان و از آیین گردش آن آگاه نمی‌بوده که بداند با خواندن لوح احمد یا حدیث کساء کسی از سختی یا از اندوه بیرون نیاید. بداند که چاره سختی یا اندوه را باید از راهش کرد.

یک نمونه دیگر از مانند‌ه سازی‌های بی‌خردانه بهاء دعاهایی‌ست، که به پیروی از دعاهای مسلمانان ساخته. مثلاً در پیش مسلمانان دعای «بک یا الله» می‌بوده. این در برابر آن یک دعای بسیار درازی ساخته، دعایی که بی‌خردی و خداناشناسی و غلط‌بافی او را

در یک‌جا نشان می‌دهد. برخی از تکه‌های آن را در پایین می‌آوریم:

«بک یا علی بک یا وفی بک یا بهی انت الکافی و انت الشـافی و انت الباقی یا باقی. بک یا کاشف بک یا ناشف بک یـا عـاطف انـت الکافی و انت الشافی و انت الباقی یا باقی... بک یا جان بک یا جانان بک یا ایمان انت الکافی و انت الشافی و انت الباقی یا باقی... بک یـا تائب بک یا زادب انت الکافی و انت الشافی و انت الباقی یا بـاقی... یا قاتل عشاق یا واهب فساق یا کافی... بان تحفظ حامل هذه الورقـه المبارکه ثم الذی یلقی علیها ثم الذی یمرفی حول بیت التـی هوفیهـا ثم اشف بها کل مریض و علیل و فقیر.»

مرد بی‌خرد پس از آنکه دویست بار به خدا سـوگند مـی‌دهـد و صد نام چرند بر روی او می‌گذارد در پایان چنین می‌خواهـد کـه بـا خود دارنده این دعا در آن خانه باشد، نگهدارد! از چه نگهدارد؟ چرا نگهدارد؟... به گفته عامیان «آن سوگندت که می‌دهی و این کارت که می‌فرمایی.»! در اینجاست که دوباره به سخن خود بازگشته می‌گوییم: برانگیختگی از خدا نه چیزیست که دروغ بردارد. کسی که بـه دروغ خود را برانگیخته خواند و به کار برخیزد بدین‌سـان رسـوا گـردد و دروغش آشکار شود. آیا برای این چرندبافی‌ها و بی‌خردی‌هاست که خدا برانگیخته برمی‌انگیزد؟!...

پنجم: چنانکه گفتیم باب که در نوشته‌های خود یاد من یظهره‌الله کرده از گفته‌هایش چنـین پیداسـت کـه پیـدایش او در آینـده دوری خواستی بود. باب که با رنج و گزند بسیار دینی بنیاد نهاده و شریعتی

گزارده بود، امید می‌داشته که سال‌ها دین او برپا و شریعتش روان خواهد بود و پادشاهان از میان پیروان او خواهند برخاست. ولی دیده شد که هم آنکه باب کشته گردید کسانی به دعوی من یظهره اللهی برخاستند و سرانجام میرزا حسینعلی برخاسته به همان دعوی بنیاد بهائیگری گزاشت و دین و آئین باب را به یکبار از میان برد.

اکنون جای پرسش است که در یک زمان به دو دین و دو شریعت چه نیاز می‌بوده؟!... اگر سید باب از سوی خدا می‌بوده و آن شریعت را با دستور خدا گزارده چرا بایستی چند سال نگذشته و هنوز روان نشده نابود گردانیده شود؟!... چرا بایستی دینی و شریعتی از نو بنیاد یابد؟!... این یکی از ایرادهای بزرگیست که به بهائیان توان گرفت.

در این باره راستی همانست که ما در بخش تاریخچه نوشته‌ایم. افسانه بی‌پایی به نام «مهدیگری» در میان مسلمانان رواج یافته بود. شیعیان آن را گرفته به امام ناپیدای پنداری خود بسته‌اند و هزار سال شب و روز بیرون آمدن او را بیوسیده‌اند. یک شیخ احمد احسایی پیدا شده و به آن رنگ دیگری داده و چنین گفته: «آن امام ناپیدا به جهان هورقلیا رفته ولی گوهر او در کالبد مرد دیگری پیدا خواهد شد.

یک سید کاظم رشتی به جای او نشسته و دنباله سخن او را گرفته چنین گفته: «پیدایش آن امام بسیار نزدیکست» و به گفته عامیان این سخن را بسر ناگزارده و به همه جا دمیده. یک سید علی

محمد جوان هوشمندی از این سخنان به تکان آمده و به آرزوی امام زمانی افتاده و اینست در شیراز آواز برآورده. شاگردان سید کاظم که گوش‌ها تیز کرده پی چنان آوازی می‌گردیده‌اند، آن را شنیده بسرش گرد آمده‌اند. از آنسو مردم که هزار سال شبان و روزان چشم به راه امام زمان دوخته بودند از شنیدن این داستان به تکان آمده‌اند. ولی دولت فرصت نداده تا دانسته شود سید علی محمد چگونه کسیست و سخنانش چیست و او را گاهی در شیراز و اسپهان و گاهی در آذربایجان از مردم دور داشته. این کار دولت به تکان مردم افزوده و پیروان باب کوشش بیشتر گردانیده‌اند و به امید فیروزی‌هایی که در حدیث‌ها به امام زمان و یاران او نوید داده شده بود، به دسته‌بندی پرداخته با دولت جنگ کرده‌اند. در میانه خون‌ها ریخته شده و دشمنی سختی پدید آمده و بابیان پس از چند سال جانفشانی زبون دولت گردیده پس از کشته شدن سید علی محمد و دیگر پیروانشان، بازماندگان گریخته و از ایران بیرون رفته در بغداد گرد آمده‌اند. گروهی بی‌سر و سامان که از مسلمانی بیرون آمده و در بابیگری راه روشنی در پیش رو نمی‌دیده‌اند با یکدیگر به کشاکش پرداخته خون‌ها می‌ریخته‌اند، با مسلمانان همیشه پیکار می‌داشته‌اند. از این سو در ایران دولت یا مردم به هر که گمان بابی بودن می‌برده‌اند آسوده نگذارده چه بسا می‌کشته‌اند. میرزا یحیی ازل که جانشین باب و پناهگاه بابیان می‌بود کاری از دستش بر نیامده چاره‌ای به این نابسامانی‌ها نمی‌توانسته. نوشته‌هایی که از باب مانده بود گرهی از

کار نمی‌گشوده.

در چنین هنگام آشفتگی بابیان، میرزا حسینعلی که خود یکی از سران آنها شمرده می‌شد، بهتر دانسته که آوازی برآورد و بنام «یظهره الله» که راهش باز می‌بود بکار پردازد که هم دستگاهی برای خود و خاندانش درچیند و هم سامانی به کارهای بابیان دهد و از دشمنی که میان آنان و ایرانیان پدید آمده بود بکاهد و فشار و سختی را کمتر گرداند. به همین آهنگ به کار پرداخته و بیش از همه به نابود گردانیدن نوشته‌های باب که مایه رسوایی می‌بود کوشیده. نیز آتش کینه را در دل‌های بابیان فرو نشانده و با دولت و توده ایران در آشتی کوبیده.

اگر از دیده بابیگری نگریم بهاء به بابیان نیکی کرده که بدی نکرده. اگر از راه تاریخ به داوری پردازیم گمراهی‌ها چون حلقه‌های زنجیر بهم پیوسته تا به اینجا رسیده. ما در پیش گفته‌ایم که بهائیگری میوه بابیگری و بابیگری میوه شیخیگری و شیخیگری میوه شیعیگری است. از این راه‌ها ایرادی به بهاء نیست. ایراد ما از دیده آمیغ‌هاست.

آیا راست است که باب مهدی می‌بوده و آن دین و شریعت را با دستور خدا گزارده؟... اگر راست است پس چه شده ده و اند سال نگذشته بهاء که به گفته خود خدای کوچکی می‌بوده برخاسته و دین و شریعت دیگری بنیاد نهاده؟!... چه شده که دین و شریعت باب را از میان برده؟!

شما اگر از بهائیان بپرسید: «شوند آنکه برانگیختگان یکی پس از

دیگری آمده چیست؟... یک پیغمبری که برخاسته چرا باید دیگری نیز برخیزد؟... پاسخ خواهند داد: «چون هر زمان مقتضای دیگری دارد باید در هر زمان یکی از مظاهر امرالله برخیزد و شریعتی مطابق مقتضیات زمان بگزارد». می‌گوییم: «بسیار نیک، این سخنان را درست نادرست، پذیرفتیم. ولی در سیزده سال که از کشته شدن باب تا برخاستن بهاء گذشته آیا درخواست‌های زمان دیگر شده؟! آیا شریعت باب هنوز تا پایان گزارده نشده[۱] و بیرون نیامده کهن گردیده؟!... آیا چنین سخنی را توان پذیرفت؟»!

بهاء دو سال بزرگتر از باب می‌بوده. اگر خدا خواسته بود که این برخیزد و دین بنیاد گزارد چه نیازی به سید باب و برخاستنش می‌بوده؟! چرا نخست خود این برانگیخته نشده؟!

بهائیان در برابر این ایراد درمانده به پاسخ‌هایی برمی‌خیزند که اگر نگفتندی بهتر بودی. مثلاً چون درمی‌مانند چنین می‌گویند: «ما که نمی‌توانیم به خدا ایراد گیریم» باید پاسخ داد: هنوز دانسته نشده که اینها از سوی خدا بوده. دلیلی در میان نیست و خود پیداست که از سوی خدا نیست زیرا آئین خدا در اینباره روشن است و هیچگاه نبوده که دو برانگیخته دین گزار در میان زمان باشند.

می‌گویند: «هر پیغمبر بزرگی باید پیش از او مبشری باشد. چنان که یحیی پیغمبر مبشر مسیح بود نقطه اولی نیز مبشر جمال مبارک بوده». می‌گویم: «اینکه پیش از هر برانگیخته مژده رسانی باشد

۱- بیان که کتاب شریعت بابست نانجام مانده.

بی‌دلیل است. بلکه دروغ بودنش آشکار می‌باشد. در اینباره تنها داستان یحیی با عیسی هست که آنهم ارجی از تاریخ نمی‌دارد. هرچه هست مژده رسان باید تنها مژده رساند، نه آنکه خود را برانگیخته‌ای نماید و دینی گزارد. آنگاه ما نیک می‌دانیم که سید باب دعوی مهدیگری می‌داشت و مهدی بدانسان که پنداشته شیعیان و دیگران می‌بوده خود جداگانه برانگیخته والایی شمرده می‌شده.»

بهر حال همان باب دینی بنیاد نهاده و شریعتی گزارده که کار بزرگش اینها بوده. عنوان مژده رسانی از باب بسیار دور است. آری باب گاهی نام «من یظهره اللهی» که باب گفته برای زمان بسیار دورتری می‌بوده. زیرا همان باب «منی» را پاک شمرده می‌گوید: «به پاس من یظهره‌الله است که از آب ناپاکی پدید نیاید. من یظهره اللهی که باب یاد کرده با بهاء سازشی نمی‌داشته.»

روزی به یکی گفتم: این گفته شما که باب را مژده‌رسان پیدایش بهاء می‌شمارید بدان می‌ماند که پزشکی که بر سر بیمار خواهد رفت نوکرش را از پیش فرستد که آگاهی رساند و آن نوکر بسر بیمار رفته خود را پزشک نامد و بکار درمان پرداخته به بیمار دواها خوراند و دستور حجامت دهد و در گرماگرم این کار خود پزشک رسیده همه آنها را بیهوده شمارد و درمان را از سر آغازد. آیا چنین کاری دور از خرد نخواهد بود؟!

شگفت‌تر آنکه روزی یک مُبَلِغ بهائی با من سخن می‌گفت و به این ایراد چنین پاسخ داد: «نقطه اولی که نام نبی بر روی خود

نگزاشت؟»

گفتم: «این پاسخ مرا ناچار می‌گرداند که داستانی یاد کنم: یکی از آشنایانم می‌گوید سوار اتومبیل می‌بودیم و از تبریز به تهران می‌آمدیم.

میان راه در یکجا اتومبیل ناچار شد پس بزند. من نگاه می‌کردم دیدم در پشت سر ما تیر تلگراف است و اتومبیل که پس میزند به آن تیر آهنین خواهد خورد. این بود که گفتم: «پشت سر تیر تلگراف هست» چون گوش نداد دوباره گفتم. باز گوش نداد و همچنان رفت و با سختی به آن تیر خورد که هم ما رنجی یافتیم و هم به اتومبیل آسیبی رسید. من زبان به نکوهش گشاده گفتم: من که دو بار صدا کردم پشت سر تیر تلگرافست چرا گوش ندادی؟!... گفت: تو که نگفتی هوپ. از این پاسخ همگی خندیدیم.»

ششم: یک ایراد بزرگ دیگر عربی گویی‌های باب و بهاء است. این از چند راه جای ایراد است:

نخست: اینان از کوتاه‌بینی چنین می‌دانسته اند که زبان فرهش (وحی) جز عربی نتواند بود. چنین می‌دانسته‌اند که تنها دلیل پیغمبر اسلام براستگوئیش قرآن می‌بوده، اینان نیز باید مانند آن را پدید آورند. اینست به عربی‌گویی پرداخته آنگاه کوشیده‌اند که تا توانند مانندسازی کنند. به ویژه بهاء که خواسته درست مانند آیه‌های قرآن را سازد. اینست همچون قرآن پیاپی آورده: «لو انتم تعلمون»، «انه الهو الغفور الکریم«،» انه لهوالباقی الکافی الغفور الرحیم» و مانند

اینها.

دوم: باب و بهاء هر دوشان عربی را نیک نمی‌دانسته و جمله‌های غلط آوردند و پاسخ‌هایی که در این باره داده‌اند در پیش آورده‌ایم.

نوشته‌های باب بسیار غلط می‌باشد و در بسیار جاها درخور فهم نیست. اما بهاء چنانکه نوشته اند برخی از یارانش نوشته‌های او را درست می‌گردانیده‌اند. با اینحال در آنها نیز غلط بسیار است. گذشته از آنکه جمله‌هایش خنک و عامیانه می‌باشد و ناشیگری از هر سوی آن پیدا است.

می‌دانم بهائیان این را به گردن نخواهند گرفت و دلیل خواهند خواست. اینست یک جمله از نوشته‌های او را بعنوان نمونه می‌آورم. همان لوح احمد که آنرا شاهکار خود شمرده و برای هر بار خواندنش مزد صد شهید نوید داده جمله نخست او اینست: «هذه ورقه الفردوس تغن علی افنان سدره البقاء بالحان قدس ملیح». معنی آنکه: «این برگ بهشت است و آواز می‌خواند بر روی شاخه‌های درخت کنار باز ماندن بقاء با آهنگ‌های نمکدار پاکی قدس.»

در این یک جمله غلط‌هایی هست که یکایک می‌شمارم:

۱) «تغن» اگر به معنی «آواز خواندن» است بایستی بگوید: «تغنی» ۲) بایستی به سر «قدس» الف و لام آورد و بگوید «القدس» ۳) «ملیح» اگر صفت «الحان» است بایستی بگوید: «الملیحه». در این واژه دو غلط رخ داده: یکی آنکه بجای «معرفه»، «نکره» آورده. دیگری آنکه بجای مذکر، مؤنث یاد کرده.

از آنسوی خواندن برگ بر روی شاخه‌ها چه معنی می‌دارد؟!... آن بلبل است که بر روی شاخه‌ها خواند نه برگ. از این گذشته «سدر» درخت کنار در عربستان و جاهای بی‌آب پیدا شود و اینکه در قرآن نامش آمده بهر آنست که درخت دیگری در عربستان کمتر شناخته می‌بوده. در ایران که اینهمه درخت‌های گوناگون می‌باشد و کمتر کسی درخت کنار را دیده چه جای آن می‌بوده؟!... تنها این یکی نیست.

بیشتر جمله‌هایش از اینگونه است.

در اینجا بهائیان پاسخ‌هایی می‌دهند که اگر ندادندی بهتر بودی. مثلاً می‌گویند: «کتاب اصلی جمال مبارک ایقانست که به فارسی نوشته». در حالی که این دروغ است. ایقان را بهاءالله پیش از دعوی من یظهره اللهی نوشته. کتاب ارجدار او که با قرآن برابر می‌شمارند، اقدس می‌باشد که سراسر به عربیست. همچنین باب کتاب نخستش که در برابر قرآن نوشته تفسیر سوره کوثر است که آن نیز سراسر به عربیست. اما بیان اگر چه آن را به عربی و فارسی هر دو نوشته ولی عربیش بیشتر می‌باشد.

بهر حال این بی‌گمانست که باب و بهاء زبان فرهش را جز عربی نمی‌شناخته‌اند و هر یکی می‌خواسته در برابر قرآن مانندەسازی کند. بهاءالله نماز و دعا و زیارت‌نامه را نیز به عربی ساخته است. اینکه گاهی فارسی نیز نوشته‌اند از اینروست که فارسی می‌دانسته‌اند و به هوس نوشتن با آن افتاده‌اند. چنانکه پسر بهاء عبدالبهاء چون

سال‌ها در استانبول و ادرنه در میان ترک‌ها زیسته و ترکی یاد گرفته بوده هوسبازانه گاهی هم لوح‌های ترکی (که بسیار خنک‌ست) نوشته. نوه او شوقی افندی چون در انگلیس درس خوانده و انگلیسی خوب می‌داند گاهی به انگلیسی چیزهایی نیز بیرون می‌دهد.

گاهی نیز بهائیان چنین پاسخ می‌دهند: «به قرآن نیز ایراد گرفتند». یکی از مسیونرهای مسیحی بنام هاشم شامی به قرآن چند ایرادی گرفته و آن دستاویزی در دست اینان گردیده. باید گفت: قرآن در حجاز در میان عرب پدید آمد و کسی به آن ایرادی نگرفت در جای خود که همگی از استواری و شیوایی جمله‌های آن در شگفت شدند. اگر پس از هزار سال یک مسیونر مزدور مسیحی چند ایرادی به آن گرفته پیداست که چه ارجی به آن توان نهاد؟! آنگاه هاشم شامی به سراسر قرآن بیش از پنج یا شش ایراد نگرفته و این جز از آن است که جمله‌های بیان سراپا غلط است و به اقدس نیز در هر صفحه‌ای چند غلطی توان شمرد.

پس از همه اینها اگر به قرآن ایراد گرفته‌اند آیا این دلیل آن است که ما از غلط‌های آشکار بیان و اقدس چشم بپوشیم؟!... آیا این بدان نمی‌ماند که کسی را که به نام دزدی یا آدمکشی به دادگاه کشیده‌اند بگوید: به فلان آدمی نیز نام دزدی یا آدم‌کشی نهادند و چنین خواهد که بهمین بهانه خود را پاک و بیگناه نشان دهد؟!... اگر به قرآن ایراد گرفته‌اند باید قرآنیان پاسخ دهند. شما هم باید به این ایرادها پاسخ دهید و اگر نمی‌توانید داد، دیگر پافشاری بیجا ننموده بپذیرید که

باب و بهاء بسیار بی‌مایه می‌بوده‌اند.

گاهی نیز کسانی پاسخ می‌دهند: «شما می‌خواهید یک مبعوث الهی را تابع اقوال سیبویه گردانید؟!...» می‌گویم: «این نافهمیدن و یا خود را بنافهمی زدن است. ما گفتگو از سیبویه و اخفش نمی‌داریم. گفتگو از اینست که هر زبانی از روی قاعده‌هایی می‌گردد که هر کسی که با آن زبان می‌گوید یا می‌نویسد باید پیروی از آنها کند و یا خودش قاعده‌های دیگری را پدید آورد. اینکه کسی به هیچ قاعده‌ای پا بستگی ننماید آن غلط‌گویی و پریشان‌سراییست و چنان کسی را جز کودن نتوان نامید.»

یکی از آشنایان چنین می‌گوید: «اینکه باب و بهاء به عربی پرداخته‌اند بیش از همه نتیجه تهیدستی و درماندگی آنان می‌بوده، زیرا چندان سخنی برای گفتن نمی‌داشته‌اند و با این تهیدستی عربی به کارشان بیشتر می‌خورده تا فارسی. زیرا عربی در آن روز ارجمند می‌بوده که هر چه با آن زبان گفته می‌شده مردم فهمیده و نافهمیده ارج می‌گزارده‌اند. آنگاه در عربی میدان بافندگی گشاده‌تر می‌بوده و باب و بهاء می‌توانسته‌اند جمله‌ها و کلمه‌هایی را از قرآن و از حدیث‌ها بگیرند و در کلمه‌هایی از خودشان بهم بافند. در فارسی اینها توانستی بود و مشتشان زود باز می‌شده.»

این سخن در خور پذیرفتن است و یک دلیل به راستی آن اینست که گفته‌های بهاء در فارسی بدنماتر درآمده تا در عربی و من اینک نمونه‌ای را از فارسی‌نویسی‌های او در پایین می‌آورم.

«ای بگم اصحاب نار باش و اهل ریا مباش، کافر باش و ماکر مباش، در میخانه ساکن شو و در کوچه تزویر مرو، از خدا بترس و از ملا مترس، سر بده و دل مده، زیر سنگ قرار گیر و در سایه تحت‌الخنک ماوای مگیر، اینست آوازهای نی قدسی و نغمات بلبل فردوسی که حسدهای فانی را جانی بخشد و جسم ترابی را روان روح مسیحی دهد و نور الهی بخشد و به حرفی عالم فانی را به ملک باقی کشد.»

این سخنان که گویا به زنی نوشته شده نیک اندیشید که تا چه اندازه خنک و بی‌معنی است.

اینهاست ایرادهایی که ما به کیش بهایی می‌داریم. کوتاه سخن آنکه کیشی است ساخته شده. کیشی است که با خرد بسیار ناسازگار می‌باشد. شگفت است که بهائیان به این ایرادهای ما پاسخی نمی‌توانند داد و تنها چاره را در آن می‌بینند که نوشته‌های ما را نخوانند. ولی از آنسو هر یکی از ایشان هر کجا که بنشیند و هر که یابد باید «تبلیغ» کند. شوقی افندی دستور فرستاده که بهائیان به روستاها و شهرهای کوچک روند و در میان مردم به رواج کیش بهایی کوشند. اینجا پاسخی به ما نمی‌توانند داد و در آنجا می‌خواهند بجان روستاییان افتند و با سخنان پوچ ناآسوده‌شان گردانند.

شگفت‌تر آنکه به خود نوید می‌دهند که کیشی به این سستی جهانگیر خواهد گردید. بدینسان خود را فریب می‌دهند. چون صد سال از آغاز کارشان گذشته می‌گویند: «این صده برای سختی‌ها

می‌بوده و صده نوینی که آغاز می‌شود برای فیروزی‌هاست.»

می‌گویند: «جمال مبارک فرموده دین‌ها یکی شود. جمال مبارک جنگ را حرام گردانیده. چاره عالم پذیرفتن دین جمال مبارکست». اینها چیزهایی است که به آنها می‌نازند.

روزی به یکی گفتم: «این سخنان جمال مبارک به آن می‌ماند که کسی به روی ویرانه‌ای بایستد و بگوید اینجا باید باغ سبز و خرّمی گردد. یا بدان می‌ماند که کسی بر سر بیماری نشیند و به او بگوید بیماری حرام است. اینکه دین‌ها یکی گردد آرزویی است که هزارها کسان داشته‌اند. ولی راهش چیست؟!... آیا تنها با گفتن انجام گیرد؟!... اکنون در ایران چهارده کیش هست. چنین انگارید که شما سران آنها را خوانده انجمنی پدید آورده‌اید و با آنان می‌گویید باید دین‌ها یکی گردد. بی‌گمان همگی خوشنودی خواهند نمود و پیشنهادتان را خواهند پذیرفت. ولی چون نوبت به برگزیدن یک دینی رسد شیعی خواهد گفت بیایید همگی شیعی گردید. سنّی خواهد گفت همگی سنّی باشید. علی اللهی کیش خود را پیش خواهد کشید. زردشتی سخن از زردشت و ایران باستان خواهد راند. هر یکی کیش خود را پیش کشیده کشاکش خواهد درگرفت. چه راستی آنست که هر یکی از آنان کیش خود را راست و استوار و کیش‌های دیگران را کج و بی‌پا می‌شناسد.»

مانند سخن بهاء را ما امروز از وزیر خارجه آمریکا می‌شنویم. این وزیر خارجه می‌گوید: «پس از جنگ باید همه دینها یکی باشد».

ولی اینهم یک آرزوی بی‌جایی بیش نیست. راستست دولت آمریکا بسیار نیرومند است، پول بسیار می‌دارد، زر و سیم فراوان اندوخته، ماشین‌های بسیار می‌سازد، چیزی که هست یکی شدن دین‌ها با نیرو و پول و زر و سیم و ماشین نتواند بود.

این کار یک راه بیشتر نداشته و آن اینکه از یکسو معنی راست دین روشن گردد و از یکسو بی‌پایی این دین‌ها و کیش‌های گوناگونی که در جانست باز نموده شود، که از هیچ راهی تاریکی در میان نباشد! و ما چون این کار را به انجام رسانیده‌ایم در اینجا بیشتر از این سخن نمی‌رانیم. کسانی که می‌خواهند این را نیک دانند «ورجاوند بنیاد» و دیگر کتاب‌های ما را بخوانند.

این بود راه یکی شدن دین‌ها. آیا بهاء در این باره چه کاری کرده؟!... کدام دین راست را بنیاد گزارده؟!... به کدام یکی از کیش‌های گوناگون پرداخت؟!... آیا نه آنست که او از همان کیش‌های بی‌پا سودجسته و گفته‌هایش را به روی آنها بنیاد نهاده؟!... نه آنست که خود یک کیش بی‌پای دیگری پدید آورده؟!... درباره جنگ نیز همین سخن را باید گفت: بدی این جنگ‌ها را هر باخردی می‌داند، ولی چاره چیست؟!... آیا با تنها حرام گردانیدن جلو جنگ‌ها گرفته خواهد شد؟!...

این یک جستار بزرگی است که آیا آدمیان نیکی پذیرند یا نه؟ آنگاه نیکی آنان از چه راه تواند بود؟!... «جمال مبارک» شما از این جستار به یکبار ناآگاه می‌بوده و ناشیانه گزافه‌هایی سروده.

ما می‌گوییم: آدمیان نیکی پذیرند. راه نیکی‌شان نیز یکی بیشتر نیست و آن اینکه آمیغ‌های زندگی را نیک دریابند، و خردها نیرومند گردد و هر کس به جهان و زندگانی با دیده بیناتری نگرد. اینست راه نیکی آدمیان و جز این نیست. از این‌روست که یک راهنما یا برانگیخته‌ای که برخاسته باید آمیغ‌های زندگانی را روشن گرداند و خردها را به تکان آورد و با گمراهی‌ها و نادانی‌ها که مایه پستی خردها است به نبرد پردازد. از این کارهاست که جهانیان را چند گامی پیش برده از جنگ‌ها و کشاکش‌های بی‌جا جلو تواند گرفت (و یا تواند کاست) و گرنه تنها از گفتن اینکه «جنگ نکنید» هیچ سودی نتواند بود.

از اینها گذشته بدی در جهان تنها جنگ نیست. بدی‌های بدتری می‌بوده و می‌باشد. این بدتر از جنگست که مردمی مردگان هیچ کاره‌ای را گردانندگان جهان دانند و بر روی گورهای آنان گنبدها افرازند و از صدها فرسنگ راه به زیارت آنها روند. بدتر از جنگ است که مردمی از آیین گردش جهان ناآگاه باشند و به گرفتاری‌های خود چاره از «دعا» خواهند. بدتر از جنگ است که گروهی به نام درویشی به کار و پیشه‌ای نپردازند و جهان را خوار دارند و با تن‌های درست و گردن کلفت به گدایی و مفتخوری پردازند. بدتر از جنگ است که از میان مردمی شاعران به یاوه‌گویی برخیزند و آشکاره سخن از جبریگری زده مردم را به تنبلی و به سستی وادارند. این نادانی‌ها و مانندهای اینها در ایران و کشورهای شرقی رواج

می‌داشته و «جمال مبارک» شما این فهم و دانش نداشته که به اینها پردازد و مردم را از گمراهی بیرون آورد. بهاء به این نادانی‌ها نپرداخته، بماند که خود نادانی‌هایی به آنها افزوده. بجای برانداختن گنبدها خود چند گنبدی بلند گردانیده. بجای نابود گردانیدن دعاها خود دعاهایی ساخته و بدست مردم داده.

این بدترین بدی‌هاست که مرد درمانده‌ای همچون بهاء به دعوی خدایی برخیزد و یکدسته چندان پست اندیشه و نافهم باشند که به چنان دعوایی گردن گزارند.

آنچه شرقیان را به خواری و پستی کشانیده و به زیر یوغ غربیان انداخته پا بستگی به این گمراهی‌ها و نادانی‌هاست. بهاء اگر آن بودی که نیکی جهان خواهد بایستی به اینها پردازد و نبرد سختی آغازد. نه آنکه اینها را همه بگزارد و چند سخنی پا در هوا از حرام کردن جنگ و دستور دادن به یکی شدن دین‌ها سرآید و گردن فرازد.

آنچه جلو مردمان را از جنگ و از دیگر بدی‌ها تواند گرفت خردهای ایشانست و چنانکه گفتیم راهنمایی که می‌خواهد جهان نیک گردد باید به توانا گردانیدن خردها کوشد. بهاء کوشیده که خردها را در پیروان خود بکُشد و آنان را هر چه نافهمتر و نادان‌تر گرداند. این همان مردیست که عربی را غلط می‌نویسد و می‌گوید به من ایراد نگیرید و شما نیز غلط نویسید. همان مردیست که سیزده سال پس از باب برخاسته می‌گوید او فرستاده خدا می‌بود. من نیز فرستاده خدایم و شما در این باره هیچ نیندیشید و ایرادی نگیرید.

آنگاه آیا باور کردنی است که جهانیان بـه کـیش بهـاء گرونـد و گفته او را بکار بسته دست از جنگ بردارند؟!... در جایی که مردمـان می‌بینند او با غلط‌نویسی‌ها و وارونه‌گویی‌های خود همگی را به خود می‌خندانیده و با چنین درماندگی دعـوی خـدایی نیـز مـی‌کـرده آیـا شدنی است که او را راهنمایی شناسد و بـه پـاس گفتـه او جنـگ و کشاکش را کنار گذارند؟!...

آری بهائیان دروغ‌های بسیاری از پیشرفت بهائیگری در اروپـا و آمریکا می‌گویند. یکی از ایشان به نام دکتر فرهنـگ نامـه‌ای بـه مـن نوشته و چنین گفته: «در بیشتر از چهل اقلیم پرچم یا بهـاءالابهی در نهایت عظمت و جبروت به اهتزار است»، ولی آیـا بـه ایـن سـخنان ارجـی تـوان گزاشـت؟!... یکـی از ایرادهـای مـا بـه بهائیـان همـین گستاخیشان به دروغگویی است. همچون شیعیان و صوفیان دروغ را در راه کیش خود سزا می‌شمارند و تاریخ خود را از سرتاپا بـه دروغ آلوده‌اند.

ما نمی‌دانیم آن کدام اقلیم است که در آنجا «پرچم یا بهاءالابهی» به اهتزاز است؟!... نمی‌دانیم از دروغ به این آشـکاری چـه هـوده‌ای می‌خواهند؟! شیعیان بـاری بـرای امـام پنـداری خـود و فرمـانروایی پنداری او جابلقاه و جابلسایی ساخته بودند و برای دروغ‌های خـود جایی نشان می‌دادند. اینان به آن نیز نیازی نمی‌بینند و دروغ‌هـای بـه این بی‌جایی را به زبان می‌رانند.

این یک نمونه از خواری کیش بهائی و از ناهنایندگی آنست کـه

خود بهاء و پسرش عبدالبهاء تا زنده می‌بودند در عکا در میان مسلمانان با «تقیه» می‌زیستند. شصت سال کمابیش در آنجا زیسته و این اندازه نتوانسته بودند کیش خود را آشکار گردانند. بدبخت بهاء از اینسو در نوشته‌های خود به بهائیان ایران و هند خدایی می‌فروخت و از آنسو ناچار می‌بود از ترس مسلمانان به روزه و نماز مسلمانی پردازد. عبدالبهاء نیز همین ناچاری را می‌داشت. به چنین کیش قاچاق و خواری امید جهانگیری می‌بندند.

یک چیز دیگری که بهائیان به آن بسیار می‌نازند اینست که در آغاز پیدایش سید باب انبوهی از ملایان، از ملاحسین بشرویه‌ای و سید یحیی دارابی و ملامحمدعلی بارفروشی و ملامحمدعلی زنجانی و سیدجواد کربلایی و دیگران به او گرویده در راهش به کوشش و جانفشانی برخاسته‌اند. همچنین مردم به تکان سختی آمده و بسر ملاحسین و دیگران فراهم شده دلیرانه با دولت به جنگ برخاسته‌اند و انبوهی از ایشان کشته شده در این راه سر باخته‌اند. می‌خواهند بگویند: اگر دعوی باب، راست نبودی آن همه ملایان به او نگرویدندی، آنهمه تکان در مردم پدید نیامدی، آن همه جانبازی‌ها رخ ندادی، از آنسو بهائیان این کشته شدگان (یا به گفته خودشان: شهدا) را سرمایه‌ای برای کیششان می‌پندارند.

بارها شنیده شده چنین می‌گویند: «ما اینقدر شهدا داده‌ایم. آیا از این دین دست برمی‌داریم؟!...»

راستی هم آنست که شور و خروش بابیان در آغاز کار

شگفت‌آور می‌بوده، این یکی از چیزهائیست که چشم‌های اروپائیان را به سوی آنان بازگردانیده، جنگ‌های قلعه طبرسی و شهر زنجان و قصه نیریز هر یکی داستان شگفت دیگری می‌بوده. کشتار سال ۱۲۶۸ در تهران و مردانگی‌های خونسردانه‌ای که حاجی سلیمانخان و دیگران در برابر شکنجه و مرگ نشان داده‌اند شگفت‌تر از همه افتاده. چنانکه گفتیم کنت گوبینو سفیر فرانسه در تهران، این داستان را از نزدیک دیده و شنیده و در کتاب خود نوشته و همان شوند شناختگی بابیان در اروپا شده است.

بهائیان به این بسیار می‌نازند و یک دلیل استواری به بزرگی کیش خود و استواری بنیاد آن می‌شمارند. ولی این نازش و دلیل شماری هنگامی بجا بودی که ما سید باب را نشناخته و از گفته‌های او آگاه نشده بودیمی. اگر ما سید باب را نشناخته و از گفته‌هایش آگاه نشده بودیمی جا داشتی که با خود اندیشیده چنین گوییم: اگر باب دلیل‌ها به دعوی خود نشان ندادی و سخنان گیرایی نگفتی آن همه به او نگرویدندی و آنهمه تکان در مردم پدید نیامدی. ولی ما سید باب را شناخته و از گفته‌هایش آگاهیم. ما نیک می‌دانیم که از سید باب هر چه می‌پرسیده‌اند پاسخی نمی‌توانسته. چندان تهیدست می‌بوده که به دعوی خود دلیل آورده و می‌گفته: «نام من علی محمد از روی حساب ابجد با رب یکی می‌باشد». گفته‌هایش چندان خنک و خود چندان خوار می‌بوده که به فلکش می‌بسته‌اند و چوبش می‌زده‌اند و او در زیر چوب بیزاری از دعوی می‌جسته و «غلط

کـردم» و «نفهمیـدم» مـی‌گفتـه. نوشتـه‌هـای بـاب چنـدان چرنـد و بی‌معنیست که بهاءالله ناچار شده و دستور داده آنها را گرد آورند و از میان بردارند و زبان ایرادگیران را کوتاه گردانند.

با این حال آیا باز جا دارد که مـا بگـوییم اگـر در بـاب چیـزی نبودی مردم به تکان نیامدندی و ملایان به او نگرویدندی؟! آیا نبایـد بگوییم آن تکان مردم و گرویدن ملایان انگیزه دیگری می‌داشته؟!

ماننـد این داستان آنکه ده سال پیش در یکی از دیه‌هـای نزدیـک اسپهان امامزاده‌ای بنام گردید. به این معنی کـه ملایـی در مشهد در کتابی خوانده بود که یکی از خواهران امام رضا در فلان دیه اسپهان مرده و بخاک سپـرده شـده و ایـن را بـه یکـی از ملایـان اسپهان بـا تلگراف آگاهی داده بود و این ملا به آن دیه رفتـه و چـون در ایـران بیشتر دیه‌ها را امامزاده‌ای هست و در آن دیه نیز یکی می‌بود همان را گرفته و راست یا دروغ، آوازه انداخته بود که «قبر خواهر امـام رضـا در فلان دیه پیدا شده» و مردم این را شنیده و به تکان آمده و مـرد و زن و بزرگ و کوچک رو به آن دیه آورده بودند کـه روزانـه صـدها کسانی می‌رفتند و برمی‌گشتند. از این رو یکی از گاراژهـا سـرویس اتومبیل‌رانی میانه اسپهان و آن دیه راه انداخته و از اینسو سیدی یـا ملایی به گورداری برخاسته چراغ‌ها آویختـه و زیارتنامـه‌ای سـاخته بود، که از آیندگان و روندگان پول‌ها می‌گرفـت و چـون مـی‌گفـت گنبدی نیکوتر پدید خواهد آورد چنین نهاده بود که هر کسی که بـه زیارت می‌آید چند تا آجری همراه آورد. ایـن بـود در اتوبوس هـر

کسی چند تا آجری همراه می‌برد.

در آنسال من به اسپهان رفته بودم و چون داستان را شنیدم همراه میزبانم (شادروان علیرضای بختیاری) به تماشا رفتیم. گوری و گنبدی می‌بود بسیار خوار و بی‌ارج ولی مردم دسته دسته می‌آمدند و در پیرامون آن گلّه‌وار انبوه می‌شدند. یکسو نیز آجرها چیده می‌شد. اینها را تماشا کرده بازگردیدیم.

اکنون آیا توان گفت که اسپهانیان اگر چیزی ندیده بودندی به آن تکان برنخاستندی و رو به آن گور نیاوردندی؟!... آیا توان همین را دلیلی به ارجمندی آن گور و گنبد خوار و بی‌ارج گرفت؟!... آیا نه آنست که انگیزه تکان مردم گورپرستی هزار ساله‌شان می‌بوده؟

در باره باب نیز همین است. چنانکه در بخش تاریخچه نیز گفته‌ایم ملایانی که به باب گرویدند از دسته شیخیان می‌بودند و اینان چنانکه گفتیم باور می‌داشتند که یا باید امام زمان خود پیدا شود و یا جانشینی از او در میان مردم باشد و پس از مرگ سید رشتی به جستجو افتاده همچون تشنه که پی آب گردد در پی آوازی می‌گردیدند. اینست چون سید باب را یافتند و دعوی او را شنیدند و هنرهایی را که از سید رشتی (از غلط‌بافی و گزافه‌سرایی و ابجدبازی) دیده بودند از این نیز دیدند، جایی برای ایستادگی نیافته گردن گزاردند. بویژه که سید باب به دعویش دو رنگ داده بود: در نوشته‌هایش و در پیش بسیاری از پرسندگان خود را «باب» (یا جانشین امام زمان) می‌نامید و در همان حال از دعوی امام زمانی باز

نایستاده چنین می‌خواست همچون او برخیزد و به کارهایی پردازد و چنانکه دیدیم خود به مکّه شتافت که همچون امام زمان از آنجا سر برآورد ولی نتوانست و از اینسو ملاحسین بشرویه‌ای و دیگران به خراسان رفته همچون یاران امام زمان از آنجا با درفش‌های سیاه آمدند.

این دو رنگی در دعوی باب کار را به ملایان شیخی آسان می‌گردانید. یکی او را امام زمان می‌پنداشت. دیگری که چنین پنداری نمی‌یارست، به جانشینش می‌پذیرفت.

اما مردم: هزار سال بیشتر، روزان و شبان چشم به راه امام ناپیدا دوخته همیشه بیرون آمدن او را از خدا خواسته و روزی چند بار «عجل‌الله فرجه» گفته بودند و هر کسی از درون دل آرزو می‌کرد که زمان آن امام را دریابد و در پیش رویش شمشیر زند و در راه او کشته گردد و اکنون که می‌شنیدند امام پیدا شده و ملایانی را در راه او در کوشش، می‌دیدند نشدنی بود که به تکان نیایند و به شور و خروش برنخیزند.

راست است که یک دشواری پیش می‌آمد و آن اینکه امام زمان بایستی فرزند حسن عسگری باشد و از مکه بیرون آید. ولی شیخ احمد این دشواری را برای پیروانش آسان گردانیده و راه داده بود که اگر دیگری به نام امام زمان برخیزد و بپذیرند و چنین پیداست که بیشتری از گروندگان به باب از میان مردم نیز از شیخیان بوده‌اند و دیگران نیز پیروی از آنان کرده‌اند.

هر چه هست مردم سید باب را ندیده و سخنی از او نشنیده بودند تا بگوییم به او گرویده‌اند. سید باب را از گام نخست، دولتیان به زیر نگهبانی آوردند و از دسترس مردم دور داشتند که کمتر کسی او را دید. از گفته‌هایش هم در آن روزها جز تفسیر سوره کوثر و یا عربی‌بافی‌های دیگری از آنگونه در دست نمی‌بود، و این گفته‌ها نه چیزیست که در مردم هناید و مایه تکان ایشان باشد.

پس پیداست که آن شور و تکان در ملایان شیخی و در مردم نتیجه پندارهای کهن و نو خودشان می‌بوده، نه نتیجه شایندگی یا راستگویی سید باب. این شور و تکان به دروغ‌سازی‌های عثمان بن سعید و حسین بن روح و محمد بن علی سیمری و به بافندگی‌های شیخ صدوق و شیخ مفید و مجلسی، و پس از همه به گزاف گویی‌های شیخ احمد و سید رشتی، بیشتر بستگی می‌داشته تا به پیدایش سید باب و دعوی‌های او. این چیزیست که جای هیچ گفتگو نمی‌باشد.

یک چیز دیگری که بی‌گمان در شور و تکان مردم کارگر افتاده حال ناتوانی دولت ایران و نومیدی مردم از آن بوده. در زمان فتحعلیشاه که ایران سال‌ها با روس در جنگ می‌بود و سرانجام قفقاز را با هفده شهر حکمران‌نشین آن از دست داد مردم دانستند که از سوی شمال با دولت بسیار توانای آزمندی همسایه گردیده‌اند و از آنسو همیشه در فشار و سختی خواهند بود. سپس در زمان محمدشاه که ایران لشگر بسر هرات کشید و پس از جنگ‌ها و خونریزی‌های

بسیار هنگامی که می‌خواست به شهر دست یابد، ناگهان انگلیسیان سر برآورده و کشتی‌هاشان به جنوب آمده با فشار و بیم دادن محمدشاه را ناچار گردانیدند که دست از هرات بردارد و بازگردد. این زمان مردم دانستند که از سوی جنوب نیز با دولت نیرومند و آزمند دیگری همسایه گردیده‌اند که یک ایران ناتوان در میان این دو دولت توانا سرنوشتی جز نابودی نخواهد داشت. چون در همان زمانها محمدشاه ناخوش شده کمتر بکار می‌پرداخت و رشته کارهای کشور بدست حاجی میرزاآقاسی افتاده بود که جز ناتوانی و ناشایندگی ازو دیده نمی‌شد. مردم به یکبار از دولت نومید گردیده و چون پناهگاهی جز امام ناپیدا نشناخته و روزنه امیدی جز از سوی پیدایش او باز نمی‌یافتند، از اینرو دلبستگی به آن امام و پیدایش او هر چه فزونتر گردیده و راستی را مردم خواهان و جویان کسی می‌بودند که به چنان دعوایی برخیزد.

می‌توان گفت باب به یک زمینه درچیده و بسیار آماده‌ای رسیده بوده که اگر شایندگی داشتی یک کار بزرگی به انجام رسانیدی. باب را که در شیراز به بزم حسین‌خان برده به گفتگو کشیدند اگر بجای عربی‌های غلط که زبان ریشخند ملایان را باز کرد و او را در دیده‌ها خوار گردانید، به سخنان پرمغز ارجداری پرداختی و گمراهی‌های ملایان و ستمگری‌های درباریان را به رُخشان کشیدی و از درماندگی دولت و بدبختی کشور سخن راندی هر آئینه سرگذشتش آن نبودی که بوده است، و چه بسا که توانستی شور بسیار بزرگتری برانگیزد و

دولت قاجاری را براندازد. ولی از بس درمانده و بی‌مایه می‌بود نتوانست از چنین زمینه‌ای سود جوید و خود را و دیگران را به کشتن داد.

از چیزهایی که بهائیان به رخ جهان می‌کشند داستان قره‌العین و سرگذشت اوست. در چنان زمانی که یکی از هزار مردم ایران سواد نمی‌داشتند این زن درس خوانده و یکی از دانایان بشمار می‌رفته. آنگاه چون به باب گرویده بیکبار دست از شوهر و خانه شسته و همراه مردان سر به کوه و بیابان نهاده و سرانجام در آن راه کشته شده.

می‌گوییم: راست است. قره العین یکی از زنان کم مانند جهان بوده. چه در درس خواندن او و چه از خانه بیرون جستنش شگفت‌آور می‌باشد. یک کس ناآگاه چون اینها را شنود با خود خواهد گفت: «چه بوده داستان باب که این زن را بدینسان دیوانه گردانیده؟...» و گمان خواهد برد که باب را سرمایه بزرگی در کار بوده.

این گمان را ما نیز توانستیمی برد. چیزی که هست ما ناآگاه نمانده‌ایم. ما از یکسو گفته‌های باب را در دست می‌داریم و سرمایه او را می‌شناسیم. از یکسو هم از حال قره‌العین آگاهیم و آنچه را که مایه دیوانگی او بوده می‌دانیم. اینست گمان دیگری نتوانیم برد.

ما نیک می‌دانیم که سید باب سرمایه‌ای جز آن عربی‌های غلط و بی‌معنی نمی‌داشته و چندان بی‌مایه می‌بوده که از هر آزمایشی

سرافکنده و شرمنده بیرون می‌آمده. چندان تهیدست می‌بوده که دلیل می‌آورده و می‌گفته: «نام من علی محمد در شماره ابجدی با رب یکیست». این را دلیل به مهدیگری خود می‌آورده.

از آنسو از درس‌هایی که قره‌العین خوانده بود و از دانسته‌های او آگاهیم که چه می‌بوده و شعرهایی از او در دست است که نیک می‌رساند در مغز او چه چیزهایی آکنده می‌بوده و همین چیزها او را به تکان آورده. شعرهایی درهم (ملمع) پایین از قره‌العین است.[۱] و ما چون می‌خواهیم از او نیز یادگاری در این کتاب باشد همه آنها را می‌آوریم:

حذبات شوقک الجمت	بسلاسل الغم و البلا
همه عاشقان شکسته دل	که دهند جان به ره بلا
اگر آن صنم ز ره ستم	پی کشتن من بی گنه
لقد استقام بسفیه	فلقد رضیت بما رضی
تو به ملک و جاه سکندر	من و رسم و راه قلندری
اگر آن خوشست تو درخوری	و گر این بدست مرا سزا
بگذر ز منزل ما و من	بنما به ملک فنا وطن
فاذا فعلت بمثل ذا	فلقد بلغت به تماشا
سحری نگار ستمگرم	قدمی نهاد به بسترم
فاذا رأیت جماله	طلع الصباح کانما

۱ــ این شعرها را از صحبت لاری شمارده‌اند و به آخر دیوان او نیز افزوده شده. ولی من جستجویی کردم و بودنش را از قره‌العین به باور نزدیکتر دانستم. براون و دیگران یاد آن شعرها را کرده‌اند. ولی همه آنها را در دست نمی‌داشته‌اند.

بهاییگری ۱۱۱

لمعـــات وجهـــک اشـــرقت و شعـــاع طلعتـــک اعتلـــی
ز چـــه روالســـت بـربکـــم نزنـی؟بـــزن کـــه بلـــی بلـــی
ز جـــواب طبـــل الســـت او زولا چـــو کـــوس بـــلا زدنـــد
همـــه خیمـــه زد بـــه درد دلـــم سپـــه غـــم و حشـــم بـــلا
چـــه خـوش آنکـــه آتـش حیرتـــی ز نیـــم بـــه قلـــه طـــور دل
فصککتـــه و جـعلتـــه متـــد کـدکـــا متزلـــزلا
پـــی خـــوان دعـــوت عشـق او همـــه شـــب زخیـــل کروبیـــان
رســـد ایـــن سفیـــر مهیمنـــی کـــه گـــروه غمـــزده الصـــلا
مـــن و وصـــف آن شـــه خـــوبرو کـــه زدنـــد صـــوت بـــلا بـــرو
بـــه نشـــاط و قهقهـــه شـــد فـــرو کـــه انـــا الشهیـــد بـــه کربـــلا
چـــو شنیـــد نالـــه مـــرگ مـــن پـــی ســـاز مـــن شـــد وبـــرگ مـــن
فـمشـــی الا مهـــر و لا و بکـــی علـــی مجلجـــلا
هلـــه ای گـــروه امـامیـــان بکشیـــد هلهلـــه ایـــن زمـــان
کـــه ظهـــور دلبـــر مـــا عیـــان شـــد و فـــاش و ظـــاهر وبـــرملا
گـــرتـــان بـــود طمـــع لقـــا ورتـــان بـــود هـــوس بقـــا
ز وجـــود مطلقـــه مطلقـــا بـــر آن صنـــم بشویـــد لا
تـــو کمـــان کشـیده ودرکمیـــن کـــه زنـــی بتیـرم و مـــن غمیـن
همـــه غمـــم بـــود از همیـــن کـــه خـــدا نکـــرده کـــی خطـــا
تـــو کـــه فلـــس ماهـــی حیرتـــی چـــه زنـــی ز بحـــر وجـــود دم
بنشیـن چـــو «طـــوطی» و دمبـدم بشنـــو خـــروش نهنـــگ لا

در خواندن قرەالعین چنین بوده: پدر او حاجی ملاصالح و

عموهایش حاجی ملامحمد تقی و حاجی ملاعلی از مجتهدان بزرگ آن زمان بوده‌اند و در قزوین دستگاهی بزرگ داشته‌اند. دو مدرسه در پهلوی خانه‌هاشان بنیاد گزارده بوده‌اند، یکی بزرگ برای طلبه‌ها و دیگری کوچک برای فرزندان و بستگان خودشان (این مدرسه‌ها اکنون هم برپاست و نویسنده آنها را دیده‌ام.)

ملا محمدتقی همانست که هنگامی که شیخ احمد احسایی به قزوین آمده بود او را تکفیر کرد و هیاهوی بزرگی در سراسر ایران براه انداخت با این حال برادرش حاجی ملاعلی و یکی از خویشانش حاجی ملاعبدالوهاب از شاگردان شیخ احمد و از پیروان او می‌بودند (ملا علی سپس از پیروان باب نیز گردید.)

قره‌العین از بچگی درس خوانده و چون همیشه در میانه عموها و عموزادگان و پدر و برادرانش که گروهی می‌بودند «مباحثه‌ها» می‌رفته از آنها بهره جسته. چون مدرسه کوچک خانوادگی به خانه‌شان پیوسته و در میانه راهی باز می‌بوده به درس‌ها نیز گوش داده. از کشاکش شیخی و متشرع که از خانه ایشان سرچشمه گرفته بود نیک آگاه گردیده و همانا به سخنان شیخ احمد گراییده و گرویده.

سپس گویا همراه شوهرش (حاجی ملامحمد) به عراق عرب رفته و در آنجا به سخنان سید کاظم آشنا گردیده و از کسانی می‌بوده که چشم براه امام زمان و گوش به شنیدن آواز او دوخته بوده. اینست همان که پیدایش سید باب را شنیده پیروی او پذیرفته و با

یک شـور شـگفت‌آوری بـه هـواداری از او برخاسـته و از آنجـا بـا پیرامونیانی به بغداد و از بغداد به ایران آمده و در همـه جـا شـوری برپا گردانیده.

در قزوین هم در خانه خـود می‌زیسـته. ولی بـا پیـروان بـاب همبستگی می‌داشته. اینست چون بابیان حاجی ملامحمـدتقی را کـه عموی او می‌بود کشته‌اند و گمان همدستی به او میرفته، از خانه اش بیرون جسته و همراه کسانی از بابیان به تهـران آمـده و از اینجا بـه رشت رفته که داستانش را در تاریخ‌ها نوشته‌اند. آنچه بـی‌گمانسـت، آنست که قره‌العین باب را ندیده و از سخنان او نیز جز بسیار کمـی نشنیده بـوده، و بـی‌گفتگوسـت کـه شـوریدگی او از مغـز خـودش می‌بوده، از آن پندار هزار ساله امام زمان می‌بوده، از آن بافندگی‌هـای سید کاظم می‌بوده. از آن شعرهایش نیـک پیداسـت کـه در مغـز او بدآموزی‌های شیعیان و پندارهای صوفیان و بافندگی‌های مغز آشوب سید کاظم درهم آمیخته و تکانی در وی پدید آورده بود. آن جایگـاه پنداری امامـان و جانفشـانی و از خـود گذشـتگی کـه «یـک شـیعی خالص» را در راه آنان بایستی بود، افسانه پیدایش امام زمان و شوری که از شیعیان در چنان روزی پدیدار بایستی گردید، «پنـدار وحـدت وجود» و کوشش به «فنا فی‌الله» صوفیان که آرزوی هر «انسان کامل» شمرده می‌شد، «و عشق» بینام و نشانی که در شعرهای فارسی بـا آن آب و تاب پیاپی یادش رفته، چیزهایی می‌بوده که در دل این شیر زن جا گرفتـه و او را ناآسـوده مـی‌گردانیـده. ایـن شـعرها نمونـه‌ای از

ناآسودگی مغز اوست.

سخنان تندیست که گفته شده و شوریدگی گوینده‌اش را می‌رساند... ولی چه معنایی از آنها درمی‌آید؟!... روی سخنش با که می‌بوده؟...

به که می‌گوید: «ز چه روالست بربک نزنی بزن که بلی بلی»؟!... که را می‌گوید: «بگذر ز منزل ما و من بنما به ملک فنا وطن»؟!...

یک جمله بگوییم: «از این سخنان چه معنایی توان فهمید؟!...» گوینده او را دارای چه راهی و باوری توان شناخت؟!... بگذرید از آنکه ایرانیان خو گرفته اند که هر شعری که دارای «مضمونکی» باشد آنرا بخوانند و لذت برند. از این خوی ایرانی در گذرید و از آنراه بیایید که از این شعرها چه معنایی توان فهمید؟!... گوینده‌اش چه می‌خواسته و چه راهی را دنبال کرده؟!... در اینجاست که خواهید دید جز سخنان آشفته و شورانگیزی که از یک مغز آشفته و شوریده‌ای تراویده نمی‌باشد.

چنانکه گفتیم داستان قره‌العین شگفت‌آور است. ولی دلیلی از آن به سود کیش‌های بابی و بهائی نتوان درآورد. در کوشش‌ها نیز زیان قره‌العین کمتر از سودش نبوده. در جستن او از خانه شوهر و همراهیش با مردان و آن داستان دشت به دشت که خود بهائیان پوشیده نداشته‌اند دستاویز دشمنان بیشتر گردیده تا دستاویز دوستان.

اینست در کتاب‌ها دیده می‌شود که خواهر عبدالبهاء که بهائیان او را همپای فاطمه زهرای شیعیان می‌شمارند در نامه خود به بهائیان

تهران چنین نوشته:

«قرةالعین یک دفعه بی‌حکمتی کرد و هنوز از کله مردم نمی‌توانیم به در آوریم.»

در میان یاران باب آنکه داستانش شگفت می‌نماید ملامحمدعلی زنجانیست. این مرد یکی از ملایان بزرگ بشمار می‌رفته و خود شیخی نمی‌بوده و با این حال به باب گرویده و با دولت به جنگ برخاسته. داستان او اینست که در آن زمان یکی از دوتیرگی‌ها میان ملایان دوتیرگی اخباری با اصولی می‌بوده. یک دسته از ملایان اخباری و یک دسته اصولی می‌بودند و اینان با یکدیگر دشمنی سختی می‌نمودند. چنان که میرزا محمد اخباری را با یک تن از شاگردانش در کاظمین کشتند و ریسمان به پاهاشان بسته در کوچه‌ها کشیدند.

در زنجان ملامحمدعلی اخباری و دیگر ملایان اصولی می‌بودند، و از اینرو کشاکش و دشمنی در میانه‌شان می‌رفت. چون ملا محمد علی پیروان بسیار می‌داشت و خود مرد بی‌باکی می‌بود ملایان و همچنین دولتیان از او ترسیده نامه‌ها به تهران نوشتند. این در سال‌های اخیر محمدشاه می‌بود و حاجی میرزا آقاسی دستور فرستاد که ملامحمدعلی را گرفتند و به تهران روانه گردانیدند. ملامحمدعلی چند زمانی در تهران می‌زیست تا چون محمدشاه مُرد و در میانه آشفتگی برخاست فرصت یافته خود را به زنجان رسانید.

در زنجان پیروان پیشوا بزرگی کردند. ملامحمدعلی چون

می‌دانست دولت او را به حال خود نخواهد گزاشت به نگهداری خود پرداخته آشکاره به دولتیان و ملایان دشمنی نشان داد. در همان هنگامست که بابیگری آشکار گردانیده و همگی پیروانش آن را پذیرفته‌اند و کم کم کار به جنگ و خونریزی انجامیده.

برخی می‌گویند: «ملامحمدعلی باوری به باب نمی‌داشته و بابیگری را دستاویزی برای جنگ با دولتیان و ملایان گرفته بود». ولی این نه راست است. زیرا محمدعلی مرد ساده و بی‌نیرنگی می‌بوده. می‌باید گفت ملامحمدعلی از بس به ملایان و دولتیان خشمناک و در پی جنگ و کینه‌جویی می‌بوده همدردی و هم سهشی با بابیان او را به باب گروانیده.

هر چه هست با آشنایی که ما به بی‌مایگی و درماندگی باب و بی‌ارجی گفته‌های او می‌داریم نشدنیست که بگوییم ملامحمدعلی از روی فهم و داوری خرد به باب گرویده. ملامحمدعلی، چنانکه من نوشته‌های او را دیده‌ام[۱]، نه آن می‌بوده که پوچی سخنان باب و غلط بودن آنها را نفهمد.

حاجی میرزا جانی در نقطه الکاف درباره ملامحمدعلی به سخنانی بی‌پایی پرداخته، زیرا می‌نویسد: «حقیر در دارالخلافه در منزل محمود خان کلانتر خدمت ایشان رسیدم و آنجناب محبوس بودند به جهت اخلاص کیشی به آن حضرت.»

---

۱۰ – ملا محمد علی پیش از بابی بودن کتابهایی نوشته که به چاپ نرسیده. ولی نسخه‌هایی از آنها در خانه‌ها هست. من یکی از آنها را به نام «صواعق» خوانده‌ام.

در حالی که من بیست سال پیش در زنجان در این باره به بازجویی و بازرسی بسیار پرداخته‌ام و از روی گفته‌های پیرمردان و از روی برخی یادداشت‌ها این بی‌گمانست که ملامحمدعلی پیش از رفتن به تهران بابیگری ننموده و گویا در همان هنگام درنگ در تهرانست که با باب و پیروان او به هم بستگی پیدا کرده.

سپس از زبان خود ملامحمدعلی می‌نویسد: «همینکه خبر ظهور آن جناب به من رسید و بقدر یک صفحه کوچک از آیات آن نقطه فرقان را دیدم هوش از سرم بدر شد و بی‌اختیار در عین اختیار تصدیق حقیت ایشانرا نمودم... زیرا که معجزه اشرف پیغمبر را از ایشان دیدم هر گاه انکار می‌کردم انکار حقیت مذهب اسلام» را کرده بودم. ما نمی‌دانیم این دروغ‌ها محمدعلی گفته یا حاجی میرزا جانی از خود ساخته. اگر این سخنان راست باشد باید بگوییم ملامحمدعلی بی‌مایه‌تر و نافهمتر از خود باب می‌بوده. نافهمی و بی‌مایگی بالاتر از این چه باشد که کسی عربی‌بافی‌های غلط و پوچ باب را با آیه‌های قرآن به یک ارج شناسد. ما در پیشتر نمونه‌ای از گفته‌های باب در «تفسیر سوره کوثر» که آنرا در برابر قرآن و در آغاز کار خود نوشته آوردیم و در اینجا نمونه دیگری را می‌آوریم تا خوانندگان در پیش چشم دارند.

باب در این کتاب پس از آنکه خود سوره را «تفسیر» کرده و یک رشته سخنان پوچ و شگفت‌آوری بهم بافته، دوباره بازگشته و به یکایک حرف‌های آن «تفسیر» آغازیده که درباره الف چنین

می‌نویسد:

ثم الالف القائمه علی کل نفس التی تعالت و استعالت و نطقت و استنطقت و دارت و استدارت و اضائت فاستضائت و افادت و استفادت و اقامت و استقامت و اقالت و استقالت و سعرت و استسعرت و تشهقت و استشعقت و تصعقت و استصعقت و تبلبلت و استبلبلت و ان فی‌الحین اذن الله لها فتلجلجت ثم فاستلجلجت و تلالئت ثم فاستلالئت و قالت با علی صوتها تلک شجره مبارکه طابت و طهرت و ذکت و علت نبتت من نفسها بنفسها لنفسها الی نفسها...

یک نکته در کار بهائیگری و بابیگری آنست که این کیشها در میان شیعیگری پدید آمده و کسانیکه به آنها می‌گروند، راستی آنست که از میان پندارهایی درآمده به میان پندارهایی می‌افتند.

بلکه راستی آنست که داستان امام ناپیدا در شیعیگری گرهی در رشته اندیشه‌هاست. کسی را می‌گویند هزار سالست زنده است. چگونه کسی هزار سال زنده تواند ماند؟!... خدا چرا کسی را هزار سال زنده نگه داشته تا روزی بیرون آوردش؟ مگر نمی‌توانسته همان هنگامی که بیرون خواهد آورد بیافردش؟!... پس از همه اینها، چرا بیرون نمی‌آید؟!... تا کی باید لابه کرد و بیرون آمدنش را خواست؟!...

در بابیگری و بهائیگری باری اینها نیست این یکی از شوندهائیست که مایه رواج این کیش‌ها شده.

چیزی که هست در بابیگری و بهائیگری نیز گره‌های دیگری

هست. از اینرو کسانی که از شیعیگری گریخته بابی یا بهائی می‌شوند کمتر یکی پایدار می‌مانند. بارها شده که به شیعیگری بازگشته یا به یکبار بی‌دین گردیده‌اند. بهائیان که اکنون هستند بیشترشان فرزندان بابیان و بهائیان پیشگام می‌باشند. یک دسته هم از جهودیگری یا از زردشتیگری خود به تنگ آمده پناه به این پندارهای تازه آورده‌اند. از کسانی که به بابیگری رفته و از آن بازگشته‌اند یکی میرزا آقاخان کرمانی و دیگری همشهری او میرزا احمد روحی است. اینان به جزیره قبرس رفته‌اند و میرزا آقاخان خواهر ازل را به زنی گرفته. کتاب هشت بهشت که تاریخ بابیگریست از یکی از اینهاست. با اینحال هر دو از بابیگیری برگشته‌اند که در پایان زندگانیشان از شاگردان سید جمال‌الدین اسدآبادی شمرده می‌شده‌اند و به همین نام کشته شده‌اند.[۱]

آنچه در پایان کتاب می‌باید نویسم آنست که از سه یا چهار سال پیش نوشته‌ای بنام« یادداشت‌های کینیاز دالغورکی» به میان آمده که «زنجیر خوشبختی» گردانیده شده و کسانی نسخه‌هایی برداشته به این و آن می‌فرستند. به تازگی نیز دو سه روزنامه آن را به چاپ رسانیدند. کوتاه شده آن اینست که پرنس دالغورکی در سال ۱۲۴۶) ۱۸۳۱ قمری) که زمان فتحعلیشاه می‌بوده به ایران آمده که کارکن سفارت روس می‌بوده. ولی در اینجا در نزد ملایی بنام شیخ محمد به درس خواندن پرداخته و اسلام آشکار گردانیده که رخت ملایی

۱• - برای شناختن داستان ایشان بخش یکم تاریخ مشروطه دیده شود.

می‌پوشیده و زن مسلمان گرفته و به میان مسلمانان آمد و رفت می‌کرده. لیکن در نهان همچنان کارکن دولت خود می‌بوده و به جاسوسی می‌پرداخته. اینست با کسانی که آشنا گردیده (که از جمله میرزا حسینعلی نوری و برادرش میرزا یحیی بوده‌اند) همگی را با دادن پول به جاسوسی وامی‌داشته و کارهایی به زیان ایران می‌کرده.

چنانکه چون فتحعلیشاه مُرده و محمدشاه بجای او نشسته و قائم مقام با حکیم احمد نامی از ملایان تهران چنین می‌خواسته اند پادشاهی را از قاجاریان ترک درآورده به خاندان زندی بازگردانند، دالغورکی به دستیاری میرزا حسینعلی از این داستان آگاه گردیده و به جلوگیری کوشیده. بدینسان که با دست میرزا حسینعلی زهر به حکیم احمد خورانیده و محمدشاه را از چگونگی آگاهانیده و به کشتن قائم مقام واداشته.

سپس دالغورکی به روسستان بازگشته و از آنجا بنام درس خواندن به کربلا رفته و در آنجا با میرزا علی محمد باب آشنا گردیده و چون میرزا علی محمد چرس می‌کشیده دالغورکی به او چیرگی یافته و به دعوی امام زمانیش واداشته و بدینسان بابیگری را او بنیاد نهاده.

سپس هم که به روسستان بازگشته و این بار بعنوان سفارت به ایران آمده در اینجا از شورش بابیگری به هواداری کوشیده.

اینست کوتاه شدهٔ آن یادداشت دراز. بی‌گمان چیز ساخته‌ایست و چنانکه به تازگی دانسته شد یک مرد بی‌مایه بلندپروازی که در

تهرانست و سال‌ها به شناخته گردانیدن خود می‌کوشد این را ساخته و از یک راه دزدانه میان مردم پراکنده.[1]

این نویسنده می‌خواهد بگوید که کیش شیعی راست است، شیخیگری راست است و شیخ احمد سید کاظم از علمای پاک و نیک می‌بوده‌اند، و این تنها کیش بابیست که کج می‌باشد و آن را یک کارکن سیاسی روسی پدید آورده. اینست خواست او. ولی می‌باید گفت دروغی ساخته و رنج بیهوده کشیده. زیرا چنانکه گفتیم بابیگری و بهائیگری از شیخیگری و شیعیگری زائیده شده، و این بسیار بی‌جاست که کسی بگوید فلان روسی یا انگلیسی آن را پدید آورده. بسیار نیک، سید باب را دالغورکی به دعوی برانگیخته. اما زمینه را برای دعوی امام زمانی یا بابی او که درچیده بود؟!... آیا افسانه مهدیگری را که سرچشمه دعویست نیز دالغورکی پدید آورده بوده؟!... کسانی به این نوشته ارج می‌گزارند، ولی بسیار بی‌ارج است.

اما بهم بستگی میانه بابیگری و بهائیگری با سیاست دولت‌های همسایه ایران، در آن باره نیز به چند سخنی می‌پردازیم:

چنانکه گفتیم جنبش بابیگری را در ایران روس یا انگلیس پدید نیاورده و خود نتوانستندی آورد. ولی پس از پدید آمدن ناچاری می‌بوده که آنان به سودجویی از آن پردازند. آنچه دانسته‌ایم بهاء در تهران با کارکنان سیاسی روس بهم بستگی می‌داشته و این بوده چون

---

۱ - در باره این یادداشت‌ها گفتاری که در شماره چهارم پرچم نیمه ماهه نوشته شده دیده شود.

به زندان افتاد روسیان به رهائیش کوشیده و از تهران تا بغداد غلامی از کنسولخانه همراهش گردانیده. پس از آن نیز دولت امپراتوری روس در نهان و آشکار هواداری از بهاء و دسته او نشان می‌داده. اینست در عشق‌آباد و دیگر جاها آزادی به ایشان داده شده.

از آن سو انگلیسیان بنام هم چشمی که در سیاست شرقی خود با روسیان می‌داشتند به میرزا یحیی ازل که از بهاء جدا گردیده دسته دیگری بنام ازلیان می‌داشت پشتیبانی می‌نموده‌اند. بویژه پس از آنکه جزیره قبرس که نشیمنگاه ازل می‌بود بدست ایشان افتاده که دلبستگی‌شان به او و پیروانش بیشتر گردیده.

چاپ کتاب نقطه الکاف که پروفسور براون به آن برخاسته و آن «مقدمه» دلسوزانه‌ای، که نوشته اگرچه عنوانش دلسوزی به تاریخ و دلبستگی به آشکار شدن آمیغ‌های تاریخ است، ولی انگیزه نهانیش پشتیبانی از ازل و از بابیان می‌بوده.

سال‌ها چنین می‌گذشته و از دو دسته آن یکی پشتیبانی از روسیان می‌دیده و این یکی از هواداری انگلیسیان بهره می‌جسته و این پشتیبانی و هواداری در پیشامدهای درون ایران بی‌هنایش نمی‌بوده تا هنگامی که جنگ جهانگیر گذشته پیش آمده. چون در نتیجه آن جنگ از یکسو دولت امپراتوری روس با سیاست‌های خود برافتاد از میان رفت و از یکسو دولت انگلیس به فلسطین که عکاء کانون بهائیگری در آنجاست، دست یافت، از آن سوی تا این هنگام میرزا یحیی مرده و دستگاه او بهم خورده و ازلیان چه در ایران و چه

در دیگر جاها سُست و گمنام گردیده بودند این پیشامدها آن حال پیش را از میان برده است.

یکی از داستان‌هایی که دستاویز بدست بدخواهان بهائیگری داده و راستی را داستان ننگ‌آوری می‌باشد آنست که پس از چیره گردیدن انگلیسیان به فلسطین عبدالبهاء درخواست لقب «سِر» از آن دولت کرده و چون داده‌اند، روز رسیدن فرمان و نشان در عکاء جشنی برپا گردانیده و موزیک نوازیده‌اند و در همان بزم پیکره‌ای برداشته‌اند. پیداست که عبدالبهاء این را شوند پیشرفت بهائیگری و نیرومندی بهائیان پنداشته و کرده. ولی راستی را جز مایه رسوایی نبوده است و جز به ناتوانی بهائیان نتواند افزود.

در پایان چاپ دوم چنانکه بارها گفته‌ایم ما را با بهائیان دشمنی نیست. آنچه ما را به نوشتن این کتاب واداشته دلسوزی به حال مردم است. امروز بهائیگری در این کشور یکی از گرفتاری‌هاست. این کیش هم خود بهائیان و هم دیگران را به رنج انداخته.

امّا بهائیان

نخست همه می‌دانیم که آنان دسته کوچکی هستند و مردم که آنان را دشمن می‌دارند هر زمان فرصت یافتند از گزند و آسیب به ایشان خودداری نمی‌کنند. چنانکه همین امسال آن پیشامد ننگ‌آور در شاهرود رخ داد.

دوم هر بهائی چه زن و چه مرد، به دستور کیش خود ناچار

است که «تبلیغ» کند و این تبلیغ نود و نه درصد بیهوده است و جز مایه شرمندگی و دل آزردگی «به خود تبلیغ کننده» نمی‌باشد. بدبختان باید این رنج بیهوده را بخود هموار گردانند.

سوم بهائیان چون تشنه «تبلیغ» می‌باشند و به «مبلغ» پول می‌دهند و پاس می‌گزارند و نوازش می‌نمایند این خود زمینه‌ای پدید آورده که برخی مردان بی‌دین و بی‌همه چیز که هنرشان جز سخنبافی و زبان گردانی نیست خود را به نام «مبلغ» به آنها می‌بندند که تا می‌توانند بهره‌جوئی‌ها می‌کنند و به خوشگذرانی‌ها می‌پردازند و چون اندک رنجشی پیدا کردند این بار بیرون می‌آیند و بنام آنکه من فریب خورده بودم جا برای خود در میان مسلمانان باز می‌کنند و این بار به دشمنی‌های بسیار بی‌شرمانه با بهائیان می‌پردازند و هر چه دلشان می‌خواهد می‌نویسند.

اما رنج و زیانی که ایرانیان از بهائیگری می‌برند:

بی‌گفتگوست که بهائیان دشمن این توده‌اند. باز بی گفتگوست که از درون دل بدبختی و گرفتاری این توده را می‌خواهند. زیرا آنان که از مردم این همه رنج می‌برند و در این صد سال نتوانسته‌اند آزادی برای خود بدست آورند، ناچاریست که در آرزوی بهم خوردن این کشور می‌باشند که به آزادی برسند. گذشته از رازهای سیاسی که نمی‌خواهم در اینجا به میان آید.

بهر حال ما می‌خواهیم این دوتیرگی از میان برخیزد (چنان که می‌خواهیم دوتیرگی‌های دیگر از میان برخیزد) و این کتاب را به آن

خواست نوشته‌ایم، ما نمی‌گوییم بهائی‌ها دست از کیش خود بکشند بلکه می‌گوییم اگر کیش بهائی آن شایستگی را دارد که جهان را راه برد نشان بدهند و ما نیز خواهیم توانست با بهائیان همدست گردیم و آنرا در سراسر ایران رواج دهیم و اگر ندارد در آن حال بهائیان باید دست بردارند و خود را و دیگران را به رنج نیندازند. بهائیان به ایرادهای ما پاسخ دهند تا بدانیم چه می‌گویند.

این را هم بنویسم که پس از آنکه چاپ نخست این کتاب پراکنده شد، (بهائیان همچون شیعیان و دیگران) به کینه‌جویی‌های پستی برخاستند.

از جمله ریحانی نام که یکی از سردستگان ایشان است به تبریز رفت و ناشناسانه با ملایان آنجا در پدید آوردن دستگاه وحشیگری‌های بهمن ماه آنجا همدستی نمود و پول‌ها در آن راه بیرون ریخت. سپس در تهران برخی یاوه‌گویی‌هایی با تلفن یا از راه‌های دیگری دیده شد که در نتیجه آنها یک بهائی بنام محمد رفیع کتکی از دست پاکدینان خورد. این هم نمونه دیگری از زیان‌های این دوتیرگی است.

کسروی

شیعیگری

پروردگارا! به گمراهی‌ها خواهم رزمید، با آز و ستم خواهیم جنگید، بتخانه‌ها خواهیم برانداخت و آن پشتیبانی و راهنمایی‌های توست که ما را فیروز خواهد گردانید.

(نیایش یکم آذر)

مقدمه

چنانکه بسیاری از خوانندگان می‌دانند، چهار ماه پیش کتابی درباره کیش شیعی به چاپ رسانیدیم و آن کتاب بدانسان که پیش‌بینی کرده بودیم مایهٔ هایهوی گردید. بدخواهان بجای آنکه به ایرادها و پرسش‌های ما پاسخی دهند، یا اگر پاسخی نمی‌دارند، از آمیغ‌پژوهی درآمده گفته‌های ما را بپذیرند، به هایهوی برخاستند. دولت بهانه پیدا کرده کتاب را بازداشت و داستان را «جرمی» پنداشته به دادسرا فرستاد تا پرونده‌ای پدید آید و در دادگاه کیفری داوری شود.

ما از این پیشامد اندوه نخوردیم. زیرا هایهوی شوند آن شد که کسان بسیاری که از کوشش‌های ما آگاهی نمی‌داشتند، آگاهی یافتند و کتاب‌های ما را جُسته و یافته و هوشیارانه به خواندن پرداختند. دشمنان ما با بدی‌های خود به ما یاری کردند. از آنسو ما دوست

می‌داریم همه سخنان ما به داوری گزارده شود. ما خود خواهان همان می‌باشیم. برای شناخته شدن راست از کج و استوار از سُست، یگانه راه داوری می‌باشد.

ولی جای پرسش است، داوران این کار چه کسانی شایند بود؟... رسیدگی از روی چه قانونی تواند بود؟... آیا سه تن یا پنج تن «دادرس» از کارکنان وزارت دادگستری شاینده این داوری می‌باشند؟... آیا در قانون‌های ایران چیزی که راست یا کج بودن گفته‌های ما را نشان دهد توانند یافت؟

بی‌گفتگوست که «دادرسان» وزارت دادگستری شاینده چنان داوری نمی‌باشند و در قانون‌های ایران نیز چیزی که دستاویز آن داوری باشد یافته نمی‌شود.

آنچه ما می‌دانیم این داوری از دو راه توانستی بود:

یکی آنکه دولت چون از چاپ شدن چنین کتابی آگاه گردید نشستی از ملایان برپا گرداند و از آنان پاسخ خواهد. اگر دولتی نیکخواه و دلسوز بودی این کار کردی. زیرا آن کتاب درباره گرفتاری‌های ایران است و یک رشته سخنانی از ارجدارترین گفته‌ها به میان آورده شده. آن کتاب در این زمینه است که مردم ایران نافهمیده و نادانسته گرفتار یک رشته گمراهی‌های بسیار زیانمندی گردیده‌اند و تا این گمراهی‌ها هست حال توده بهتر از این نخواهد بود. در چنین زمینه بسیار بزرگ و ارجداری سخن رانده شده و دلیل‌های بسیار روشن یاد گردیده.

به چنین سخنانی دولت بایستی بیش از دیگران دلبستگی نماید و ارج گزارد و از یاوری و پشتیبانی به ما باز نایستد برای آنکه هوده بسیار نیک و بزرگی بدست آید گام پیش گزارده از ملایان پاسخ خواهد و آنگاه انجمنی از دانشمندان و نیکخواهان برپا گردانیده از آنان داوری خواهد و بدینسان به یک کار تاریخی بزرگی برخاسته نام خود را در تاریخ جاودان گرداند. ولی افسوس که چنان دولتی نمی‌بود و چنین کاری کرده نشد.

دیگری آنکه خردمندان و نیکخواهان جهان، از ایرانیان و دیگران که در این کشور کم نمی‌باشند، گفته‌های ما را بخوانند و خود در میانه داور باشند.

بخوانند و نخست بدانند آن هایهوی‌ها در برابر چه بوده، ما چه گفته بودیم که در پاسخش دچار وحشیگری‌ها گردیدیم. چه می‌خواستیم که گرفتار دادسرا شدیم.

دوم بدانند به چه شوند این توده بدینسان بدبخت و تیره روز گردیده. به چه شوند این کشور چنین ویرانه افتاده. به چه شوند دسته‌های بزرگی از مردم با کشور و پیشرفت آن دشمنی می‌نمایند و همیشه بدبختی آنرا می‌خواهند.

سوم بدانند ما در چه راه می‌کوشیم و بهر چه این همه رنج و گزند می‌کشیم. بهر چه این همه بدزبانی و بی‌فرهنگی از بدخواهان می‌بینیم.

اینها را بدانند و آنچه شاینده خردمندی و پاکدلی ایشانست

داوری کنند و آنچه باینده مردانگی و غیرت ایشانست یاوری دریغ ندارند.

داوری در این زمینه یا آنگونه بایستی یا اینگونه و چون آن یکی نبود ما ناچار شدیم این یکی را درخواست کنیم و بهتر دانستیم گفته‌های خود را در این باره با زبان روشن‌تر و بهتری، به رشته نوشتن کشیم و نسخه‌های کمی از آن به چاپ رسانیده به کسانی که به خردمندی و نیکخواهی آنان امید توان بست برای خواندن فرستیم. اینست داستان نوشتن این کتاب و چاپ آن.

نکته‌ای را که می‌باید در اینجا یادآوری کنیم آنست که این کتاب چون درباره یک رشته جستارهای ارجداریست، آنگاه از خواننده داوری طلبیده شده، اینست هر کسی باید آن را با اندیشه خواند و هر سخنی را با دلیل‌هایی که برایش آورده شده نیک سنجد و خرد را به داوری وادارد، و پس از این باشد که از آن گذشته به سخن دیگری پس از آن، پردازد.

چون بارها دیده شده، کسانی که کتاب‌های ما را می‌خوانند چون با سخنانی ناشنیده روبرو می‌گردند، در بار یکم دل آزرده می‌شوند و به آسانی آنها را نمی‌توانند پذیرفت، و از آنجا که هر گفته‌ای دلیل استواری همراه می‌دارد ناپذیرفتن نیز نمی‌توانند و اینست دو دل می‌مانند. این کسان باید به یکبار خواندن بس نکرده کتاب را دو بار و سه بار بخوانند که بیگمان آنچه را که در بار یکم پذیرفتن نتوانسته‌اند در بار دوم و سوم خواهند توانست.

بهر حال ما هیچ سخنی را بی‌دلیل نگفته‌ایم و این نمی‌خواهیم که کسی نافهمیده و باور نکرده سخنی را از ما بپذیرد.

ما چنانکه خواهش کرده‌ایم دوست می‌داریم هر خواننده‌ای راستی را داور باشد. هیچ سخنی را از ما بی‌دلیل نپذیرد و از هیچ سخنی که با دلیلست چشم نپوشد. چنان داند که یک دادگاه بزرگیست که او داورش می‌باشد و رفتاری کند که شاینده چنان جایگاه باشد.

اگر کسانی از آنان پس از خواندن بتوانند به داوری خود رویه کار دهند، بدینسان که فهمیده خود را بنویسند و یا گفتاری پرداخته به روزنامه‌ها فرستند و یا کتابی در همین زمینه به چاپ رسانند، این کاریست که بسیار سودمند خواهد افتاد و هوده‌های بسیار نیکی را دربرخواهد داشت.

احمد کسروی
تهران ۱۳۲۳

گفتار یکم

شیعیگری چگونه پیدا شده؟

شیعیگری تاریخچه بسیار درازی می‌دارد، بلکه خود تاریخی می‌باشد. ولی ما در اینجا آن را به کوتاهی یاد خواهیم کرد.

شیعیگری به این معنی که خواست ماست از زمان بنی‌امیه آغاز یافته. چون معاویه به دستاویز کشته شدن عثمان با امام علی بن ابیطالب به جنگ برخاست و پس از مرگ او خلافت را با زور و نیرنگ، بدست آورده در خاندان خود ارثی گردانید. این رفتار او به بسیاری از مسلمانان گران افتاد، و کسان بسیاری آرزوی خلافت کرده چنین خواستند که آن را از دست بنی‌امیه بیرون آورند.

لیکن تا معاویه زنده می‌بود کسی نیارست بجنبد. پس از مرگ او حسین بن علی به کوشش برخاست ولی از ناپایداری پیروانش کاری

از پیش نبرد، و بدانسان که همگی می‌دانند، کشته گردید. سپس چون یزید پسر معاویه مُرد و پسر او معاویه نام پس از چهل روز خلافت از آن کناره جست و برخی آشفتگی‌ها به میان افتاد. عبدالله بن زبیر در مکه و محمد بن حنفیه در مدینه به دعوی خلافت پرداختند، و مختار در کوفه برخاست که او نیز در نهان به خلافت می‌کوشید. ولی اینها نیز کاری نتوانستند و یکایک از میان رفتند.

سپس دو خاندان بزرگی با بنی‌امیه به نبرد برخاستند: یکی عباسیان (پسران عباس عموی بنیادگزار اسلام)، و دیگری علویان (پسران علی). عباسیان بنیاد کار خود را به زمینه‌چینی نهاده چون ناخرسندی ایرانیان را از بنی‌امیه می‌دانستند و از آمادگی آنان به شورش آگاه می‌بودند، نمایندگانی به ایران فرستادند که در اینجا نهانی به کوشش‌هایی پردازند و دسته‌هایی از پیروان پدید آورند. لیکن علویان بسادگی برمی‌خاستند و جنگ می‌کردند و کشته می‌شدند (چنانکه زید بن علی، یحیی پسر او، محمد نفس زکیه، برادرش ابراهیم، حسین صاحب فخ و دیگران کشته شدند). از اینرو بنی‌عباس کار را پیش بردند و با دست ابومسلم بنیاد بنی‌امیه را برانداخته خود بجای ایشان خلیفه گردیدند.

کوتاه سخن آنکه از نیمه دوم سده نخست تاریخ هجری کشاکش‌های بسیار سختی بر سر خلافت پیدا شده نبرد و جنگ بسیار می‌رفت.

آرزومندان خلافت از هیچگونه کوشش در راه آرزو باز

نمی‌ایستادند. خونها از هم می‌ریختند. خاندانها برمی‌انداختند. دروغ و نیرنگ بکار می‌بردند.

در این کشاکش‌ها پیروان علویان «شیعه» نامیده می‌شدند که بهمان معنی «پیروان» می‌باشد. «شیعیگری» از همانجا آغاز گردیده.

این شیعیگری نخست یک کوشش سیاسی بی‌آلایشی، و شیعیان بیشترشان مردان ستوده و نیکی می‌بودند و پاکدلانه و غیرتمندانه در آن راه می‌کوشیدند. چه بی‌گفتگوست که علویان به خلافت بهتر و سزنده‌تر می‌بودند. در میان اینان مردان پاک و پارسا بیشتر یافته می‌شدی. بویژه در برابر بنی‌امیه که بیشترشان مردان ناپاک می‌بودند.

چیزی که هست شیعیگری در این سادگی خود نایستاد و هر زمان رنگ دیگری به آن زده شد. از همان زمانهای پیش یکدسته به تندروی برخاسته چنین گفتند که در زمان ابوبکر و عمر و عثمان نیز علی به خلافت سزنده‌تر بود و آن سه تن ستم کرده‌اند که به جلو افتاده‌اند. اینرا گفته از ابوبکر و عمر و عثمان ناخشنودی نمودند.

این نخست آلودگی بود که شیعیگری پیدا کرد. چه راستی آنکه پس از مرگ بنیادگزار، اسلام یاران او که سران مسلمانان شمرده می‌شدند، نخست به ابوبکر و سپس به عمر و سپس به عثمان خلافت داده بودند و علی ناخشنودی از خود نشان نداده بود و نبایستی دهد. در آن زمان که اسلام در شاهراه خود می‌بود به هوس خلافت افتادن و دوتیرگی به میان مسلمانان انداختن، بیرون رفتن از اسلام شمرده می‌شدی، و پیداست که چنین کاری از امام علی بن

ابیطالب نسزیدی. همان امام در زمان خلافت خود به معاویه می‌نویسد:

«آن گروهی که به ابوبکر و عمر و عثمان دست داده بودند، به من دست دادند و کسی را نرسیدی که نپذیرد و گردن نگذارد. برگزیدن خلیفه مهاجران و انصار راست. اینان هرکس را برگزیده امام نامیدند خشنودی خدا نیز در آن خواهد بود»[۱]

این را نوشته می‌خواهد معاویه را بنکوهد که در برابر خلیفه ایستاده، و گناه او – یا بهتر گویم: بیرون شدنش را از اسلام – به رُخش کشد.

کسی که این نامه را نوشته چگونه توانستی در زمان ابوبکر و دیگران ناخشنودی نماید و ایستادگی نشان دهد؟!

از آنسو تاریخ نیک نشان می‌دهد که علی با آن سه تن با مهر و خشنودی زیست. چنانکه دختر دوازده ساله خود ام‌کلثوم را به زنی به عمر داد، در کشتن عثمان نیز در آشکار ناخشنودی نمود و پسر خود حسن را برای نگهداری عثمان به درون خانه او فرستاد.

ولی تُندروان شیعه پس از پنجاه شصت سال، به هوس و نادانی، دشمنی به میانه او با ابوبکر و عمر و عثمان می‌انداختند و از بدگویی

---

۱ – این نامه در نهج البلاغه هست و در تاریخ‌ها نیز یاد شده و اینک خود عربیش را یاد می‌کنیم: «انه بایعنی قوم الذین بایعوا ابابکر و عمر و عثمان و علی ما بایعوهم فلم یکی للشاهدان یختار و لالغائب ان یرد وانماالشوری للمهاجرین و الانصار فلن اجتمعواعلی رجل و سموه اما ماکان ذلک الله رضی فان خرج من امرهم بطعن او بدعه ردوه الی ما خرج منه فان ابی قاتلوه علی اتباعه غیرسبیل المومنین».

به آن سه تن باز نمی‌ایستادند، که چنانکه گفتیم نخست آلودگی بود که شیعیگری پیدا می‌کرد. می‌باید گفت این تُندروان نه همگی شیعیان، بلکه یکدسته از آنان می‌بودند، و از همان زمان‌ها در نتیجه یک داستانی- یک داستانی که خود نمونه‌ای از بدی و ناپاکی ایشان می‌باشد - نام «رافضی» پیدا کردند.

چگونگی آنکه در آخرهای امویان زیدبن علی بن حسین (نوهٔ امام سوم شیعیان) از مدینه به کوفه آمد، و چون می‌خواست بازگردد شیعیان نگزاردند و پانزده هزار تن با او دست دادند (بیعت کردند)، که بشورد و خلافت را بدست آورد. زید فریب ایشان را خورده به کار برخاست، ولی چون هنگامش رسید و بایستی آماده جنگ گردد دسته انبوهی از شیعه (که همان تُندروان می‌بودند) به نزدش آمده چنین پرسیدند: «شما درباره ابوبکر و عمر چه می‌گویید؟!» زید از آنان خشنودی نمود و ستایش سرود. شیعیان همین را دستاویز گرفته زید را رها کرده پراکنده شدند. زید گفت: «مرا در سخت‌ترین هنگام نیاز رها کردید». از اینجا آن دسته «رافضه» (رها کنندگان) نامیده شدند، و به شوند این نامردی آنان بود که زید کاری را پیش نبرده کشته گردید.

چنانکه گفتیم عباسیان در ایران دسته‌ها پدید می‌آوردند و زمینه می‌چیدند و سرانجام با دست ابومسلم خلافت را به چنگ آوردند. پیداست که آنان نیز با علویان دشمنی می‌نمودند. بنی‌امیه از میان رفته این زمان کشاکش میانه علویان و عباسیان افتاده، و در زمان اینان بود

که محمد نفس زکیه و برادرش ابراهیم و یحیی بن زید و حسین صاحب فخ و کسان دیگری کشته شدند. اینان چون با شمشیر برمی‌خاستند ناچار زود از میان می‌رفتند.

در آن زمان یکی از کسانی که دعوی خلافت می‌داشت جعفر بن محمد بن علی بن‌الحسین می‌بود (برادرزادهٔ زید و امام ششم شیعیان). این مرد که پیروانی می‌داشت یک راه نوین دیگری پیش گرفته چنین می‌گفت: «خلیفه باید از نزد خدا برگزیده شود، و کسی که از نزد خدا برگزیده شده خلیفه است چه توانا باشد و سررشته کارها را بدست گیرد و چه توانا نباشد و در خانه نشیند. آنان که از مردم می‌خواهند رستگار گردند باید به این برگزیده خدا گردن گزارند و فرمان او برند و خمس و مال امام پردازند.»

بدینسان در گوشه نشسته، (بی دردسر) دعوی خلافت می‌کرد و پیروانش گردن به دعوی گزارده گفته‌های او را می‌پذیرفتند. ولی همانا از ترس بردن نام «خلیفه» نیارسته خواسته خود را در زیر نام «امام» پوشیده می‌داشت. تا این زمان «خلیفه» و «امام» به یک معنی می‌بودی و همان خلیفه را امام نیز نامیدندی[1]. ولی در این زمان و در زبان این دسته اندک جدایی در میانه آنها پدید می‌آمد. اینان امام را به معنی «برگزیده شده از سوی خدا» می‌گرفتند.

این داستان بسیار شگفتی بود. زیرا دیگر نیازی به آنکه در راه

---

۱ – چنانکه در همان نامه امام علی بن ابیطالب که به معاویه نوشته خلیفه «امام» نامیده شده.

خلافت به جنگ و کوشش برخاسته شود باز نمی‌ماند و یک کسی می‌توانست در خانه نشیند و دعوی خلافت کند و گروهی را بیش یا کم، بسر خود گرد آورد. از آنسوی خلافت یا امامت نیز ارج خود را از دست داده یک چیز بسیار کوچک می‌گردید.

این دوم رنگی بود که شیعیگری پیدا می‌کرد و یک جنبش سیاسی رویه کیش می‌گرفت. از آنسوی معنی خلافت نیز دیگر شده چنانکه گفتیم خلیفه (یا به گفتهٔ خودشان: امام) یک پیشوای دینی می‌بود نه یک سررشته‌دار سیاسی.

پیروان این امام که همان تُندروان (یا رافضیان) می‌بودند میدان پیدا کرده و در تُندروی گام بزرگ دیگری برداشته چنین می‌گفتند: «امام علی بن‌ابیطالب از سوی خدا برای جانشینی پیغمبر برگزیده شده و پیغمبر او را جانشین گردانیده بود. ابوبکر و عمر با زور او را به کنار زدند، و با زور او را واداشتند که به خلافت ابوبکر گردن گزارد». بدین دستاویز زبان نفرین و بدگویی به ابوبکر و عمر و عثمان و بسیاری از یاران پیغمبر می‌گشادند. به دروغ‌بافی گستاخ گردیده می‌گفتند: «عمر چون رفتی علی را بکِشد و بیاورد که به ابوبکر بیعت کند دختر پیغمبر در را نمی‌گشاد. عمر او را میانه لنگه در و دیوار گزاشت و او «محسن» نام بچه‌ای را سقط کرد و از همین گزند بود که از جهان درگذشت». از اینگونه داستان‌ها که تاریخ آگاهی نمی‌داشت بسیار می‌گفتند.

چون بنیادِ کار را به گزافگویی و تُندروی گزارده بودند رفته

از این اندازه هم گذشتند و این زمان سخنان دیگری به میان آوردند:

«هر که بمیرد و امام زمان خود را نشناسد بی‌دین مرده است[۱]»، «خدا ما را از آب و گِل والاتری آفریده و شیعیان ما را از بازمانده آن آب و گِل پدید آورده»[۲]، «خدا دوستی و پیروی ما را به زمین‌ها نشانداد، آنها که پذیرفتند بارده شدند و آنها که نپذیرفتند شوره‌زار گردیدند؛ به کوه‌ها نشان داد، آنها که پذیرفتند بلند شدند و آنها که نپذیرفتند پَست شدند؛ به آبها نشان داد، آنها که پذیرفتند شیرین شدند و آنها که نپذیرفتند شور گردیدند»، «کارهای شما هر روزه به ما نشان داده می‌شود که اگر نیکو کرده‌اید شاد باشیم و اگر بد کرده‌اید اندوهناک گردیم»، «معنی قرآن را جز ما کسی نداند. همه باید از ما بپرسند»... از اینگونه سخنان بسیار است که جز لاف زدن و گزافه گفتن شمرده نشود و گوینده‌اش بی‌گمان بی‌دین و خداناشناس می‌بوده، و ما نمی‌دانیم اینها را که گفته است و آیا راست است و یا دروغ و ساخته می‌باشد.

بدینسان یک راه جدای دیگری در اسلام پیدا شده و گروهی خود را از مسلمانان جدا گردانیدند. اینان دشمنی سخت با دسته های دیگر نشان می‌دادند و پسران اسلام از ابوبکر و عمر و دیگران را نفرین و دشنام دریغ نمی‌گفتند. در پندار اینان دیگران همگی بیدین می‌بودند و تنها این دسته از شیعیان دین می‌داشتند. دیگران همگی به

۱ – من مات ولم یعرف امام زمانه مات میته الجاهلیه.

۲ – ان الله خلقنا من اغلی علیین و خلق شیعتنا منا.

دوزخ خواستندی رفت و تنها اینان در بهشت خواستندی بود. خود را «فرقه ناجیه» نامیده دیگران را همگی گمراه و تباه می‌شماردند. چیزی که هست با این کینه‌جویی و پافشاری، با دستور پیشوایانشان باورها و سهش‌های خود را پوشیده داشته با «تقیه» راه می‌رفتند.

جعفربن محمد که ما او را بنیادگزار این کیش می‌شناسیم، پسر خود اسماعیل را به جانشینی نامزد گردانیده بود. ولی اسماعیل پیش از وی مُرد (و این مرگ او داستانی پیدا کرد که خواهیم نوشت). و این بود پس از وی پسر دیگرش موسی الکاظم جانشین گردید.

در زمان این امام خلیفه عباسی بدگمان گردیده او را از مدینه به بغداد آورد و بیست و هفت سال در زندان نگه داشت تا درگذشت.

پس از وی پسرش علی الرضا جانشین می‌بود و این همانست که مأمون به ولیعهدیش برگزید و به خراسانش خواست، و این خود پرسشی است که کسی که خود را از سوی خدا برگزیده برای خلافت می‌شناخت و خلیفه عباسی را «جائر و غاصب» می‌دانست چگونه ولیعهدی او را پذیرفت؟!

پس از وی پسرش محمدالتقی که دختر مأمون را نیز گرفته بود امام شد.

پس از وی پسرش علی‌النقی جانشین گردید. پس از وی پسرش حسن العسگری، که به شمارش خود شیعیان امام یازدهم می‌بود، جایش را گرفت. ولی چون این نیز مُرد، یک داستان شگفت‌تری در تاریخچه شیعیگری رُخداد و شیعیگری بار دیگر رنگی به خود

گرفت.

چگونگی آنکه این امام یازدهم را فرزندی شناخته نشده بود. از اینرو چون مُرد به میان پیروانش پراکندگی افتاد. یک دسته گفتند: «امامت پایان پذیرفت». یکدسته برادر او جعفر را (که شیعیان جعفر کذّاب می‌نامند) به امامی پذیرفتند. یک دسته هم چنین گفتند: «آن امام را پسری پنجساله هست که در سرداب نهان می‌باشد و امام اوست». سردسته اینان و گوینده این سخن عثمان بن سعید نامی می‌بود که خود را «باب» (یا در امام) نامیده می‌گفت: «آن امام مرا میانه خود و مردم میانجی گردانیده. شما هر سخنی می‌دارید به من بگویید و هر پولی می‌دهید به من دهید» و گاهی نیز پیغام‌هایی از سوی آن امام ناپیدا (به گفته خودش: توقیع) به مردم می‌رسانید.

دوباره می‌گوییم: داستان بسیار شگفتی می‌بود آن بچه‌ای که اینان می‌گفتند کسی ندیده و از بودنش آگاه نشده بود و این نپذیرفتنی است که کسی را فرزندی باشد و هیچکس نداند. آنگاه امام چرا رو می‌پوشید؟! چرا از سرداب بیرون نمی‌آمد؟!.. اگر پیشواست باید در میان مردم باشد و آنان را راه برد. نهفتگی بهر چه می‌بود؟!...

لیکن در شیعیگری دلیل خواستن و یا چیزی را به داوری خِرَد سپاردن از نخست نبوده و کنون هم نبایستی بود. آنگاه شیعیان با آن پافشاری که در کیش خود می‌داشتند و با آن دوری که از مسلمانان (یا سُنّیان) پیدا کرده بودند این نشدنی بود که از راه خود بازگردند، و ناچار می‌بودند که هرچه پیش می‌آید بپذیرند و گردن گزارند.

با اینحال چون کار عثمان بن سعید و جایگاه والایی که برای خود باز کرده و به شیعیان فرمان میراند، به کسان بسیاری بویژه به آنانکه هوشیار می‌بودند و پی به راز کار می‌بردند، گران می‌افتاد، از اینرو کشاکش‌های بسیاری برخاست و ما نام‌های ده تن بیشتر در کتاب‌ها می‌یابیم که آنان نیز به دعوی میانجیگری از امام ناپیدا برخاسته و همچون عثمان بن سعید خود را «در» نامیده‌اند و عثمان یا جانشینانش آنان را دروغگو خوانده از امام «توقیع» درباره بیزاری از ایشان بیرون آورده‌اند.

پس از عثمان پسرش محمد دعوی دری داشت. او نیز «توقیع‌ها» از «ناحیه مقدسه» امام ناپیدا بیرون می‌آورد و پول‌ها از مردم گرفته به گفته خودش در توی خیک روغن به خانه امام می‌فرستاد. پس از او نوبت به حسین بن روح نامی رسید، پس از او محمد بن علی سیمری که همانا از ایرانیان می‌بوده «در» گردید.

هفتاد سال کمابیش این داستان در میان می‌بود. لکن چون سیمری را مرگ فرا رسید کسی را جانشین نگردانیده «توقیع» از امام بیرون آورد که دیگر دری نخواهد بود و امام بیکبار ناپیدا خواهد بود. دانسته نیست این کار او چه رازی می‌داشت.

از آن زمان شیعیان به یکبار بی‌امام گردیدند و بی‌سر ماندند لیکن چون «حدیث‌هایی» از امامان در میان می‌بود، بدینسان: «در رخدادها به آنانکه گفته‌های ما را یاد گرفته‌اند بازگردید. آنان «حجت» من به

شمایند و من «حجت» خدا به آنان می‌باشم»، ملایان¹ و فقها به همین دستاویز خود را جانشین امام خواندند و به شیعیان پیشوایی آغاز کردند.

به گفته خودشان آن چهار تن جانشینان ویژه «نواب خاصّه» می‌بودند و اینان جانشینان همگی «نواب عامّه» می‌باشند.

این که امروز ملایان آن جایگاه را برای خودشان بازکرده‌اند و مردم را زیر دست خود می‌شمارند و از آنان «خمس و مال امام» می‌گیرند، بلکه سررشته‌داری (یا حکومت) را از آن خود شناخته دولت را «غاصب» و «جائر» می‌شمارند، این دستگاه به این بزرگی ریشه و بنیادش جز آن دو «حدیث» نمی‌باشد.

از آنسوی در زمان عثمان بن سعید و جانشینانش از داستان «مهدیگری» نیز سود جسته امام ناپیدای خود را «مهدی» نیز شناخته‌اند و بدینسان رنگ دیگری به شیعیگری افزوده شده است و چون مهدیگری خود تاریخچه‌ای می‌دارد می‌باید نخست آنرا باز نموده سپس به سر سخن خود آییم.

اینکه در آینده کسی پیدا خواهد شد و با یک رشته کارهای بیرون از آیین (خارق‌العاده) جهان را به نیکی خواهد آورد پنداری است که در بسیاری از کیش‌ها پیدا شده: جهودان چشم به راه مسیح می‌دارند، زردشتیان شاه بهرام را می‌بیوسند، مسیحیان به فرود آمدن

---

۱ - واما فی الحوادث الواقعه فارجعوا فیها الی رواه حدیثنا فانهم حجتی علیکم کما انا حجه الله علیهم.»

عیسی از آسمان امیدمندند، مسلمانان چشم به راه مهدی می‌دارند.

چنانکه دار مستتر (شرق شناس جهودنژاد فرانسه) در اینباره گفته[1] این پندار از باستان زمان در میان ایرانیان و جهودان می‌بوده.

ایرانیان که به اهریمن باور داشته کارهای بد جهان را از او می‌دانسته‌اند، چنین می‌پنداشته‌اند که روزی خواهد آمد و کسی از نژاد زردشت بنام «ساواوشیانت» پیدا خواهد شد و او اهریمن را کشته جهان را از همه بدیها خواهد پیراست. اما جهودان چون آزادی کشور خود را از دست هشته به بندگی آشور و کلده افتاده بودند، یکی از پیغمبرانشان چنین نوید داده که در آینده پادشاهی (مسیحی) از میان جهان خواهد برخاست و جهودان را دوباره به آزادی خواهد رسانید، که جهودان از آن هنگام مسیح را بیوسیده‌اند و کنون هم می‌بیوسند.

این پندارها در میان جهودان و ایرانیان می‌بوده و هرچه زمان بیشتر می‌گذشته در دل‌ها بیشتر ریشه می‌دوانیده و در اندیشه‌ها بارج و بزرگی می‌افزود. سپس در آغاز، اسلام بدانسان که دار مستتر از روی دلیل نوشته و ما نیز در جای دیگری[2] به گشادی سخن راندیم، با دست ایرانیان، به میان مسلمانان راه یافته و در اندک زمانی رواج بسیار پیدا کرده، که کسانی که به آرزوی خلافت افتاده و می‌کوشیده‌اند بیشترشان از آن سودجویی کرده، هر یکی خود را

---

۱ - کتاب «مهدی» که به فارسی ترجمه و چاپ یافته.

۲ - کتاب «بهائیگری» که چاپ شده.

مهدی می‌نامیده‌اند و نویدها درباره نیکی جهان می‌داده‌اند، و برای پیشرفت کار خود از دروغ‌سازی نیز نپرهیزیده هر یکی «حدیثی» یا «حدیث‌هایی» از زبان پیغمبر یا امام علی بن ابیطالب می‌ساخته‌اند.

محمد بن حنفیه که گفتیم در مدینه به دعوی خلافت برخاست نخست کسی بود که پیروانش او را مهدی نامیدند، و چون مُرد گفتند نمرده است و در کوه رضوی زنده می‌باشد و روزی بیرون خواهد آمد. زید بن علی که در کوفه برخاست پیروانش او را نیز مهدی نامیدند و نویدها از نیکی حال اسلام با دست او به مردمان دادند.

علویان که در مدینه گرد آمده به محمد نفس زکیه بیعت کردند ایشان نیز او را مهدی شناختند و با این نام در همه جا شناخته گردانیده‌اند.

عباسیان که گفتیم نمایندگان به خراسان فرستاده زمینه بزرگی برای خود می‌چیدند، اینان نیز از مهدیگری به سودجویی پرداختند و خیزش خود را همان پیدایش مهدی وانمودند.

بدینسان نام مهدی از صده نخست اسلام در میان می‌بوده. چنین پیداست که این شیعیان جعفری نیز از آن سود می‌جسته‌اند چون گروه ناتوانی می‌بودند که در زیر پرده «تقیه» می‌زیستند همانا به خود نوید داده می‌گفته‌اند: «مهدی از ما خواهد بود. کینه ما را از دشمنان خواهد جُست. ما را به چیرگی و توانایی خواهد رسانید»...

این شعر را در کتاب‌ها به نام همان جعفر نوشته‌اند:

لکل الناس دوله یرقبونها و دولتنا آخر الدهر یظهر[۱]

سپس که داستان امام ناپیدا پیش آمده و ناچار شده‌اند که چشم به راهش دارند همان را مهدی نیز گردانیده اینبار به سودجویی درستی از آن افسانه پرداخته‌اند. اگر دیگران یک حدیث ساختندی اینها صد حدیث ساخته بنیاد پندار خود را بسیار استوار گردانیده‌اند. چیزی که هست اینان به مهدیگری نیز رنگ‌هایی افزوده به سخنان شگفتی برخاسته‌اند: پیش از مهدی دجالی پدید خواهد گردید. روز پیدایش مهدی آفتاب بازگشته از سوی مغرب خواهد درآمد. یاران امام که ۳۱۳ تن بوده از شهرهای شیعه‌نشین (شیعه‌نشین آنروزی) از طالقان و قم و سبزوار و کاشان و مانند اینها خواهند برخاست، «با طی‌الارض» خود را به مکه خواهند رسانید. امام شمشیر کشیده «یا الثارات‌الحسین» گفته به گرفتن خون حسین خواهد پرداخت، هرچه بنی‌امیه و بنی‌عباس است خواهد کُشت، چندان خواهد کُشت که پیرامون کعبه دریای خون گردد مردم خواهند گفت: «در خون‌ریزی اندازه نمی‌شناسد»، در پاسخ ایشان امام به منبر رفته با چشم‌های اشک‌آلود لنگه کفش پاره خون‌آلودی را (که لنگه کفش علی اکبر است) بدست گرفته خواهد گفت: «من اگر همهٔ جهان را بکُشم کیفر این کفش نخواهد بود.»

از اینگونه سخنان چندان است که اگر بنویسم باید همچون

---

۱ – معنی آنکه: «هر مردمی را دولتی هست که می‌بیوسند. دولت ما نیز در زمانهای آخر پدیدار خواهد گردید.

مجلسی و دیگران یک کتاب جداگانه پردازم.

این است تاریخچه پیدایش کیش شیعی (کیش شیعی که امروز هست). بدینسان از صده دوم هجری پیدایش یافته و در بغداد و دیگر شهرهای عراق و همچنین در برخی از شهرهای ایران، پیروانی داشته. چون بنیاد آن به گزافه و پندار گزارده شده بود، هرچه زمان می‌گذشته چیزها به آن افزوده می‌شده.

امامان دانش‌های گذشته و آینده را می‌دانسته‌اند، زبان چهارپایان و مرغان را می‌شناخته‌اند، از ناپیدا آگاه می‌بوده‌اند، رشته کارهای جهان را در دست می‌داشته‌اند، آرامش زمین و آسمان بسته به بودن یک امام است، روزی خوردن مردم به پاس هستی او می‌باشد.[۱]

همچنین در دشمنی با سه خلیفه و دیگر سران اسلام که پایه دیگری از آن کیش می‌باشد اندازه نشناخته روز بروز پافشارتر می‌گردیده‌اند. در قرآن هر چه ستایش هست از آن امامان خود دانسته هرچه نکوهش هست درباره آن سه خلیفه می‌شمارده‌اند.

در این میان دو چیز به پیشرفت این کیش می‌افزوده. یکی نام نیک امام علی بن ابیطالب، دیگری داستان دلسوز کربلا.

امام علی بن ابیطالب، مرد بزرگی می‌بوده و ستودگی های بسیار می‌داشته، شیعیان از نام نیک او سود جسته چنین وامی‌نمودند که پیروان اویند. آن مرد بزرگ را بنیادگزار شیعیگری نشان داده و چنین می‌فهمانیدند که جدایی سُنی از شیعی از زمان آن امام و بر سر خلیفه

---

۱ - بوجوده ثبتت الارض و السماء و بیمنه رزاق الوری.

بودن او با ابوبکر و عمر آغاز یافته و این کشاکش‌ها و دشمنی‌ها به پاس او می‌باشد. از آنسوی درباره آن امام نیز به گزافه‌سرایی برخاسته او را هم از جایگاهش بیرون می‌بردند: «پیغمبر گفته با دوست داری علی هیچ گناهی زیان نتواند رسانید»[۱]، «خدا گفته دوست داری علی دژمن است و هرکه به دژمن درآید از خشم من ایمن خواهد بود»[۲]. در اینباره سخنانی هست که اگر نوشته شود کتاب بسیار بزرگی گردد.

اما داستان دلسوز کربلا: این داستان از روزی که روی داد مایه خشم و افسوس بیشتر مسلمانان گردید و کسان بسیاری به خونخواهی برخاستند و خون‌ها ریخته شد. ولی شیعیان جعفری از آن به بهره‌جویی سیاسی پرداخته با برپا کردن بزم‌های سوگواری یاد آنرا تازه نگه داشتند و در این باره سخنان شگفتی به میان آوردند: «هرکسی بگرید یا بگریاند و یا خود را گریان وانماید بهشت برایش بایا باشد.»

برسر خاک‌های امام علی بن ابیطالب و حسین بن علی و دیگران گنبدها افراشتند و آن‌ها را زیارتگاه گردانیدند. به هر یکی زیارتنامه پدید آوردند: «هرکه حسین را در کربلا زیارت کند مانند کسی است که خدا را در عرشش زیارت کرده.»

اینها – این گزافه‌گویی‌ها – اگر هم از زمان جعفر بن محمد و

---

۱ - حبّ علی حسن لا تضر معها سیئه.»
۲ - ولایه علی بن ابیطالب حصنی فمن دخل امن من عذابی.

جانشینان او و از زبان آنان بوده بی‌گمان چیزها به آن افزوده گردیده. بی‌گمان روزبروز در رویش و بالِش می‌بوده.

گذشته از اینها، آن سبکباری که در شیعیگری از بایاهای سخت اسلام می‌بود، و یک شیعی از جهاد و نماز آدینه و مانند اینها آسوده می‌گردید و بلکه می‌توانست نمازی نخوانـد و روزه‌ای نگیــرد و از هیچ بدی نپرهیزد و با رفتن به زیارت حسین و با گریستن به او همه گناهان خود را بیامرزاند. آن نویدهایی که درباره میــانجیگری امامـان در روز رستاخیز و رفتن همه شیعیان بـه بهشـت داده شـده بـود، آن برتری از گوهر و آفرینش که شعیان درباره خود بـاور مـی‌داشـتند و خود را از سرشت بهتر و پاکتری می‌پنداشتند. آن دستگاه جانشـین امام و سررشته‌داری و فرمانروایی که ملایان شیعه برای خود ساخته بودند، هر یکی انگیزه دیگری برای کشاندن مردم ساده درون، بسوی شیعیگری و پایداری آنان در این کیش می‌بوده.

یک چیز دیگری کـه مـی‌بایـد در اینجـا یـاد کنـیم آنست کـه باطنیگری که پدید آمده از همین شیعیگری مـی‌بـود، و باطنیـان در دشمنی با مسلمانان و در بهم زدن یگانگی و همدستی آنان چند گــام بــالاتر از شـیعیان گـزارده بودنـد. در زمان‌هـای دیرتـر، شیعیگری چیزهــای بسیاری را از بـاطنیگری گرفتـه اسـت. از ایـن گذشـته کوشش‌هایی کـه باطنیـان در راه بدسـت آوردن خلافـت کردنـد، و نیروهایی که اندوختند، و فرمانروایی‌هایی که در مصر و یمن و ایران و دیگر جاها بنیاد گزاردنـد، در رواج شـیعیگری و در گستاخی و

بیباکی شیعیان کارگر بوده است. ولی ما چون در این کتاب از باطنی گری سخن نراندیم، اینست از آمیختگی شیعیگری با آن نیز سخن نمی‌رانیم. این را باید در کتاب جداگانه‌ای نوشت.

اما رواج شیعیگری در ایران: این خود تاریخ درازی داشته که ما ناچاریم در اینجا فهرست آنرا یاد کنیم.

باید دانست از روزی که عرب به ایران دست یافت انبوهی از ایرانیان چیرگی آنان را برنتافته برای رهایی به کوشش‌هایی برمی‌خاستند، بویژه در زمان بنی‌امیه که چون فشار ایشان بیشتر می‌بود، دشمنی ایرانیان با عرب بیشتر شده بود، و علویان که با بنی‌امیه نبردیدند و می‌کوشیدند، «ایرانیان لالحب علی بل لبغض معاویه» هوادار علویان می‌بودند. از اینرو شیعیگری در ایران زمینه آماده می‌داشت و کسانی از علویان که گریخته به اینجا درآمدند در مازندران و گیلان فرمانروایی‌ها بنیاد گزاردند.

سپس آل بویه که پادشاهی بنیاد نهاده تا بغداد پیش رفتند، اینان چه از روی باور و چه از راه سیاست، هواداری از شیعیگری نمودند و در عراق و ایران به رواج این کیش بسیار افزودند.

در زمان سلجوقیان، چون پادشاهان آن خاندان سُنّی می‌بودند، از رواج شیعیگری کاست، سپس در زمان مغول، چون خاندان چنگیز به یک دین پابسته نمی‌بودند بار دیگر شیعیگری در ایران به رواج افزود، و یکی از پادشاهان بزرگ ایشان (سلطان محمد خدابنده) خود شیعی گردید و سکه بنام دوازده امام زد.

پس از برافتادن مغولان سربداران که در خراسان برخاستند، و مرعشیان که در مازندران پیدا شدند، و قره قویونلویان که به بخش بزرگی از ایران فرمان راندند، کیش شیعی می‌داشتند و پیشرفت آن را در ایران بیشتر گردانیدند. سید محمد مشعشع در خوزستان که دعوی مهدیگری می‌داشت شیعیگری را با باطنیگری در هم آمیخته بدآموزی‌های نویی را به میان مردم انداخت.

پس از همگی نوبت به شاه اسماعیل رسید که چون برخاست به سُنّی‌کُشی پرداخته با زور و شمشیر شیعیگری را به همه جای ایران رسانیده نفرین و دشنام به ابوبکر و عمر و دیگر یاران پیغمبر را پیشه ایرانیان گردانید.

از این زمان شیعیگری کیش رسمی ایرانیان گردید و سیاست کیش و کشور بهم آمیخت، بویژه که این رفتار اسماعیل و سُنی‌کُشی های او پادکاری پیدا کرده سلطان سلیم پادشاه عثمانی هم در کشور خود به شیعه‌کُشی برخاسته چهل هزار تن را، از بزرگ و کوچک و زن و مرد، نابود گردانید. سپس از علمای سنّی «فتوی» گرفته به جنگ شاه اسماعیل شتافت و در چالدران او را شکسته گریزانید.

از اینجا دشمنی سختی میانه ایران و عثمانی پدید آمد و پادشاهان عثمانی هر زمان که فرصت یافتند به ایران تاختند. سپس در زمان شاه طهماسب (پسر اسماعیل) و سلطان سلیمان (پسر سلیم) نیز جنگ‌ها و خونریزی‌ها رفت. اسماعیل دوم (پسر طهماسب)

خواست شیعیگری را از ایران براندازد و یا جلوگیری از نفرین و دشنام کند، زمانش فرصت نداده از میان رفت.

پس از وی در زمان سلطان محمد و شاه عباس و شاه صفی بار دیگر جنگ‌های بسیاری در میانه رفت، و این بار عثمانیان از علماشان فتوی گرفته و کشتار و تاراج هم می‌کردند، و زنان و دختران را برده گرفته و با خود برده در بازارهای استانبول و صوفیا و بلگراد می‌فروختند.

در پایان در زمان صفویان، چون افغانان به شوند دوتیرگی سنّی و شیعه به نافرمانی برخاسته پس از جنگ‌هایی به اسپهان دست یافتند و شیرازه کارهای ایران از هم گسیخت، عثمانیان بازهم فرصت یافتند و به آذربایجان و کردستان و همدان لشگر آورده، چیره شدند و در میانه خون‌های بسیار ریخته گردید.

سپس چون نادر برخاست این شاه غیرتمند از یکسو به سر عثمانیان تاخته ایشان را از سراسر خاک ایران بیرون راند و بارها لشگرهای انبوه آنان را از هم پراکند، و از یکسو به کندن ریشه کینه و دشمنی کوشیده چنین خواست که شیعیگری را از نفرین و دشنام پیراسته و از باورهای گزافه‌آمیز پاک گردانیده آن را یک راهی از راه‌های «فقهی» وانماید، و شیعیان (یا بهتر گویم: جعفریان) را با مالکیان و حنفیان و حنبلیان و شافعیان در یک رده نشاند، و میانه آنان مهر و دوستی پدید آورد، و در این راه به کوشش‌های بسیاری برخاسته بارها علمای سنّی و شیعی را پهلوی هم نشانده به گفتگو

واداشت و بارها به عثمانیان فرستادگان فرستاده با این شرط پیشنهاد آشتی کرد، و در مغان چون پادشاهی را می‌پذیرفت از ایرانیان در این باره پیمان گرفت. ولی این کوشش‌ها بیهوده درآمد و آن پادشاه غیرتمند کشته گردیده از میان رفت. شیعیگری به حال خود مانده تا به اینجا رسید که امروز است. داستان آن را با مشروطه نیز همگی می‌دانیم. اینست فهرستی از تاریخچه رواج شیعیگری در کشور ایران.

گفتار دوم

خرده‌هایی که به شیعیگری توان گرفت

چنانکه دیدیم شیعیگری نخست یک کوشش سیاسی می‌بوده سپس کیشی گردیده. اکنون می‌خواهیم از این کیش به سخن پرداخته خرده‌های بسیاری را که به آن توان گرفت، هر یکی را به کوتاهی یاد کنیم:

نخست: چنانکه گفتیم بنیاد شیعیگری بر آن است که خلیفه بایستی از سوی خدا برگزیده شود نه از سوی مردم. ما می‌پرسیم: «دلیل این سخن چه می‌بوده اسلام، کتاب، قرآن می‌بود، آیا کجای قرآن چنین گفته‌ای هست؟!... چگونه توانـد بـود کـه چنین چیزی باشد و در قرآن یادی از آن نباشد؟!...

از آنسوی رفتار سران اسلام که پس از مرگ پاکمرد عرب فراهم نشستند و به گفتگو پرداختند و نخست ابوبکر، و پس از مرگ او عمر، و پس از مرگ او عثمان و پس از کشته شدن او علی را به

خلافت برداشتند، این رفتار دلیل روشنی به بی پایی آن سخن می‌باشد.

کسانیکه در آن هنگام ناتوانی اسلام پاکدلانه به آن گرویده، و در راه پیشرفت آن گزندها دیده و جنگ‌ها کرده بودند، چه باور کردنی است که همان که پاکمرد عرب مُرد همه چیز را کنار گزارند و به دلخواه و هوس یکی را خلیفه گردانند؟!...

شیعیان می‌گویند: «همگی از دین بازگشتند مگر سه تن»[1]، ولی آیا این سخن باور کردنی است؟!... چه بوده که همگی به یکبار از دین بازگردند؟!... گرفتم که ابوبکر و عمر خلافت می‌خواستند و به آن هوس از دین رو گردانیده‌اند، دیگران را چه سودی در میان می‌بوده؟!... این شیوه شیعیان است که در راه پیشرفت سخن خود از دروغ باز نایستند.

آنگاه ما نامه امام علی بن ابیطالب را که به معاویه نوشته است، آوردیم. در آنجا می‌گوید: «مردم به من دست دادند بدانسان که به ابوبکر و عمر و عثمان دست داده بودند». به خلافت خود دلیل این را می‌آورد و هیچ نمی‌نویسد: «خدا مرا برگزیده بود» یا «پیغمبر آگاهی داده بود». در آن نامه آشکاره می‌گوید: «برگزیدن خلیفه مهاجران و انصار را است که هر که را برگزیدند و امام نامیدند خشنودی خدا در آن خواهد بود». نمی‌دانم این گفته آن امام کجا و آن سخن شیعیان کجاست؟!...

۱- ارتد الناس الاثلث.

ملایان دلیل آورده می‌گویند: «خلیفه بایستی گناه نکرده باشد و دلیرترین داناترین و برترین مردمان باشد و چنین کسی جز با برگزیدن خدا نتواند بود». می‌گویم: «این راز را از کجا می‌گویید؟!... اگر این سخن راست بودی بایستی بنیادگزار، اسلام گوید نه اینکه شما به دلخواه به بافندگی پردازید.»

از دلیل‌هایی که در این باره یاد می‌کنند، یکی داستان غدیر خم و دیگری داستان کاغذ و خامه خواستن پیغمبر اسلام در دم مرگش می‌باشد، و چون مرا در این باره داستانی هست و گفتگویی رفته بهتر می‌دانم همان را در اینجا بازگویم.

در دیماه سال ۱۳۲۱ برای دیدار یاران قزوین با آقای واعظپور سفری به آن شهر کردیم. در یکی از نشست‌ها در خانه آقای نصری، آقای پاکروان چنین آغاز سخن کردند.

کسانی از علما و دیگران چون شنیده بودند شما خواهید آمد با من می‌گفتند با او مباحثه‌هایی داریم. من پاسخ دادم آقای کسروی مباحثه نمی‌کند ولی اگر چیزهایی پرسیدند پاسخ دهد. گفتند پس خواهشمندیم این پرسش‌های ما را برسانید و پاسخ خواهید. ایشان که از سنّی‌ها هواداری می‌کنند آیا به داستان غدیر خم چه پاسخ می‌دهند؟ در آن روز پیغمبر، علی را به خلافت برگزیده، گفت: «من کنت مولاه فهذا علی مولاه» همچنین به داستان خامه و کاغذ خواستن پیغمبر و جلوگیری کردن عمر چه می‌گویند؟ پیغمبر در بستر مرگ خواست امام علی بن ابیطالب را به خلافت برگزینند که

جایی برای کشاکش دیگران باز نماند. این بود که گفت: «ائتونی بقلم و قرطاس اکتب لکم کتابا لن تضلوا بعده ابدا»[1]، عمر چون داستان را فهمید نگزاشت و چنین گفت: «ان الرجل لیهجر حسبنا کتاب الله»[2]، به پیغمبر نسبت هذیان‌گویی داد. من نیک می‌دانم که شما اینها را از دین نمی‌شمارید و راستی هم دین اینگونه گفتگوها نیست. ولی چون اینها در دل‌های مردم جا گرفته و هر زمانی که نام دین به میان می‌آید بی‌درنگ به یاد این سخنان می‌افتند و می‌پرسند و ما تا به اینها پاسخی ندهیم دست‌بردار نخواهند بود. از اینرو من پرسش‌های آنان را رسانیدم که شما پاسخ‌هایی بدهید.»

این سخنانی بود که پاکروان گفتند. چون در نشست جز از یاران کسان دیگری نیز می‌بودند به پاسخ پرداخته گفتم: «بسیار راست است که این گفتگوها از دین نیست. در هزار و سیصد سال پیش از این کشاکش‌هایی در باره خلافت رخ داده و هرچه بوده پایان یافته و گذشته، امروز از گفتگوهای آنان چه سودی تواند بود؟!...

اینها نه تنها دین نیست، خود بی‌دینی است. راستی را دین برای آنست که مردمان چندین بی‌خرد و نافهم نگردند که زندگی خود را رها کنند و به داستان‌های هزار و سیصد سال پیش پردازند و در میان مردگان کشاکش اندازند. کسانی که اینها را از دین می‌شمارند معنی دین را ندانسته‌اند.

---

۱ - خامه و کاغذ بیاورید تا برایتان نوشته‌ای نویسم که هیچگاه گمراه نگردید.

۲ - این مرد در حال سرسام است، کتاب خدا ما را بس است.

دین شناختن معنی جهان و زندگانی و زیستن به آئین خرد است. دین آنست که امروز ایرانیان بدانند که این سرزمینی که خدا به ایشان داده چگونه آباد گردانند و از آن سود جویند و همگی با هم آسوده زیند و خاندان‌هایی به بینوایی نیفتند و کسانی گرسنه نمانند و دهی ویرانه نماند و زمینی بی‌بهره نباشد. دین آنست که امروز توانگران ایران سرمایه‌های خود را در راه کشیدن جوی‌ها و پدید آوردن چشمه‌ها و آباد گردانیدن دیه‌ها بکار اندازند که هم این ویرانیها از میان برخیزد و هم هزاران و صدهزاران خاندان‌های گرسنه و بینوا از بدبختی رها گردند. دین اینست. از اینست که خدا خشنود خواهد بود. گفتگو از کشاکش علی و ابوبکر چیست که خدا آن را خوش دارد و به کسی به این نام مزدی دهد؟!... اینها را می‌گوییم تا این آقایان نیز بدانند و معنی درست دین را دریابند.

از آنسوی این نیز راست است که این سخنان در دل‌های ایرانیان جا گرفته و ما تا در پیرامون آنها سخن نرانیم از دلهاشان بیرون نخواهد کرد. اینست من نیز به پرسش‌های آنها پاسخ می‌گویم:

اما داستان «غدیر خم»، بسیار شگفت است که ملایان معنی این جمله را نمی‌دانند. مگر آنان کتاب‌های فقه را نمی‌خوانند که «ولاء» خود یک «بابی» از باب‌های فقه می‌باشد؟!... این یک وصیت خاندانیست، پیغمبر را با کسانی رشته «ولاء» در میان می‌بوده و اینست می‌گوید: «من با کسانی که ولاء می‌داشتم علی در این زمینه جانشین من خواهد بود». آخر در کجا «مولی» به معنی خلیفه

است؟!...

از این گذشته اگر خواست پیغمبر بر گماردن «خلیفه» بودی بایستی نخست در این زمینه سخن راند که باید برگزیدن و گماردن خلیفه از سوی خدا باشد نه از سوی مردم، پس از آنکه این زمینه را روشن گردانید با یک زبان آشکاری بگوید: «اینک نخستین خلیفه من علی است که خدا او را برگزیده». داستان به آن بزرگی را چه معنی می‌داشت که با یک جمله ناروشن و کوتاهی برساند، و آن جمله را بگوید و بگذرد و به چیزهای دیگری پردازد؟!...

از اینها هم گذشته، مگر یاران پیغمبر که سال‌ها با وی بسر برده و در راه او جانبازی‌ها کرده بودند زبان او را نمی‌فهمیدند؟!... یا دلبستگی آنان به پیغمبر و دستورهای او کمتر از شیعیان قزوین می‌بوده؟!... این چه باور کردنیست که پیغمبر علی را خلیفه گرداند و یارانش آنرا ناشنیده گیرند و به گرد سر ابوبکر درآیند؟!... پس چرا با دیگر دستورهای پیغمبر این کار را نکردند؟!...

اما داستان مرگ پیغمبر و جلوگیری عمر: من نمی‌دانم این داستان تا چه اندازه راست است و آیا رخ داده یا نه، در این باره جستجویی نکرده‌ام. لیکن اگر راست است رفتار عمر بسیار بجا بوده. این دلیل آنست که عمر معنی اسلام را بهتر از دیگران می‌دانسته. دلیل است که آن مرد یک باور بسیار استوار به خدا و اسلام می‌داشته. اینکه ایراد می‌گیرند که به پیغمبر «نسبت هذیان» داده راست نیست. گفته است: «ان الرجل لیهجر». «هجر» به معنی سرسام

است، نه به معنی هذیان. هذیان از کمی خرد برخیزد ولی سرسام نتیجه بیماری باشد.

عمر گفته این مرد سرسام می‌گوید و این گفته به پیغمبر بر نخواهد خورد زیرا یک پیغمبری چنانکه بیمار گردد، لاغر شود، رنگش زردی گیرد، همچنان سرسام گوید. سرسام دنباله بیماری باشد و به کس نخواهد برخورد. اگر برانگیختگان از این چیزها برکنار بودندی بایستی پیش از همه از بیماری برکنار باشند و هیچگاه بیمار نگردند. یک پیغمبری که بیمار شده سرسام نیز تواند گرفت و جای شگفتی نیست.

از آنسوی شما می‌گویید پیغمبر بی‌سواد می‌بود و نوشتن و خواندن نمی‌توانست، پس چگونه نامه و کاغذ می‌خواسته که چیزی نویسد؟!... از این گذشته چگونه در بیست و سه سال زمان پیغمبری خود درباره جانشین گفتنی را نگفته بوده که می‌خواسته در بستر مرگ بگوید؟!... چگونه داستان به این بزرگی را با بی‌پروایی گذرانیده بوده؟!... از این هم می‌گذریم: مگر شما جدایی میانه سخنان راهنمایانه و پیغمبرانه یک برانگیخته با دیگر سخنانش نمی‌گذارید؟!... مگر پیغمبر اسلام هرچه گفتی و هر زمان که گفتی (فره وحی) بودی؟!... شما می‌بینید که پیغمبر اسلام خود جدایی میانه سخنانش می‌گزارده و آنچه را که بنام فره می‌بوده از قرآن می‌گردانیده. در این باره نیز اگر سخنی از راه فره داشتی بایستی از قرآن باشد نه آنکه در بستر مرگ یک سخنانی گوید.

گذشته از همه اینها از کجا که خواست پیغمبر نوشتن چیزی درباره جانشین می‌بوده؟!... و آنگاه از کجا که می‌خواسته علی را به جانشینی برگزینند؟!... با اینها چه دلیل هست؟!...

پس از همه اینها باز می‌گویم چه شد که دلبستگی شیعیان قزوین به اسلام و دستورهای پیغمبر اسلام بیشتر از دلبستگی یاران پیغمبر گردید؟... آن مردانی که در راه پیغمبر و دین او از جان گذشته و آن همه گزندها دیده بودند، چه شد که به اندازه ملایان شکم‌پرست ایران به دستورهای پیغمبر ارج نمی‌گزاردند؟!...

چه شد که عمر به گفته شما آن توهین را به پیغمبر کرد و کسی به او ایراد نگرفت؟!... فردا که آقای پاکروان اینها را گفته بودند یکی چنین پاسخ داده بوده: «راست است که پیغمبر بی‌سواد می‌بوده ولی می‌خواست خامه و کاغذ بیاورند که او بگوید و دیگری بنویسد.»

شب دیگر باز گفتگو می‌رفت و آقای پاکروان این پاسخ را یاد کردند. گفتم: «پیغمبر اسلام بهاءالله نمی‌بود که عربی نداند و در دست آن زبان درماند. پیغمبر توانستی هر خواستی که داشتی به آسانی به زبان آورد. اگر خواستش این بودی که دیگران نویسند، گفتی: «ائتونی به قلم و قرطاس املی علیکم...» و نگفتی: «اکتب لکم...». این دوتا از هم جداست.»

شگفت‌تر آن بود که یکی در همان نشست سخن آغاز کرد و چنین گفت: «پیغمبر چون می‌دانست که اگر در زمان زندگانی خود خلافت امیرالمؤمنین را آشکار گرداند کسانی نخواهند پذیرفت و در

میانه دو سخنی و پراکندگی پدید خواهد آمد از اینرو آن را نگه می‌داشت که در آخرین ساعات زندگانی...»

یکی از باشندگان سخن او را بریده و خودش آن را بدینسان به پایان رسانید: «دو سخنی را به میان اندازد و در برود». از این گفته همگی خندیدیم و دیگر به پاسخی نیاز نیامد.

تا اینجاست داستان، شگفت‌تر آنکه برخی از ملایان این داستان را که در مهنامه پرچم نوشته بودیم خوانده‌اند و بجای آنکه بخود آیند و بدانند تا چه اندازه گمراه و نادانند آخرین تیر خود را به کمان گزارده چنین می‌گویند: «پس چرا امیرالمؤمنین همیشه از غصب حق خود شکایت می‌کرد؟!...» می‌گویم آنچه ما می‌دانیم امام علی بن ابیطالب به چنان کاری برنخاسته است. این تواند بود که او خود را شاینده‌تر از ابوبکر و عمر می‌دانسته و در دل خود گله‌مند می‌بوده (و خطبه شقشقه نیز اگر از آن امام بوده بیش از این اندازه را نمی‌رساند)، ولی اینکه آن دو خلیفه را «غاصب» بداند و با آنان دشمنی کند یا در برابر ایستد هرگز نبوده است و نتوانستی بود. با اینحال اگر دلیلی بدست آید و دانسته شود که او بدانسان که گفتهٔ شیعیانست خود را برگزیده خدا برای امر خلافت می‌دانسته و به کارهایی می‌کوشیده ما او را نیز همچون دیگران گمراه شمرده و بزرگش نخواهیم گرفت. ما او را دوست می‌داریم نه برای اینکه نامش علی می‌بوده یا دامادی پیغمبر را می‌داشته، بلکه برای اینکه مردی سراپا پاکی می‌بوده و گردن به خواهش‌های تنی نمی‌گزارده

است.

این یک گستاخی بزرگی از شیعیانست که برای پیشرفت سیاست خود چنین کارهایی را از آن امام پاک باز گفته‌اند. گستاخی بزرگی از ایشانست که به چنین دروغ‌هایی برخاسته‌اند.

دوم: اگر چنین انگاریم که در اسلام بایستی خلیفه از سوی خدا برگزیده شود، در آنحال بایستی این برگزیدهٔ خدا خود را به مردم نشان دهد و دلیل‌های خود را بازگوید و از هر راه بکوشد تا به خلافت رسیده رشته کارها را بدست گیرد، و توده‌های مسلمان را راه برد و کشورهای اسلامی را از دشمنان نگهدارد. خلافت برای این کارها می‌بوده و بی‌این کارها معنایی نمی‌داشته. اینکه کسی در خانه نشیند و خود را نهانی خلیفه خواند و دسته کمی را به سر خود گرد آورده به آنان هم سپارد که به کسی نگویید و «تقیه» کنید چیزیست که من نمی‌دانم چه نامی بر روی آن گزارم. بهرحال این کار جز پراکندگی به میان مسلمانان انداختن و از نیروی ایشان کاستن نتیجه‌ای نمی‌داده و نتوانستی داد.

خواهند گفت: «گناه مردم بوده که خلیفه خدا را نمی‌پذیرفتند»، می‌گوییم: «خلیفه خدایی بایستی بکوشد و خود را به مردم بپذیراند. بایستی با گمراهان آن رفتار را کند که پیغمبر کرده و آنان را به راه آورده بود. آنگاه خلیفه خدایی که خود را پنهان دارد و گاهی نیز به یکبار انکار کند، گناه مردم در نپذیرفتن او چه می‌بوده است؟!...»

شگفت است که یازده تن امام که بوده‌اند کسی جز امام علی بن

ابیطالب خلافت نکرده و کسی جز حسین بن علی به طلب آن نکوشیده. از بازمانده حسن بن علی کیست که به خلافت رسید و آن را نگه نداشت. علی بن الحسین چندان گوشه‌گیر و آسایش‌خواه و چندان گریزان از این کار می‌بود که چون در سال ۶۳ هجری مردم مدینه به یزید شوریدند او خود را کنار کشیده از شهر بیرون رفت و به یزید نامه نوشته از همدستی با مردم بیزاری جُست. سپس چون یزید مُرد و کسان بسیاری در راه خلافت می‌کوشیدند، او نه تنها نکوشید، مختار که در کوفه به کوشش برخاسته بود چون فرستاده به نزد وی فرستاد و پرک خواست که مردم را به خلافت او بخواند نپذیرفت و مختار ناچار شده مردم را به محمد حنفیه خواند. از محمد الباقر من جز گوشه‌نشینی سراغ نمی‌دارم. جعفر الصادق را گفتم که خلافت را می‌خواست ولی به هیچ کوشش در آن کار برنخاسته از ترس جان به یکبار آن را نهان می‌داشت. پسر او موسی الکاظم گذشته از آنکه همچون پدرش آرزوی خلافت را بسیار نهان می‌داشت، دستگیر هم شد و بیست و هفت سال در زندان بسر برد. پسر او علی‌الرضا را مأمون ولیعهد گردانید و با اینحال به خلافت نرسید. دیگران جز خانه‌نشینی و خوش گذرانی کاری نداشتند. آیا این است معنی برگزیده شدن برای خلافت؟!...

سوم: این گفته‌ها که «خدا ما را از آب و گِل والاتری آفریده»، یا «خدا جهان را به پاس هستی ما پدید آورده»، «کارهای شما هر روز به ما نشان داده شود» و مانندهای اینها که در کتاب‌های شیعی

فراوانست، آیا چه دلیلی همراه داشته؟!... کسیکه به چنین سخنانی برمی‌خاسته آیا نبایستی دلیل یاد کند؟!... آیا به چنین دعوی‌هایی بی‌دلیل برخاستن راه لاف‌گویی را بر روی فریبکاران و هوسبازان باز کردن نمی‌بوده؟!... مثلاً بهاءالله که دعوی خدایی کرده آیا نتوان گفت که مایه گستاخیش اینگونه سخنان می‌بوده؟!...

از آنسوی آیا آن امامان چه جدایی با مردم می‌داشته‌اند؟!... آیا نه آنست که هر یکی همچون دیگران ناخواهان به این جهان آمده و ناخواهان می‌رفته، و همچون دیگران خورده و خوابیده و بیمار گردیده و آسیب دیده و هیچگونه برتری در میان نبوده؟!... با اینحال آن گزافه‌ها سرودن چه معنایی داشته؟!...

در جاییکه بنیادگزار اسلام با آن جایگاه و با آن برگزیدگیش، خود را یک تن همچون دیگران می‌خوانده به بازماندگان او چه می‌رسیده که به چنین سخنانی زبان گشایند؟!...

این سخنان گذشته از آنکه دروغست، گستاخی با خدا می‌بوده. ما نیک نمی‌دانیم این سخنان کدام یکی از خود آنان سرزده و کدام یکی را پیروان ساخته و به ایشان بسته‌اند. بهرحال چنین دعوی‌هایی را جز بی‌دینی و خداناشناسی نتوانیم شمرد. ما یکی از هوده‌هایی که از دین می‌خواهیم آنست که مردمان معنی جهان و زندگانی را نیک شناخته بدانند که خدا همگی را یکسان آفریده و تنها در سایه نیکوکاریست که یکی را به دیگران برتری تواند بود. یکی از هوده‌هایی که می‌خواهیم آنستکه کسی به چنین لاف‌های ناسزا نتواند

برخاست و مردمان به چنان گزافه‌هایی نتوانند گروید. به اینگونه لاف‌هایی برخاستن و یا آنها را پذیرفتن جز بی‌دینی نتواند بود.

چهارم: شیعیان با آن باورهایی که درباره امامانشان می‌داشته اند آنان را در پهلوی برانگیختگان نشانیده، بلکه بالاتر از آنان گردانیده‌اند. زیرا در نزد آنان امام برگزیده خدا می‌بوده، همه دانش‌ها را می‌دانسته، همه زبان‌ها را می‌شناخته، از ناپیدا آگاه می‌شده. هرکسی می‌بایسته از او فرمان برد، آسمان و زمین با هستی او آرام می‌گرفته، معنی قرآن و دین را کسی جز آنان نمی‌دانسته. با این ستایش‌ها که از امام می‌کنند او را بالاتر از برانگیختگان می‌گردانند. ما می‌پرسیم: دلیل این باورها چیست؟!... پس چرا از چنین امامان در قرآن یادی نشده بود؟!...

بسیار شگفت است که پیغمبر اسلام آشکاره می‌گفته: «من از ناپیدا آگاه نیستم[1]، اینان می‌گویند امامانشان آگاه می‌بوده اند و داستان‌ها از ناپیدادانی آنان می‌آورند».

بسیار شگفت است که پیغمبر اسلام از نتوانستنی (معجزه) ناتوانی می‌نموده[2]، ولی اینان از امامانشان نتوانستی‌ها یاد می‌کنند و

---

۱ - در قرآن در دو جا گفته شده: «لا اعلم الغیب», در جایی دیگر گفته شده»: لو کنت اعلم الغیب لاستکثرت من الخیر و ما مسنی السوء.

۲ - در قرآن در یک جا چند نتوانستنی می‌خواهند: «و قالو الن نؤمن لک حتی تفجر لنا من‌الارض ینبوغا اون تکون لک جنات من نخیل و اعناب فتفجرالانهار خلالها تفجیرا او یکون لک بیت من زخرف او ترقی فی‌السماء و لن نؤمن لرقبک حتی تنزل علینا کتابا نقرأه او تسقط السماء کما زغمت علینا کفا او تأنی باالله و الملئکه قبیلا «...می‌گفتند: «یا از زمین چشمه‌ای بشکاف و یا باغی پدیدآور که خرماستان و انگورستان باشد و

داستان‌های بسیار می‌نویسند.

شگفت‌تر از همه آنکه در سال‌های آخر که دانش‌های اروپایی در شرق شناخته گردید کسانی از ملایان چنین می‌گویند که امامانشان همه آنها را می‌دانسته‌اند و این دانش‌ها در حدیث‌ها هست. برخی از آنان جمله‌هایی را از این حدیث و آن حدیث گرفته و آغاز و انجامش را انداخته با زور معنی‌هایی درمی‌آورند و آنها را به رخ دانشمندان می‌کشند، و من نمی‌دانم به این کار ایشان چه نامی دهم.

در همان حدیث‌ها هزارها سخن، درباره آسمان و زمین و ابر و باران و ستاره و زمین لرزه و دیگر مانندهای اینها، از زبان امامانشان آورده‌اند و شما چون نیک نگرید بیشتر آنها بی‌ارج‌تر از افسانه‌های پیره زنانه است: «آدم چون از بهشت به زمین افتاد، جبرئیل کمی گندم از بهشت برایش آورد که بکارد و گرسنه نماند. از آن گندم آنچه آدم کاشت گندم درآمد، و آنچه حوا کاشت جو درآمد». «اهل شام پرسیدند از جزر و مد، پاسخ داد فرشته‌ایست بنام رومان گماشته شده به دریاها چون پایش را به دریا گزارد بالا آید و چون بیرون

چشمه‌ها از میان آن بگذرد، یا تو را خانه‌ای از زر باشد، یا به آسمان بالا برو، یا کتابی نوشته از آسمان فرودآور، یا آسمان را بسر ما بریز، یا خدا و فرشتگان را به جلو ما بیاور». در پاسخشان می‌گوید: «سبحانک هل کنت الابشرا رسولا» (آیا من جز یک تن آدمی‌ام که خدا به سوی شما فرستاده). در جای دیگر می‌گوید: «و ما منعنا ان نرسل بالایات الا ان کذب بها الاولون» (از اینرو نتوانستنی نمی‌فرستم که در گذشتگان فرستادیم و دروغش دانستند). در جای دیگر می‌گوید: «و قالوا لو لا انزل علیه آیه قل انما الایات عندالله و انما انا نذیر مبین» (گفتند پس چرا نشانی (نتوانستنی) به او داده نمی‌شود بگو نشانه‌ها در نزد خداست و من جز یک ترساننده نمی‌باشم.)

آورد پائین رود». «پرسیدم زمین بر چه چیز است؟ گفت بر ماهی. پرسیدم ماهی بر چیست؟ گفت بر آب. گفتم آب بر چیست؟ گفت بر سنگ. گفتم سنگ بر چیست؟ گفت بر شاخ گاو میش...»[۱]. آیا اینهاست دانش‌های گذشته و آینده؟!... آیا شرم‌آور نیست که کسانی به اینگونه سخنان بنازند و آنها را به رُخ دانشمندان کشند؟... آیا شرم‌آور نیست که بگویند امامان ما این دانش‌ها را می‌دانستند؟!...

ما آشکاره می‌بینیم امامان هیچیکی از آن ستایش‌ها را که گفته شده نمی‌داشته‌اند. اگر امام علی بن ابیطالب را به کنار گزاریم، بازمانده مردانی بوده‌اند همچون دیگران. مثلاً همان جعفر بن محمد پسرش اسماعیل را به جانشینی خود برگزید ولی اسماعیل پیش از خود او مُرد. آیا چه دلیلی بهتر از اینکه آینده را نمی‌دانسته است.

آری در این باره داستانی هست، و آن اینکه در کتاب‌هایشان می‌نویسند: «چون اسماعیل مُرد پدرش چنین گفت: خدا از گزیر خود درباره اسماعیل بازگشت.[۲]

ولی همین داستان درخور گفتگوست. این سخن معنایش آنست که خدا که اسماعیل را به جانشینی از پدرش برگزیده بود پشیمان گردیده و آن را زودتر از جهان برده. آیا چنین سخنی درباره خدا گستاخی نیست؟!... آیا این نشان خداناشناسی گوینده‌اش نمی‌باشد؟!...

---

۱ – این حدیث‌ها از کتابهای ارجدار از کافی و علل الشرایع آورده شده.

۲ – بد الله فی امر اسماعیل.

خوانندگان می‌دانند که ما درباره برانگیخته (یا بگفته اینان: پیغمبر) به چه سخنانی برخاسته، و چگونه این زمینه را روشن گردانیده‌ایم. در زمانی که دانش‌ها تکان سختی به جهان داده و پیروان ما دیگری که انبوه دانشمندانند، نه تنها به برانگیختگان، به خدا نیز باوری نمی‌دارند ما روشن گردانیده‌ایم که برانگیختگی با دانش‌ها ناسازگار نیست، بلکه خود رازی از رازهای سپهر است.

همچنان خوانندگان می‌دانند که ما برای بنیادگزار اسلام چه جایگاهی باز کرده و به آن پاکمرد چه پاسی می‌گزاریم.

ولی اینکه در پی او یکدسته امامانی بوده‌اند و اینان نیز نیروهای خدایی داشته برگزیدگان خدا می‌بوده‌اند، به یکبار بی‌دلیل است و درخور پذیرفتن نمی‌باشد. اینکه ما بنیادگزار اسلام را به برانگیختگی ستوده به رخ جهانیان می‌کشیم زورگویی نیست، بلکه دلیل‌ها برایش می‌آوریم. هنگامی که جهانیان گمراه می‌بوده‌اند، آن پاکمرد برخاسته و با بت‌پرستی و دیگر نادانی‌ها به نبرد پرداخته، خردها را به تکان آورده، یک شاهراهی برای زندگانی باز کرده در سایه این کارهاست که ما او را برانگیخته خدا دانسته به روی جهانیانش می‌کشیم.

اما درباره آن امامان، نخست باید پرسید: پس از پیغمبر به آنان چه نیازی می‌بوده؟! مگر پیغمبر کار خود را نا انجام گزارده بوده که اینان به انجام رسانند؟!... دوم کارهایی که از آنان سرزده کدامست که ما آنها را به روی جهانیان کشیم؟!... کدام گمراهی را از پیش برداشته‌اند؟!... کدام تکانی را پدید آورده‌اند؟!... کدام برگزیدگی یا

برتری را از خود نشان داده‌اند؟!...

آری محمد بن علی و جعفر بن محمد، پدر و پسر در «فقه» دانشی داشته‌اند ولی آن دانش در مالک و ابوحنیفه و شافعی و احمد بن حنبل نیز بوده است.

پنجم: شیعیان آن امامان را گرداننده جهان می‌شمارند. «چهارده معصوم» همه کاره دستگاه خدایند و در گردانیدن جهان یاوران او می‌باشند.

از خود آن امامان سخنانی در این زمینه، در کتاب‌ها آورده شده که اگر چه نتوان دانست کدام‌ها گفته ایشان است و کدام‌ها را دیگران افزوده‌اند، ولی رویهم رفته پیداست که سرچشمه از خودشان بوده. هرچه هست باور انبوه شیعیان به همین است و در سختی‌ها به آنان رو می‌آورند و گشایش کار می‌خواهند. امامان بمانند، که خویشاوندان آنانرا — از «حضرت عباس» و «جناب علی اکبر» و «زینب» و «ام کلثوم» و «سکینه» و دیگران — دست اندرکارهای جهان و یاوران خدا می‌پندارند. بلکه در اندیشه شیعیان هر گنبدی گره از کار تواند گشاد، و هر سقاخانه‌ای «مراد» تواند داد.

این همه گنبدها که از بزرگ و کوچک برپاست جز برای این کار نیست. روند و در بر آنها ایستند و گشایش کار خواهند، آهن پاره‌ها را با دست گیرند و تکان دهند و نیازمندی‌های خود را از آنها طلبند.

این سخنان در همه جا بر سر زبان‌هاست: «توسل به ائمه کن»،

«دست به دامن امام حسین بزن»، «اگر نجات می‌خواهی در این در است.»

اکنون در تهران بیش از چند هزار گداست، و اینان کوچه‌ها را می‌گردند و در جلو درها می‌ایستند و پیاپی به زبان می‌آورند: «حضرت عباس دردت دوا کند»، «امام حسین ذلیلت نکند»، «امام بیمار به بستر بیماری نیندازدت»، «امام غریب قرض‌هایت را ادا کند»... و مردم به پاس همین گفته‌ها نان و پول به ایشان می‌دهند.

پارسال در تهران مرد پاشکسته لنگی شال سبز بر سر بسته گدایی می‌کرد و همه دعاهایش از امامزاده داود می‌بود: «امامزاده داود مرادت دهد، امامزاده داود قرضت ادا کند...». در چند فرسنگی تهران در یک دیه ناپاکیزه‌ای گنبدی بنام امامزاده داود هست که همه ساله تابستان تهرانیان رو به آنجا آورند و گوسفندها کُشند و «مرادها» خواهند. به تازگی که در تهران نمایندگان برای مجلس برگزیده می‌شده‌اند، یک مرد فریبکاری نوشته‌ای چاپ کرده و پراکنده بود که چون به نمایندگی برگزیده شود از ماهانه‌های خود راه امامزاده داود را شوسه خواهد گردانید.

اکنون می‌باید پرسید: «آیا مردمی با این باورها گمراه نیستند؟... چه گمراهی بالاتر از این که مردگان هیچکاره را همکار خدا شناسند؟...

می‌باید پرسید: «چه دلیلی هست که امامانتان یاوران خدایند؟... شما خدا را چه دانسته‌اید که نیازمند یاورش می‌شمارید؟!...

اکنون اگر از ملایان بپرسیم نخست خواهند گفت: «آری آنان امام می‌بودند خدا ایشان را از «نور» آفریده بود». سپس که ایراد گیریم و دلیل خواهیم و درمانند، این بار چنین خواهند گفت: «اینها عقیده عوام است». این شیوه ایشان است که نخست درباره گمراهی‌های خود به گفتگو درآیند و به چخش پردازند و چون درماندند به یکبار بازگشته گناه را به گردن «عوام» اندازند.

ولی ما می‌دانیم که این باورها از کتاب‌ها سرچشمه گرفته، بلکه چنانکه گفتم «حدیثها» در این باره هست.[۱]

بهر حال راهنمای «عوام» ملایانند و این باورهای بی‌دینانه را آنان یاد داده‌اند و اکنون هم می‌دهند. همین امروز اگر کسی بیمار باشد و نزد ملایی نام پزشک برد در زمان خواهد گفت: «طبیب چیست؟!... شفای خود را از ائمه طاهرین بخواه.»

ششم: برگزیده پنداشتن شیعیان و از آب و گِل والاتری نشان دادن ایشان خود ایراد جداگانه‌ایست. سران شیعه که خود را از گوهر والاتری پنداشته‌اند، شیعیان را از بازمانده آن آب و گل وانموده‌اند[۲].

کسی که شیعی می‌گردد و «ولایت علی» را می‌پذیرد از آنست که گوهر پاکی می‌دارد و آنکه نمی‌پذیرد از آنست که گوهرش ناپاک

---

۱ – من محمد بن سنان قال کنت عند ابی جعفر الثانی علیه السلام فذکرت اختلاف الشیعه فقال ان الله لم یزل فردا متفردا فی‌الواحدانیه ثم خلق محمد او علیا و فاطمه علیهم‌السلام فمکثوا الف دهر ثم خلق الاشیاء و اشهد هم خلقا و اجری علیها طاعتهم و جعل فیهم ما شاء و فوض الیهم امرالاشیاء فی‌الحکم و التصرف و الارشاد و الامر و النهی فی الخلق لانهم الولات فلهم الامر و الولایه والهدیه فهم ابوابه و حجابه و نوابه.

۲ – ان شیعتنا خلقوا من فاضل طینتنا.

می‌باشد. شیعیان گروه برگزیده‌ای هستند و در آن جهان یکسره به بهشت خواهند رفت.

این سخنان چندان نابجا بوده که برخی از خود شیعیان زبان به ایراد گشاده‌اند. ما در کتاب‌هایشان می‌بینیم که صفوان جمال که خود یکی از شیعیان می‌بوده به بنیادگزار شیعیگری خرده گرفته و چنین گفته: «شما می‌گویید شیعیان ما در بهشت خواهند بود در حالی که میان شیعیان گروه‌هایی هستند که گناهکارند و به هر بدی می‌پردازند» و او به سخن معنی دیگر داده و چنین پاسخ گفته که: «شیعی از جهان نرود مگر آنکه به بیماری افتد و یا گرفتار زن بدرفتار و همسایه دژکردار گردد و اینها کفاره گناهان او باشد و اگر اینها نبود جان کندنش دشوار باشد تا از جهان بی‌گناه رود». صفوان دوباره خرده گرفته و گفته: «پس ستم‌هایی که به مردم می‌کند و پول‌های ایشان می‌خورد چه خواهد بود؟!... پاسخ داده: «چون حساب مردم روز رستاخیز با ماست اینها را نیز از خمس پذیرفته او را از وامداری بیرون خواهیم آورد»[۱]

---

۱ - روی صفوان الجمال انه قال دخلت علی الصادق علیه السلام فقلت جعلت فداک سمعتک تقول شیعتنا فی الجنه و فی الشیعه اقوام یذنبون و یرتکبون الفواحش و یشربون الخمر و یتمتعون فی دنیاهم فقال نعم ان الرجل من شیعتنا لایخرج من الدنیا حتی یبتلی بسقم او بمرض او بدین او بجار یؤذیه او بزوجه سوعفان عوفی من ذلک و الاشدد الله علیه النزغ حتی یخرج من الدنیا و لاذنب علیه فقلت لابد من رد المظالم فقال علیه السلام ان الله عزوجل جعل حساب خلقه یوم القیمه الی محمد و علی فکل ما کان من شیعتنا جعلنا من الخمس فی اموالهم و کل ما کان بینهم و بین خالقهم استوینا لهم حتی لا یدخل احد من شیعتنا فی النار.

در برخی کتاب‌ها این را به زمینه دیگری انداخته چنین گفته‌انـد: «روز رستاخیز که به کارنامه‌های مردم یکایک رسیدگی خواهند کرد، آنچه گناه شیعیانست به گردن سُنّیان و آنچه کرفـۀ سُـنّیان اسـت بـه شیعیان داده اینان را به بهشت و آنان را به دوزخ خواهند فرستاد.»

این گفته‌ها از یکسو مردم را فریفتن و آنـان را از راه بـردن، و از یکسو با خدا گستاخی نمودن و دستگاه او را آبدارخانه خود پنداشتن مـی‌بـوده کـه راسـتی را گنـاه بسـیار بزرگیسـت. بـه گفتـه قـرآن «ستمگرترین مردم کسیست که به خدا دروغ بندد»[1]

اینکه خدا گروهی را از آب و گِل والاتری آفریده از هـر راه کـه بسنجید دروغ آشکاریست. اینکه خدا گروهی را ویژه خود گردانیـده از بدی‌های آنان چشم پوشد و پاداش‌های گزاف دهد سـخنی سـراپا زیانست. این گفته‌ها ریشه اسلام را برانـداختن و رنـج‌هـای پـاکمرد عرب را بیهوده گردانیدن بوده است.

هفتم: آن بارگاه‌ها کـه در مشـهد و قـم و عبـدالعظیم و بغـداد و سامره و کربلا و نجف و دیگر شهرهاست و شیعیان به زیارت رونـد خود جداگانه داستانی است. اگر دیده‌اید هر یکی بتخانـه باشـکوهی می‌باشد. از صدها فرسنگ راه به زیارت می‌آیند، با گردن‌های کـج و چشم‌های نمناک در برابر در می‌ایستند، سیدی یا ملایی پـیش افتـاده بانگ برمی‌دارد: «أأدخل یا الله، أأدخل یا رسول الله...» سپس به درون می‌روند، گرد صندوق آهنین یا سیمین می‌گردند، آنها را مـی‌بوسـند،

۱ – و من اظلم ممن افتری علی الله کذبا.

سر پایین آورده می‌نیایند. آیا این بت‌پرستی نیست؟؟

این به آنان برمی‌خورد که ما این بارگاه‌ها را بت می‌خوانیم، چه باید کرد که راستی همینست. هرچیزی که جز خدا بپرستند و دست اندرکار جهانش دانند بُت باشد.

گفتگو میانه خداپرستی و بت‌پرستی بر سر آنست که آیا جز خدا کسی را در این جهان دستی هست؟!... خداپرستی می‌گوید: «نیست»، بت‌پرستی می‌گوید: «هست». آنگاه خداپرستی (یا بهتر گوییم: دین) می‌گوید خدا این جهان را از روی آئینی می‌گرداند و هر کاری در این جهان راهی می‌دارد که جز از آن راه نتواند بود: کسی که بیمار است باید در پی درمان باشد، کسی اگر بی‌چیز است باید به کاری یا پیشه‌ای پردازد و چیزدار گردد، کسی اگر خشنودی خدا را می‌خواهد باید به نیکوکاری کوشد. همچنین در دیگر کارها، گفتگو بر سر اینهاست نه بر سر آنکه تندیسه‌های چوبین و آهنین پرستند یا گنبدهای سیمین و زرین. اگر مردمان یک کس زنده‌ای را دست اندرکارهای خدا شمارند و از او بهبود بیماری یا گشایش کار یا مانند آن خواهند، نیز بت خواهد بود اگر چه آدمی زنده می‌باشد.

شگفت آنکه درباره این زیارت رفتن «حدیث‌ها» از پیشوایان‌شان می‌دارند: «هر کس به زیارت رود همه گناهانش آمرزیده شود، بهشت به او بایا گردد، بهر گامی کاخی از زر و سیم و بلور برایش سازند، صد حوری به نامش نویسند،...». از بس سرگرم سیاست بوده‌اند از گفتن هیچ گزافه‌ای باز نایستاده‌اند.

یکی نپرسیده رفتن به دیدن بارگاهی چیست و چه سودی دارد که خدا این پاداش‌ها را دهد؟!... آخر پاداش در برابر یک کار سودمند تواند بود. به یک کار بیهوده‌ای پاداش از خدا چه سزاست؟!... گفتن چنین دروغ‌هایی بنام خدا، آیا نشان خدانشناسی نیست؟. ..!آیا گفتن «هر که حسین را در کربلا زیارت کند خدا را در عرش زیارت کرده»[۱]، با خدا گستاخی و بی‌فرهنگی نیست؟!...

شگفت‌تر اینکه از آن بارگاه‌ها نتوانستنی (معجزه) نیز چشم دارند و داستان‌ها پدید آورند: «فلان کور را بینا گردانید، و بَهمان بیمار را تندرست ساخت، فلان دشمن را کُشت و بَهمان بدخواه را سنگ گردانید...»

شاهی که به ضربت دو انگشت

از معجزه ابن قیس را کُشت»

بنیادگزار اسلام با آن جایگاه والایی که می‌داشت و با آن کار خدایی که پیش می‌برد، چون جهودان و ترسایان فشار آورده نتوانستنی می‌خواستند در پاسخ‌شان می‌گفت: «من نتوانم». قرآن پر از اینگونه پاسخ‌هاست. ولی نوادگان هیچ کاره او در زندگی نتوانستنی می‌کرده‌اند بجای خود، پس از مرگشان نیز می‌کنند. افسوس از این نادانی!

اگر تاریخ را نگریم تاکنون بارها در پیرامون آن گنبدها کشتار رخ داده و هزاران کسان کشته شده‌اند و هیچ کاری از آنها دیده نشده

---

۱ - من زار الحسین فی کربلا کان کمن زار الله فی عرشه.

(و نبایستی دیده شود). در زمان شاه عباس در سال ۹۸۸ که عبدالمؤمن خان ازبک با جنگ و خونریزی به مشهد دست یافت، انبوه مردم از ملایان و سیدها و دیگران به «آستانه مقدّسه» پناه برده چنین می‌دانستند که از کشتار خواهند رهید. ولی ازبکان با شمشیرهای آخته به درون درآمدند و دست به کشتار گشادند و به کسی دریغ نگفته زنده نگزاردند. در عالم آرا می‌نویسد: «از صحیح القولی استماع رفت که میرمحمد حسین مشهور به میر بالای سر که از سادات مشهد مقدّس و در صلاح و تقوی و عبادت درجه عالی داشت در بالای سر ضریح مبارک به نماز طاعت و تلاوت قیام نموده کمتر از آن مقام شریف حرکت کردی. در روز هولناک بدستور معتاد در بالای سر نشسته به تلاوت مشغول بود. یکی از ازبکان از خدا بی‌خبر دست در کمر او زده بیرون می‌کشید. میر بیچاره از هول جان و کشاکش و اضطراب دست بر پنجره ضریح مبارک زده محکم گرفت. ازبک دیگری شمشیری انداخته قطع ید او نمود و دستش در محجر مانده او را کشیدند و پاره پاره کردند».

در همان مشهد از اینگونه داستان‌ها بسیار رخ داده: در سال ۱۳۲۴ که جنبش مشروطه در میان می‌بود در مشهد گروهی از طلبه‌ها و دیگران از کمی نان به شورش برخاستند و در صحن گرد آمدند و حاجی محمدحسن نامی که نان و گوشت شهر را در «کونترات» می‌داشت تفنگچی بسر آنان فرستاد و چهل تن در همان صحن کشته شده از میان رفتند.

در سال ۱۳۳۰ که سید محمد یزدی با گروهی در صحن بست نشسته بازگشتن محمدعلی میرزا را می‌خواستند روسیان برای پراکندن ایشان توپ و شصت تیر به آنجا بستند و سالداتها به درون رفته کسانی را کشتند و سید محمد را گرفته بیرون کشیدند. جاهای گلوله توپ در گنبد تا چند سال نمایان می‌بود.

آخرین داستان کشتار زمان رضاشاه است که گروه انبوهی در آنجا گرد آمده از دستور دولت درباره شاپو و روباز کردن زنان سرپیچیدند، و چون دولت سپاه فرستاد چنانکه می‌گویند چند هزار تن کشته شده از میان رفتند.

در کربلا بارها کشتار و تاراج سختی رو داده و بارها آن صندوق را شکسته و کنده‌اند.

در سال ۸۵۸ مولا علی پسر سید محمد مشعشع به آنجا دست یافت و تاراج و کشتار سختی کرد و کسان بسیاری بند کرده با خود برد.

در سال ۱۲۱۶ چون وهابیان به آهنگ تاراج و کشتار به عراق تاخته بودند در روز عاشورا به آن شهر ریخته و در شهر در پیرامون بارگاه‌ها به کشتار پرداختند و به خانه‌ها آمده دست به زنان و دختران یازیدند و بچگان شیرخوار را سر بریدند و صندوق‌ها را شکستند و گورها را کندند و در چند ساعت نزدیک به هفت هزار تن را از مجتهدان و سادات و دیگران کشته بارگاه‌ها را تاراج کرده فیروزانه بازگشتند.

بار دیگر در سال ۱۲۶۰ نجیب پاشا والی بغداد لشگر بسر آن شهر آورد که با توپ و تفنگ آنجا را بگشادند و سه ساعت به کشتار پرداخته نه هزار تن را بخاک انداختند. در ناسخ‌التواریخ می‌نویسد: «در بقعه سیدالشهداء و حضرت عباس نهرها از خون ناس براندند و در این دو بقعه مبارکه اسب و شتر بستند و هر مال و خزانه که در آن بلد یافتند به غارت برگرفته و الواحی که در روضه مطهره بود خرد و در هم شکستند». در کتابی می‌نویسد: «از سردابی که در زیر رواق عباس علیه السلام است بیش از سیصد تن کشته بیرون آمد.»

در نجف در همان سال ۸۵۸ مولا علی پسر سید محمد مشعشع دست به آنجا یافت و بارگاه را ویران گردانید و سپاهیانش چوب صندوق را در پختن خوراک بکار بردند.

یکی نمی‌پرسد: «پس چرا در این خونریزی‌ها معجزه‌ای از آن گنبدها دیده نشده؟!... آیا بیشرمی نیست که با این داستان‌های تاریخی شما هر زمان دروغ دیگری درباره معجزه ساخته بیرون ریزید؟!...»

شگفت است که وهابیان در آن تاخت خود به عراق، نخست آهنگ نجف کردند. ولی چون این شهر بارویی استوار می‌داشت دست یافتن نتوانستند و آنجا را گزارده آهنگ کربلا کردند و به آن کشتار و تاراج می‌پرداختند. شیعیان از همان داستان نجف عنوانی بدست آورده «معجزه»‌ای ساختند: «یکی از صلحا در خواب امیرالمؤمنین را دید که کف‌های دستش سیاه شده و چگونگی را

پرسید، پاسخ داد: «پس آن توپ‌ها را از شهر که باز می‌گردانید؟»

ببینید اندازه نادانی را. بجای آنکه ببینند که نجف چون بارو می‌داشت از آسیب دور ماند، و کربلا چون نمی‌داشت آن آسیب را یافت، و از همینجا پی به آمیغ‌ها برده بدانند که در این جهان هر کاری جز از راهش نتواند بود و از آن گورها و گنبدها هوده‌ای نتواند برخاست، بدانسان کور درونی نشان داده دروغی به آن رسوایی ساخته بیرون داده‌اند.

اکنون سخن در آنست که اگر درباره همین زیارت با ملایان و دیگران به گفتگو پردازیم، نخست ایستادگی خواهند نمود و به پاسخ خواهند برخاست و سپس که درماندند، یک سنگر پس نشسته چنین خواهند گفت: «ما امامان را خدا نمی‌دانیم. آنان در نزد خدا ارجمندند و ما به آنان توسّل می‌کنیم.»(میانگی می‌گردانیم)

می‌گویم: بت‌پرستی جز همین نیست. بت‌پرستان قریش نیز در برابر بنیادگزار اسلام همین بهانه را آورده می‌گفتند ما به اینها بندگی می‌کنیم که به خدا نزدیکتر شویم[1]، «یا می‌گفتند اینها میانجی‌های مایند»[2]. می‌باید گفت: «بت‌پرستان همگی یک گروهند و بهانه‌هاشان همیشه یکیست.»

چون این را هم شنیدند باز یک سنگر پس نشسته چنین خواهند گفت: «بالاخره آنها بزرگان مایند، مگر شما به سر خاک بزرگانتان

---

۱ – ما نعبدهم الا لیقربونا الی الله زلفی.

۲ – هؤلاء شفعائنا عندالله.

نمی‌روید؟!» بدینسان در یک نشست چند رنگی به کیش خود خواهد داد.

می‌گویم: «آری آنها بزرگان شمایند. بنیادگزاران کیشتان بوده‌اند. ولی این در کجای جهانست که برای بزرگی گنبدهای زرین و سیمین افرازند و آن دستگاه را چینند و از صدها فرسنگ به دیدنش رفته به آن کارها پردازند؟!... آنگاه مگر ما از کتاب‌های شما و از زیارتنامه‌هاتان آگاه نیستیم و نمی‌دانیم که چه ستایش‌های گزافه‌آمیز از مردگان هیچکاره می‌کنید؟!... نمی‌دانیم که آن مردگان را یاوران خدا و گردانندگان جان می‌شناسید؟!...»

هشتم: داستان گریه و زاری به کشتگان کربلا ایراد بزرگ دیگر می‌باشد. یک داستان بایستی رخ ندهد. پس از آنکه رخ داده از گریستن چه سود توانـد بـود؟!... یک داستانی را عنوان کردن و بزم‌های سوگواری برپا گردانیدن، گریستن و گریانیدن با خرد چه می‌سازد؟!...

اینکه گفته‌اند «هرکه بگرید یا بگریاند و خود را گریان وانماید بهشت بر او بایا گردد» بایستی پرسید: «چرا؟ گریستن یا گریانیدن چیست که خدا به آنها چنین پاداش بزرگی دهد؟!... آنگاه شما این سخن را از کجا می‌گویید؟!... شما را به خدا چه راهی بوده؟!... ای بی‌خردان مگر خدا اسکندر مقدونی است که یک هفستیونی را دوست دارد و چون او مُرد چ، مردم را ند ماه به سوگواری وادارد؟!

حسین بن علی به طلب خلافت برخاست و نتوانست کاری از

پیش برد، لیکن مردانگی بسیار ستوده‌ای از خود نشان داد، و آن اینکه زبونی ننموده کشته شدن خود و فرزندان و یارانش را از گردن گزاردن به یزید و ابن زیاد بهتر دانسته مردانه پافشاری کرد و خود و پیروانش کشته گردیدند.

این کار او بسیار ستوده بوده، ولی هر چه بوده بوده. هزار و سیصد سال گریستن چه معنی دارد؟!... به آن نمایش‌های بسیار بی‌خردانه محرم و صفر چه توان گفت؟!...

این داستان‌های زیارت و گریه با آن حدیث‌هاشان از راه دیگری نیز درخور ایراد است. اینها ریشه دین را کندن و آنرا از میان بردن است. در جایی که با یک زیارت همه گناهان آمرزیده شود و با یک گریه بهشت بایا گردد، کسی چرا از خوشی‌های سزا و ناسزا بازایستد؟!... چرا فلان حاجی آزمندانه انبارداری نکند؟!... چرا بَهمان ستمگر خون‌ها نریزد؟!... چرا آزمندان به پول اندوزی نکوشند؟!... چرا مردان دنبال زنان بیگانه نیفتند؟!... سران شیعه در آن کوشش‌های سیاسی خود پروای هیچی نکرده هرچه خواسته گفته و هرچه خواسته کرده‌اند ولی ما آیا می‌توانیم چشم از کارهای سراپا زیان ایشان پوشیم؟!...

نهم: درباره آن جهان سخنان بسیاری در کتاب‌های شیعی هست. به این جهان بس نکرده از آن جهان میدان دیگری برای گزافه‌بافی‌های خود باز کرده‌اند: «روز رستاخیز خدا به داوری نشسته پیغمبران از اینسو و آنسو رده خواهند بست. علی «لواء

الحمد» را که پرچمش از مشرق تا مغرب و بلندیش هزار ساله راهست بدست خواهد گرفت. امامان به شیعیان هوادار درآمده میانجیگری خواهند کرد. گناههای اینان را به سُنّیان داده ثوابهای ایشان را به اینان خواهند داد. آنان را به دوزخ و اینان را به بهشت روانه خواهند گردانید. «حوض کوثر» در دست علی بوده و او آب جز به شیعیان نخواهد داد. در آن گرمای سوزان دلهای سُنّیان کباب شده و آبی نخواهند یافت.»

از این گزافههای سیاسی چندان بافتهاند که اگر گرد آورده شود کتابی بزرگ باشد. سخن ما درباره میانجیگری است. این یک پایهای از کیش شیعیست. حسین بن علی کشته نشده مگر برای آنکه روز رستاخیز به شیعیان هوادار درآید و گناههای ایشان را بیامرزاند. روز «الست» پیمانی میانه او با خدا بسته شده که حسین در راه خدا از جان و داراک و فرزندان درگذرد و خدا نیز روز رستاخیز «شفاعت» او را درباره شیعه بپذیرد. آن پنداری را که مسیحیان درباره مسیح و کشته شدنش میدارند و کشته شدن او را کفّاره گناهان فرزندان آدم میشناسند، شیعیان همان پندار را درباره حسین و کشته شدنش میدارند و بیگمان از مسیحیان گرفتهاند.

بهرحال این یکی از ایرادهای آن کیش است. اینان خدا را همچون یکی از پادشاهان خودکامه تاریخ پنداشتهاند، و اینست برایش «گرامی داشتگانی» بسیجیده یاورانی آماده گردانیدهاند. این سخن بارها از ملایان شنیده شده: «این پادشاهان که وزیرانی دارند

خدا نباید داشته باشد؟!...» از همینجا به اندازه نادانی و خداناشناسی این گروه پی توان برد.

یکی بگوید: «ای بیخردان، خدا کجا و پادشاهان خودکامه کجا؟!...» بگوید: «میانجیگری جز در برابر نادانی یا خشم‌رانی نتواند بود. یک پادشاهی که بجان و داراک مردم چیره می‌بوده و چه بسا که با یک خشم آتش به هستی مردم می‌زده، و چه بسا که بی‌گناهی را گناهکار شناخته و فرمان کشتنش می‌داده، در دستگاه چنین پادشاهی کسانی می‌بایسته که در چنان پیشآمدهایی به پای پادشاه افتند و با چاپلوسی‌ها خشم او را فرونشانده گرفتار بی‌گناه را رها گردانند. میانجیگری در چنین دستگاهی می‌سزیده. در دستگاه سراپا دادگری و راستی چه نیاز به میانجی می‌باشد؟!...» من از شما می‌پرسم آیا در دادگاه و دیگر اداره‌های قانونی میانجیگری تواند بود؟!...

دهم: نفرین و دشنام درباره یاران پیغمبر که آنرا «تبری» نامیده‌اند پایه دیگری از کیش شیعیست و این خود زشتکاری ننگ‌آوری می‌باشد. بی‌هیچ شوندی با مردگان دشمنی نمودن و دروغ‌ها بستن و به دشنام و نفرین برخاستن جز نشان تیره درونی گروهی نتواند بود.

چنانکه گفتمی این کار ناستوده از پیش از زمان جعفر بن محمد آغازیده بوده. ولی از زمان این امام رویه رسمی به خود گرفته و به سختی افزوده. مرا شگفت افتاده که زید بن علی در برابر رافضیان از صدیق و فاروق هواداری کند و آن پاسخ پاکدلانه و مردانه را دهد، و برادرزاده او (جعفر صادق) بدینسان نفت به آتش رافضیان ریزد و

آنان را در رفتار زشت‌شان هرچه گستاخ‌تر گرداند.

کتاب‌های شیعی پر از جمله های نفرین و دشنام است. خواجه نصیر، آن مرد بیدین شکم‌پرست که گاهی باطنی می‌بوده، و گاهی شیعی می‌گردیده، «لعنت‌نامه»ای ساخته. بسیاری از ملایان کتاب «در کفر شیخین» نوشته‌اند.

به گمان شیعه اگر عمر و ابوبکر علی را از خلافت باز نداشتندی و خلافت در خاندان او مانده جعفر بن محمد و دیگران بهره از آن یافتندی، در جهان هیچ بدی رخ ندادی. اینست همه گناهان به گردن آن دو تن می‌باشد. برخی از این اندازه هم گذشته چنین پنداشته‌اند که همه گناهان پیش از آن زمان نیز به گردن آنانست. روز رستاخیز که قابیل را درباره کشتن برادرش هابیل به بازپرسی خواهند کشید او دلیل‌ها خواهد آورد که شوند آن برادرکشی نیز عمر و ابوبکر بوده‌اند. گناه آن نیز به گردن اینان خواهد بود. اینها سخنانیست که ملایان نوشته و گفته و در دل‌های مردم عامی جا داده‌اند. بی‌شوند نبوده که مسلمانان «رافضی» را بیرون از اسلام شمارده خونش را می‌ریخته‌اند. بی‌شوند نبوده که امامان به پیروان خود دستور «تقیه» می‌داده‌اند.

چنانکه گفتیم یکی از کارهای شاه اسماعیل رواج دادن شیعیگری در ایران می‌بود. این شاه که دلش پر از کینه سُنّیان می‌بود شیوه زشت دشنام و نفرین را نیز به رواج گزاشت. از زمان ایشان درویشانی بنام «تبرایی» پیدا شدند که به جلو اسب فلان وزیر و بَهمان امیر افتادندی

و نام‌های سران اسلام را یکایک بـرده نفـرین و دشـنام گویـان گـام برداشتندی. اسماعیل میرزا نواده آن شاه زشـتی ایـن کـار را دریافتـه خواست جلو گیرد، ولی شیعیگری تا آن زمان در ایران ریشه دوانیده و داستان «تبری» در دل‌های تیره ملایان و درویشان و پیروانشان جـا برای خود باز کرده بود و کوشش‌های اسماعیل میرزا هوده‌ای نداد.

سپس در زمان نادرشاه یک رشته کوشش‌های بهتـر و بزرگتـری رفت. آن شاه غیرتمند آسودگی ایران را، بی برانداختن آن زشتکاری، نشدنی می‌شمرد و از اینرو از یکسو با عثمانیان بـه گفتگـو پرداختـه پیشنهادها می‌کرد و از یکسو در ایـران بـه برانـداختن آن زشـتکاری می‌کوشید و بارها از ملایان سُنّی و شیعی نشست‌ها برپا می‌گردانیـد. ولی این کوشش‌ها نیز ناانجام ماند و آن شـاه غیرتمنـد کشـته شـده آرزوهای خود را به گور برد.

در زمان زندیان و قاجاریان ملایان میدان بازی می‌داشتند و ایـن زشتکاری همچنان در میان می‌بود. تا پـیش از زمـان مشـروطه همـه ساله در ربیع‌الاول ملاها و سیدها و طلبه‌ها پیش افتاده به یک رشـته بازیچه‌های دژخویانه پستی برخاستندی. درویشان تبرایی کـه گفتیم بازماندگانشان در تبریز و دیگر شهرها می‌بودند و بنـام «لعنتچـی» در کوچه‌ها و بازارها گردیده زبان بکار انداختندی و از این و از آن پول گرفتنـدی. ایـن یکـی از نیکـی‌هـای جنـبش مشـروطه بـود کـه آن زشتکاری‌ها را از شهرهای ایران برانداخت.

چنانکه گفتیم همین زشتکاری مایه ریخته شدن میلیون‌هـا خـون

گردیده، شوند برافتادن هزارها خاندان شده، به شومی آن صدهزاران دختران و زنان ایران بدست ازبکان و ترکمانان و عثمانیان افتاده که به کنیزی نگه داشته و یا در بازارهای بخارا و خیوه و استانبول و صوفیا و بلگراد فروخته‌اند. در زمان نادرشاه چند هزار تن از این زنان در گرفتاری می‌بودند و آن شاه بیش از همه به آزاد گردانیدن ایشان می‌کوشید.

این هم گفتیم که داستان‌هایی که در کتاب‌های شیعی، درباره کشاکش امام علی بن ابیطالب با ابوبکر و عمر نوشته‌اند همه دروغ و همه ساخته است. خدا روی سیاست را سیاه گرداناد!...

ابوبکر را یاران پیغمبر به خلافت برگزیده بودند، و پس از او نیز عمر را برگزیدند. این دو تن از برگزیدگان یاران پیغمبر بوده‌اند. پس از عمر نیز عثمان را برگزیدند. ولی از این مرد در پایان کار بدی‌هایی رخ نمود و یک دسته از مسلمانان به او بشوریدند و چنانکه در تاریخ‌ها نوشته شده او را کشتند. این سزای او بوده.

اینکه یاران پیغمبر نخست بار علی را به خلافت برنگزیده‌اند شوندش را در کتاب‌ها نوشته‌اند. علی در آن هنگام جوان می‌بود و با همه ستودگی‌هایی که می‌داشت ابوبکر به خلافت شایند‌ه‌تر از او می‌بود. بویژه با خون‌هایی که علی در راه اسلام ریخته و دشمنی خود را در دل‌های بسیار جایگزین گردانیده بود. بهرحال برنگزیدن او از روی بدخواهی نبوده و کشاکشی در آن باره رخ نداده است.

داستان رفتن عمر به در خانه علی و گزاردن او دختر پیغمبر را

در میان در و دیوار که با آن آب و تاب سروده می‌شود از ریشه دروغ است. می‌گویند دختر پیغمبر «محسن» نام بچه‌ای را «سقط» کرد. یکی نمی‌پرسد: ای بی‌خردان بچه زائیده نشده به نام چه نیازی می‌داشت؟!... که دانسته بودی آن بچه پسر است تا نام «محسن» به او گزارد؟!...

کوتاه سخن: ابوبکر و عمر مردان ارجداری می‌بوده‌اند. ما چنانکه ستودگی‌های علی را به دیده گرفته پاسش می‌داریم و بزرگش می‌شماریم، همچنان باید ستودگیهای این دو تن و دیگران را نیز بدیده گیریم و پاسشان داریم. این شیوه شیعیگری بهترین نمونه از آلودگی آن می‌باشد.

یازدهم: «داستان تقیه» یکی دیگر از ایرادهاست. شیعیگری اگر سیاستی می‌بوده بایستی به آشکار افتد و همه مردم آن را بدانند. اگر هم چندی در آغاز بکار، پنهان ماندن نیاز می‌بوده نبایستی برای همیشه در نهان ماند. اگر دین و راهنمایی می‌بوده باز بایستی به آشکار افتد تا مردم آنرا بدانند و بهره جویند.

جای بسیار افسوس است که کسانی مردم را از یکسو به باورهای گزاف و بی‌پا وادارند و به بدزبانی به پیشروان اسلام انگیزند، و آنگاه دستور دهند که کیش خود را نهان دارید و به کسی باز ننمایید. جای بسیار افسوس است که چنان کنند و چنین باشد. شگفت‌تر آنکه سران شیعه «تقیه» را یک بایای همیشگی به شیعیان شمارده دستور داده اند که تا پیدایش امام ناپیدا کسی آنرا به کنار

نگذارد[۱] و این می‌رساند که به پیشرفت شیعیگری و اینکه روزی رسد و شاهانی برخیزند و آنرا با شمشیر رواج دهند امید نمی‌داشته‌اند و چنان پیشرفتی را نمی‌خواسته‌اند.

«تقیه» یا نهان داشتن کیش، گذشته از آنکه خود گونه‌ای از فریبکاری و دروغگوییست همیشه با فریبکاری‌ها و دروغگویی‌های دیگر توأم بوده است. در این باره داستان‌هایی هست که یاد نکردنش بهتر می‌باشد و من برای آنکه زشتی این رفتار و بدی‌هایی را که با آن توأم تواند بود برسانم داستان پایین را می‌آورم:

«قصص العلما» که کتابیست بارها چاپ یافته نویسنده آن میرزا محمد تنکابنی در ستایش از استاد خود سید ابراهیم قزوینی (صاحب ضوابط) که یکی از مجتهدان بزرگ کربلا در زمان محمدشاه می‌بوده چنین می‌نویسد:

«و آن جناب حاکم کربلا را که دین تسنّن داشت شیعه نمود تفضیل این مقال اینکه پادشاه بغداد پس از محاصره و قتال شهر کربلا را به تصرّف درآورد و رشید بیک نامی را که مذهب عامه داشت حاکم کربلا نمود. استاد با حاکم در کمال محبت و ملاطفت برآمد و هر وقت که حاکم بر استاد وارد می‌شد آن جناب بدست مبارک مروحه و بادزن برمی‌داشت و حاکم را باد میزد و او را مشایعت و استقبال می‌کرد تا کار بجایی رسید و عقله محبت و موأنست از طرفین بنحوی انجامید که حاکم اغلب اوقات در خدمت

---

۱ – التقیه دینی و دین آبائی و من ترکه قبل خروج قائمنا فلیس منا.

آن بزرگوار مشرّف می‌شد و شب‌ها را بعد از خوابیدن مردم می‌آمد و تا نصف شب در خدمت استاد می‌بود. پس صحبت آنان در سر مذهب درآمد. چون حاکم عامی بود استاد بقدر عقل او در حقیقت مذهب سخن می‌راند و هر شب سطری از فساد مذهب سُنّیان و حقیقت مذهب شیعیان صحبت می‌داشت تا اینکه حاکم را مایل به مذهب تشیع دید پس بر او استدلال کرد که علی چنانکه از کلمات جمع کثیر از عامه و آیات الهیه و اخبار نبویه برمی‌آمد افضل از جمیع صحابه بود و تو به عقل خود رجوع کنی اگر یکی از تلامذه مرا در مقابل من در مقام مقابله نگهداری و مرا خانه‌نشین و دست کوتاه کنی آیا عمل حسن و زیبا کرده و یا فعل قبیح و زشت از تو صادر شده؟ حاکم گفت البته عقلاً فعل قبیح است. آنجناب فرمود که خلافت ابوبکر در نزد عامه به نص نیست بلکه به بیعت و اختیار و اجماع است پس اصحاب علی را که افضل و اعلم و ازهد و اتقی و اشجع و اسخی و اعبدو و اسبق در اسلام بود و اقرب به رسول خدا او را در زوایای خفا مهجور و خانه‌نشین کنند و ابوبکر را که بمنزله تلامذه او بود بجای پیغمبر بنشانند فعل قبیح و زشت نموده‌اند پس آن حاکم از استماع این دلیل و سایر دلایل و مطاعن شیعه گشت لیکن استاد می‌فرمود که از هر جهت مذهب تشیع اختیار کرد لیکن من لعن خلفا را به او تلقین ننمودم و از شدت تقیه که استاد را بود این مطلب را به او آشکار نساخت. مجملاً این حکایت شیوع یافت تا اینکه وشات و ساعین به پاشاه این کیفیات را رسانیده پاشاه بغداد

آن حاکم را معزول ساخت و حاکم دیگر فرستاد میان حاکم ثانی و استاد مراوده و مواده نشد و آن حاکم نیز به جهت عمل حاکم سابق با استاد چندان آمیزش نداشت تا کار بجایی رسید که استاد در نزد او هیچ نمی‌رفت و از قضایای اتفاقیه روزی یکی از شیعیان در بازار با کسی منازعه کرد آن شیعه خلیفه ثانی را لعن کرد. یکی از ملازمان حاکم استماع نمود، او را گرفته به نزد حاکم برده حاکم حکم به حبس او کرد که او را به بغداد فرستاده باشد تا پاشاه او را سیاست کند. پس کسان آن شیعه آگاه شدند و به خدمت استاد رسیدند و کیفیت واقعه را معروض داشتند. آن جناب فرمود که امروز شما همانقدر به او برسانید که اگر خود حاکم او را بخواهد و سؤال کند چرا لعن کردی او در جواب بگوید ما خلیفه را مطاع می‌دانیم و هرگز لعن نمی‌کنیم، بلکه مراد عمر بن سعد است که قاتل امام حسین علیه‌السلام است. پس کسان آن شخص در محبس به او القاء این مطلب کردند. چون صباح شد استاد بعد از نماز صبح و بعد از طلوع آفتاب عباء خود را بر سر انداخت و بجانب یکی از کوچه‌های جانب خیمه‌گاه روان شد و نگزاشت که کسی به همراه او رود. چون بمنزل حاکم رسید که آن غرفه بود که بجانب کوچه و راه عبور درش باز بود حاکم خود نشسته و بجانب کوچه و عبور عابرین نظاره داشت. استاد عبا را بدوش انداخت و خواست از آنجا بگذرد. چنان وانمود کرد بجایی دیگر می‌رود. حاکم سبقت در سلام کرد و عرض کرد بالا بفرمای و قهوه و قلیان صرف بفرمائید. آن جناب

اجابت کرد و نشست. بعد از صرف تحیّات حاکم عرض کرد که دیروز کسی را از اهل ملّت شما آورده اند که بر خلیفه ثانی سبّ کرده بود او را محبوس ساختیم که بنزد پادشاه بفرستیم تا او را سیاست کند. استاد فرمود چنین چیزی واقع نشده زیرا ما خلیفه ثانی را خوب و صحابه رسول خدا و پدر همخوابه او می‌دانیم و سبّ او را حرام می‌دانیم و عوام شیعه ما را تقلید می‌نمایند. این دعوی افتراء و بهتان است. حاکم عرض کرد بعضی شهادت دادند که این عبارت را از او شنیدند. استاد در جواب گفت که استماع این کلام از آن شخص عوام اگر راست باشد البته عمر بن سعد را قصد کرده که قاتل فرزند پیغمبر و کشنده میوه دل حیدر و ظالم شبل زهراء ازهر است. اکنون آن شخص را احضار کنید و این مطلب را مشافهه از او استعلام کرده باشید. حاکم حکم به احضار آن محبوس گرفتار نمود. پس از حضور حاکم از تفصیل آن امر استفسار نمود. آن مرد در جواب گفت که من عمر بن سعد را که قاتل ریحانه خاتم پیغمبران و سید جوانان اهل جنان است لعنت کرده‌ام و ما خلیفه ثانی را لعن نمی‌کنیم و لعن او را علما حرام می‌دانند و ما تقلید ایشان را می‌نماییم.

حاکم گفت: الحمدالله که از این شبهه بیرون آمدیم و خون مسلمانی بی‌تقصیر ریخته نشد. استاد فرمود که من به شما آنچه اصل واقعه و صدق بود گفتم پس حاکم به اطلاق آن مرد فرمان داد و در این واقعه استاد مصداق یکی از مضامین آیه شریفه من احیاء نفسا

فقد احیاء الناس جمیعا واقع شد.

دوازدهم: یک ایراد بسیار بزرگی به شیعیگری ناپاسداریست که با قرآن نموده آنرا بسیار خوار داشته‌اند. پیشروان شیعه چند بدرفتاری بزرگی با قرآن کرده‌اند:

۱ - قرآن که کتابی برای خواندن و فهمیدن و رستگار گردیدن می‌بود، اینان گفته‌اند معنای آن را جز امامان ندانند، و بدینسان آن کتاب را از هنایش بلکه از ارج انداخته‌اند. علمای شیعه قرآن را «ظنی الدلاله» دانسته «احادیث» را به آن برتری دهند.

۲ - گزارش (یا بگفته خودشان: تأویل) را از باطنیان یاد گرفته و بیشتری از آیه‌های قرآن را از معنی‌های آشکار خود بیرون برده‌اند. تو گفتی قرآن دیوان شاعری می‌بوده که هرچه آیه‌های نوید و پاداش است درباره امامان خود، و هرچه آیه‌های بیم و کیفر است درباره ابوبکر و عمر و دیگران شمارده‌اند. بجای آنکه از قرآن پیروی نمایند و رستگار گردند، آنرا افزاری برای پیش بردن گمراهی‌های خود ساخته‌اند.

۳ - برخی از ایشان در گستاخی گام بالاتر گزارده واژه‌ها یا جمله‌هایی که با خواستشان سازنده است به آیه‌های قرآن افزوده[۱] و دو سوره جداگانه نیز یکی بنام «سوره النورین» و دیگری بنام «سوره الولایه» ساخته‌اند، و به نام اینکه در قرآن می‌بوده و ابوبکر و عمر و

---

۱ - ان الله اصطفی آدم و نوحا و آل ابراهیم و آل عمران و آل محمد و ذریته علی العالمین, انما انت منذر و علی الکل قوم هاد.

عثمان انداخته‌اند قرآن دیگری پدید آورده‌اند.

شگفت‌تر آنکه گفته‌اند: «این قرآنِ درست در نزد صاحب الامر است که چون ظهور کرد با خود خواهد آورد» و با اینحال دانسته نیست از کجا نسخه‌اش بدست اینها افتاده.

هرچه هست چنین قرآنی در میان شیعیان بوده و هست که چون نسخه‌ای از آن بدست کشیشان پروتستان افتاده که درباره‌اش سخن‌ها رانده‌اند و مهنامه «جهان اسلام»[1] انگلیسی پیکره آن دو سوره جداگانه را بچاپ رسانیده که ما نیز یکی را برداشته‌ایم و در اینجا به چاپ می‌رسانیم.

سیزدهم: در داستان امام ناپیدا سخن فراوانی هست و ایرادهای بسیاری توان گرفت:

۱ - چگونه تواند بود که یکی فرزندی زائیده شود و کسی آگاه نگردد؟!... چگونه تواند بود که پنجسال گذرد و شناخته نشود؟!... مگر حسن‌العسگری در سامرا در میان مردم نمی‌زیسته؟!... مگر کسی به خانه او آمد و شد نمی‌کرده؟!... آیا با گفته عثمان بن سعید چنین چیزی را باور توان کرد؟!

آنگاه نهفتگی چه رازی می‌داشته؟!... اگر نهفته نبودی چه گزندی دیدی؟!... می‌گویند: از دشمنان خود می‌ترسید. می‌گوییم: پس چرا پدرانش نترسیده بودند؟!... آنگاه گروهی که «تقیه» توانند کرد و باورهای خود را از دیگران پوشیده توانند داشت چه جای ترسی

1 - The Moslem World.

برای ایشان بازماند؟!...

۲- امام اگر پیشواست باید در میان مردم باشد و آنان را راه برد. امام ناپیدا چه معنی تواند داشت؟!... پاسخ داده می‌گویند: امام ناپیدا همچون خورشید پشت ابر است. می‌گویم: مَثَل بسیار غلطی است. خورشید در پشت ابر زمان کمی ماند و بیرون آید. آنگاه خورشید در پشت ابر روشنائیش و گرمایش پیداست، از آن امامتـان چیـزی پیـدا نمی‌باشد.

۳- هزار سال زندگی باور کردنی نیست، می‌گوینـد: از قـدرت خدا چه بعید است؟!... می‌گویم: همین پاسـخ نمونـه‌ای از ناآگـاهی شما از معنی دیـن اسـت. شـما اگر معنی دیـن را دانسـتیدی ایـن دانستیدی که خدا برای کارهای خود آیینی گزارده اسـت و هیچگـاه آن آیین را دیگر نگرداند. دانستید که این را همان خدا گزارده اسـت که کسی بیش از صد و بیست سال و صد و چهل سال زنده نماند و نتواند بود.

می‌گویند: در قرآن گفته: «نوح نهصد و پنجاه سال در میان مردم خود ماند»، پس به آن چه پاسخ دهید؟!... می‌گـویم: آن خـود جـای ایراد است. این گونه چیزها در قرآن از «متشـابهات» آن مـی‌باشـد و باید بحال خود بماند و گفتگویی از آنها نرود.

۴- خدا را چه نیازی بوده است که کسی را از هزار سـال پیـش نگاهدارد و در بیابان‌هـا بگردانـد تـا روزی او را بیـرون آورد و بـا دستش جهان را نیک گرداند؟!... مگر خدا نتوانستی او را در زمانی

که بیرون خواهد آمد به جهان آورد و بکار انگیزد؟!... اینکه مردم چیزی را اندوخته برای آینده نگاه دارند در سایه نیاز و ناتوانی است (مثلاً بادمجان چون در زمستان نباشد و مردم نتوانند داشت از تابستان اندوخته کرده نگاهش دارند). آیا درباره خدا چه نیاز و ناتوانی پنداشت؟!...

۵ - مهدیگری جز افسانه‌ای نیست. اینکه کسی برخیزد و با یک رشته کارهای بیرون از آیین (فوق‌العاده) جهان را به نیکی آورد جز سمردی نمی‌باشد. دوباره می‌گوییم: خدا این جهان را از روی آیینی می‌گرداند و آن آیین هیچگاه دیگر نشود.

آری خدا راهنمایانی برانگیزد و با دست آنان به مردم راه نماید. ولی هیچگاه به کارهای بیرون از آیین نیاز نباشد. خدا هر زمانی که خواست یکی را از میان مردمان برگزینند و پرده از جلو بینش او برداشته به آمیغ‌ها بینایش گرداند، آن برگزیده یا برانگیخته به کوشش پرداخته با گمراهی‌ها نبرد آغازد، و با گفتن آمیغ‌ها خردها را به تکان آورد، و در سایه کوشش و پافشاری خردمندان و پاکدلان را پشتیبان خود گرداند و با بی‌خردان و ناپاکان درافتاده از میان بردارد. اینست آیین خدا. اینست آنچه تاکنون بوده و پس از این هم خواهد بود. مهدیگری بدانسان که گفته می‌شود هیچگاه نتواند بود. می‌گویند: چنین باوری در کیش‌های دیگر نیز هست: جهودان مسیح را می‌بیوسند، عیسویان به فرود آمدن عیسی از آسمان امیدمندند، زردشتیان چشم به راه شاه بهرامند. می‌گویم: چه خوش دلیلی پیدا

کرده‌اید؟... آیا شناخته بودن یک افسانه در میان این گروه و آن گروه نشان راستی آن باشد؟

می‌گویند: پیغمبر از مهدی آگاهی داده. می‌گوییم: پیغمبر که آشکاره می‌گفت «من ناپیدا ندانم» چگونه از آینده آگاهی داده است؟!... چرا داستان به این شگفتی و بزرگی در قرآن نیامده است؟!...

۶ – چنانکه گفتیم شیعیان مهدیگری را که گرفته‌اند آنرا در سادگی نگزارده چیزهایی از خود به آن افزوده‌اند: «پیش از مهدی دجالی بیرون خواهد آمد، آفتاب از غرب سر خواهد زد، آوازی از آسمان شنیده خواهد شد، یاران امام با «طی الارض» به نزد او خواهند شتافت. اینها همه گزافه است. همه بیرون از آیین خداست.

اینکه گفته‌اند: «خون حسین را خواهد گرفت»، بنی‌امیه یا بنی‌عباس را خواهد کشت، اینها نشانست که جز سودجویی های سیاسی در میان نبوده و به این نوید می‌خواسته‌اند پیروان را از نومیدی بازدارند و از پراکنده شدن جلوگیرند.

اکنون که نه بنی امیه مانده و نه بنی‌عباس، دانسته نیست مهدی چه کسانی را خواهد کُشت و آیا به این نویدها که آشکاره دروغ درآمده چه باید گفت؟!...

۷ – در کتاب‌های شیعه در پشت سر این گزافه‌ها یک گزافه شگفت‌تر دیگری دیده می‌شود: «مهدی چون کار خود را کرد و زمانش به پایان آمده با دست زن ریشداری کشته گردیده، پس از او

امامان یکایک به جهان بازگشته به فرمانروایی و کامرانی خواهند پرداخت و یاران و دشمنان هریکی نیز زنده خواهند شد. هر امامی دشمنان خود را کشته و کینه جسته و با یاران خود آسوده روز خواهد گزاشت.»

ببینید در گزافه‌بافی تا کجا پیش رفته‌اند! ببینید با دستگاه آفرینش به چه ریشخندهایی برخاسته‌اند! ببینید با خدا چه گستاخی‌ها کرده‌اند؟!... امامان از جهان سیر نشده‌اند و آتش کینه در دلهاشان فرو ننشسته. باز خواهند گشت که به کام دل فرمان رانند و از دشمنان کینه جُسته آتش دلهای خود را فرو نشانند. رویتان سیاه بادا ای دروغگویان! یکی نپرسیده: اینها را از کجا می‌گویید؟!... آخر چه دلیلی می‌دارید؟!...

از همین افسانه مهدی تا کنون صد آشوب برپا گردیده و یک نمونه از آنها آشوب بابیگری بوده. یک سید شیرازی به هوس مهدیگری افتاده و آوازی برآورده و مردم چون چشم به راه می‌بودند، یکدسته گرد او را گرفته‌اند، و آن بی‌مایه به عربی‌بافی‌های خنک و بی‌معنایی پرداخته، و پس از کشاکش‌ها و خونریزی‌ها که خود او یکی از کشته شدگان بود، اکنون نتیجه آنست که گروهی بنام بهایی یا ازلی که در تیره‌مغزی و گمراهی بالاتر از شیعیانند پدید آمده‌اند و با صد بدی زندگی بسر می‌برند. این یکی از میوه‌های تلخ آن درخت سیاست بوده.

گفتار سوم

زیان‌هایی که از این کیش برمی‌خیزد

شیعیگری گذشته از آنکه با خرد ناسازگار است و از این راه ایرادهای بسیاری به آن توان گرفت، به زندگانی نیز زیان‌های فراوان می‌دارد، و ما اینک برخی از آنها را در این گفتار یاد خواهیم کرد:

نخست: این کیش پیروان خود را به گمراهی انداخته و از دین دور می‌گرداند. شیعیان خود را «فرقه ناجیه» نامیده دین را جز همان کیش خود نشناسند، ولی راستی به آخشیخ آن می‌باشد و اینان به یکباره از دین بیرونند.

دین چیست؟... مردم معنی دین را نمی‌دانند و آنرا یک چیز بی‌ارجی وامی‌نمایند. ولی ما دین را به یک معنای بسیار والایی می‌شناسیم.

دین یک چیز است: «شناختن معنی جهان و زندگانی و زیستن

به آیین خرد». لیکن از آن، دو نتیجه بدست آید. یکی «خدا را شناختن و به خواست او پی بردن و آیین او را دانستن»، «دیگری آمیغ‌های زندگی را شناختن و آنها را بکار بستن و جهان را آباد گردانیدن و از آسایش و خرسندی بهره یافتن.»

این دو رشته است هوده‌هایی که از دین بدست آید. ولی شیعیگری به وارونه همه اینهاست. آنچه شناختن خدا و آیین اوست، ما نشان دادیم که سران این کیش خدا را نشناخته و او را بسیار خوار داشته‌اند. نشان دادیم که چه گستاخی‌ها با خدا کرده‌اند. چه دروغ‌هایی به او بسته‌اند، چه ریشخندهایی سزا شمارده‌اند. گاهی خدا را پادشاه مغولی پنداشته‌اند که به نزدش میانجی باید برد. گاهی اسکندر مقدونی‌اش دانسته‌اند که بهر چند تن کشته، هزارسال سوگواری می‌خواهد. گاهی خود را یاوران او گردانیده‌اند. گاهی آفرینش را به پاس هستی خود شمارده‌اند. از هر باره خدا و دستگاهش را افزاری برای پیشرفت کار خود گردانیده‌اند. ببینید گستاخی را تا به کجا رسانیده‌اند: «هر که حسین را در کربلا زیارت کند مانند کسی است که خدا را در عرش زیارت کرده»، «با هستی امامست که زمین و آسمان پایدار می‌باشد و به پاس اوست که مردم روزی می‌خورند»، «هر که بگرید و بگریاند و یا خود را گریان نماید بهشت به او بایا شود». باید پرسید: چرا؟!... مگر گریستن به کشتگانی چه کاریست و چه سودی از آن تواند برخاست که خدا چنان مزدی دهد؟!... چنین گزافه‌دهی از خدا سزاست؟!...

«هر که به زیارت رود همه گناهانش آمرزیده گردد». باید پرسید: پس دین چه می‌بایسته؟!... سخن از نیک و بد و حلال و حرام چه می‌سزیده؟!... در جایی که با گریستن یا به زیارت رفتن هر گناهی آمرزیده شود و بهشت بایا گردد چرا کسی از گناه باز ایستد؟! چرا در بند نیک و بد و حلال و حرام باشد؟!...

داستان مرگ اسماعیل فراموش نشدنی است: «خدا از گریز خود درباره اسماعیل بازگشت». برای آنکه پرده به لغزش خود کشند به خدا نام پشیمانی نهاده‌اند. گستاخی بالاتر از این چه تواند بود؟!...

چنانکه گفتیم داستان امام ناپیدا و هرچه درباره زندگانی هزار ساله، و درباره پیدایش او و درباره بازگشت امامان گفته‌اند سراپا بیرون از آیین خداست.

آمدیم به شناختن آمیغ‌های زندگانی و کوشیدن به آبادانی جهان که رشته دیگری از نتیجه‌های دین است. شیعیگری به یکبار از آنها بیگانه است، در این کیش نه سخن از نیکی زندگانی رود و پروائی به آبادی جهان شود. آموزاک(آموزش)های آن جز اینها می‌باشد: جهان به پاس هستی «چهارده معصوم» آفریده شده، هر کسی باید آنان را بشناسد و یاوران خداشان داند. نام‌هاشان از زبان نیندازد، به دشمنانشان نفرین و دشنام دریغ نگوید، به کشتگانشان سوگواری کند، هر زمان که توانست به زیارت گنبدهاشان رود، در آن جهان امیدمند به میانجیگری‌شان باشد. اینهاست آموزاک‌های شیعیگری.

اینست دستورهای آن کیش، و ما که در ایرانیم و در میان شیعیان

زندگی می‌کنیم هوده این دستورها را در بیرون با دیده می‌بینیم. یکی شیعی که در کیش خود پایدار است او را آرزویی جز روضه‌خوانی برپا کردن و یا به زیارت رفتن نمی‌باشد. دیگر کارها در دیده او بی‌ارجست.

این را در جاهای دیگری نیز نوشته‌ام: در سال ۱۳۳۶ که جنگ جهانگیر در میان می‌بود و گرانی نیز پیش آمد و می‌توان گفت بیش از سه یک مردم را نابود گردانید، در آن سال من در تبریز می‌بودم و آشکاره می‌دیدم که بیشتر توانگران دست بینوایان نمی‌گرفتند، خویشان و همسایگانشان که از گرسنگی می‌مُردند پروا نمی‌داشتند، مردگان که از بی‌کفنی بر روی زمین می‌ماندند به روی خود نمی‌آوردند. بسیاری از آنان گندم یا خواربار که می‌داشتند نهان کرده به بهای بسیار گرانی فروخته پول می‌اندوختند، در آن میان تنها کاری که رواج می‌داشت بزم‌ های روضه‌خوانی برپا کردن می‌بود. سپس نیز که بهار رسید و راه عراق که از سال‌ها بسته می‌بود باز گردید آنان با یک شادمانی به تکان آمدند و به آهنگ زیارت به بسیج پرداختند و کاروان‌های انبوه پدید آورده راه افتادند.

بدتر از آن دو سال پیش رخداد. در سال ۱۳۲۰ خورشیدی که روس‌ها و انگلیس سپاه به ایران آوردند و رضاشاه برافتاده سخت‌گیری‌هایی که او درباره رفتن به عراق می‌داشت از میان رفت، شیعیان ایران همه چیز را فراموش کرده، در چنان هنگامی که سپاه بیگانه به کشور آمده و سرزمین ایران به میدان جنگ نزدیکتر شده

(بلکه خود میدان جنگ گردیده) و بیم‌ها در میان می‌بود، با صد خرسندی و شادمانی، از هرسو رو به تهران آوردند و بیست و یک هزار تن، پاوندی ۱۴۰ ریال ارز خریده روانه کربلا و نجف شدند.

همین امسال آزمایش دیگری در کار است: سال‌ها در ایران گندم و جو کم بها می‌بود و کشاورزان سختی می‌کشیدند و زیان می‌بردند. پارسال به شوند جنگ و در سایه کمی غلّه بهای آن بسیار بالا رفت و امسال با همه فراوانی بالاست. اکنون کشاورزان که غلّه را به بیست برابر بهای سال‌های پیش می‌فروشند، بجای آنکه ارج این پیشامد را بدانند و از پول‌هایی که بدست آورده‌اند کشتزارهای خود را بیشتر و بهتر گردانند، باغ‌ها پدید آورند، چشمه‌هاشان پاک گردانیده به آب بیفزایند، برای زنان و فرزندان خود رخت خرند، به چشم‌های تراخمی بچگان خود پرداخته به نزد پزشک برند، همه اینها را فراموش کرده تنها زیارت را به یاد می‌آورند. از هر دیهی گروهی کاروان بسته و ملای خودشان را همراه برداشته شادان و «صلوات» کشان راه می‌افتند.

همچنین بازاریان که در سایه بالا رفتن نرخ‌ها، در این دو سال پول‌هایی اندوخته‌اند، و بازرگانان که در سایه انبارداری و گران‌فروشی، به توانگری افزوده‌اند، یگانه آرزوشان رفتن به کربلا و نجف (و یا به مکه) می‌باشد، بسیاری از آنان از دادن مالیات به دولت سرپیچیده با نیرنگ و رشوه گریبان خود را رها گردانیده به راه می‌افتند.

اکنون خیابان‌های تهران پُر از روستائیان خراسان و مازندران و دیگر جاهاست که به آهنگ کربلا به اینجا آمده‌اند، و با آن رخت‌های پاره و چرک‌آلود دسته دسته در خیابان‌ها می‌گردند. کار بجایی رسیده که دولت عراق که سالانه سود بزرگی از آمدن و رفتن این دسته‌ها برد، از دادن «ویزا» خودداری می‌کند. اینست بسیاری از ایشان بی‌گذرنامه براه می‌افتند و در مرز گرفتار می‌شوند و کسانی نیز گذرنامه می‌سازند که اکنون یک دسته‌شان در شهربانی در زیر بازپرسی‌اند.

اینست آرمان شیعیان. آنچه در آنان نتوان یافت به نیکی کشاورزی یا بازرگانی یا چیزهای دیگر کوشیدن، و یا دلبستگی به توده و کشور داشتن است.

یکی از آمیغ‌های ارج داری که دین یاد می‌دهد آنست که در جهان بیرون از آیین سپهری کاری نتوان بود. نتواند بود که کسی در این جهان باشد و هیچکس او را نبیند، نتواند بود که کسی هزار سال زنده بماند. نتواند بود که آفتاب از فرودگاه خود برآید. نتواند بود که مردگان به جهان بازگردند... ولی دیدیم که شیعیگری پُر از اینگونه کارهای بیرون از آیین است.

دیگری از آمیغ‌های ارج دار آنست که به هر کاری باید از راهش کوشید. بیمار را باید به نزد پزشک بُرد و درمان خواست، به توانگری باید از راه کوشش رسید، ارجمندی در میان مردم را باید به نیکوکاری یافت... ولی شیعیگری همه به آخشیج این می‌گوید. یک

شیعی هر «مرادی» دارد از گنبدها تواند گرفت. از امامزاده داود، از شاه عبدالعظیم، از معصومه قم، تواند گرفت. چه رسد به گنبدهای امامان که والاتر و تواناتر می‌باشند.

دوم: یک گمراهی بزرگی در شیعیگری آنست که پنداشته‌اند خدا جهان را به پاس هستی «چهارده معصوم» آفریده. این خود گزافه بی‌پایی است. خدا جهان را به پاس هستی کسی نیافریده. خدا بالاتر از آنست که با آفریدگان خود مهر ورزد. بزرگتر از آنست که همچون پادشاهان هوشمند «گرامی داشتگانی» برگزیند. چنین گفته‌ای از هر کسی سرزده بی‌دین و دروغگو می‌بوده و نزد خدا روسیاه خواهد بود.

بنیادگزار اسلام یک تن همچون دیگران می‌بود. خدایش برگزید و به راهنماییش برانگیخت. برتری که پیدا کرد از این راه بود و برتری دیگری نمی‌داشت. این درباره آن پاکمرد است که برانگیخته خدا می‌بود، چه رسد به نوادگانش که هیچکاره می‌بودند.

به هر حال این باور با همه بی‌پاییش پایه‌ای در کیش شیعی بوده است و از آن. دو زیان بسیار بزرگی برخاسته: یکی آنکه شیعیان «کسان پرست» بوده‌اند. دیگری اینکه جز به زمان امامانشان و به داستان‌های ایشان ارج ننهاده به زمان خود بیگانه شده‌اند.

آنچه کسان‌پرستی است یک شیعی باید دلش پر از مهر امامان خود باشد و به هیچ چیز ارج نگزارد. اگر شما نیک سنجید اینان به پیغمبر نیز آن ارج را نمی‌گزارند.

پیغمبر در چهل سالگی به پیغمبری رسیده، آنهم بایستی پیاپی جبرائیل بیاید و برود و دستورها را بیاورد. ولی امامان از کودکی امام می‌بوده‌اند و بی‌آنکه نیازمند جبرائیل باشند همه چیز را می‌دانسته‌اند، در یاوری به خدا و گردانیدن جهان نیز آن توانایی و کوشایی که از امامان و از «حضرت عباس» نمایانست از پیغمبر نمایان نمی‌باشد.

در اندیشه یک شیعی گل‌های باغ آفرینش دوازده امام بوده‌اند و دیگران در برابر آنان دارای ارجی یا ارزشی نمی‌باشند و نخواهند بود.

یک کسی هر چند نکوکار باشد و در راه خدا به کوشش‌ها پردازد و جانفشانی‌ها کند به پایه امامان نتواند رسید، در جای خود که به پایه سلمان و اباذر و مقداد نتواند رسید. نیکی را در آنان دریافته‌اند و جایی برای دیگران باز نمانده.

نیکان در جای خود، که بدان نیز چنین‌اند. یک شیعی ستمکاری، جز یزید و ابن زیاد و شمر نشناسد. چنگیز که آنهمه خون‌ها ریخته و تیمور که آن کشتارها را کرده که، صمدخان آن بدنهادی‌ها را نموده، هیچ یکی به پایگاه یزید و شمر یا ابن زیاد نرسیده است و نتوانستی رسید. جایگاه ستمگری را یزید و ابن زیاد گرفته‌اند و جا برای دیگران باز نمانده است. پس از هزار و سیصد سال هنوز به یزید «لعن» می‌خوانند ولی چنگیز و تیمور که آن همه خون‌ها ریخته‌اند نامی از آنان در میان نمی‌باشد.

یک شیعی باید از هر چیزی ستایشی برای امامان خود و یا

نکوهشی برای دشمنان ایشان پدید آورد و هیچ فرصتی را در این باره از دست ندهد. این بایای شیعیگری اوست. مثلاً ابوبکر چون خلیفه شده و به منبر رفته و پاکدلانه به مردم چنین گفته: «ولیتکم ولست بخیر منکم» (من سررشته‌دارتان گردیدم در حالی که بهتر از شما نمی‌باشم)، شیعی باید فرصت از دست ندهد و به آن گفته ابوبکر «و علی فیکم» بیفزاید تا دانسته گردد که ابوبکر با همه دشمنی که با علی می‌داشت به بزرگتری و برتری او می‌خستوید و این به پاس جایگاه او بوده که گفته: «من بهتر از شما نمی‌باشم.»

یک جمله‌ای در کتاب‌هاست: خدا به پیغمبر اسلام گفته: «لولاک لما خلقت الافلاک» «اگر تو نبودی این فلک‌ها را نیافریدمی». این جمله غلطست و همانا آن را یکی از ایرانیان عربی‌دان ساخته است. در عربی بایستی گفت: «لولا انت...»، «لولاک»... غلط است و جز بنام «سجع‌سازی» با «افلاک» آورده نشده. چنین جمله دروغ و غلطی، شیعه آن را نیز بحال خود نگزارده و به آن نیز افزوده: «و لولا علی لما خلقتک» (و اگر علی نبودی تو را هم نیافریدمی.)

چنانکه گفتیم در این باره به آیه‌های قرآن نیز دست برده و هر کجا که زمینه‌ای دیده‌اند به آنها افزوده‌اند.

هر تکانی که در جهان پیش آید و هر داستان بزرگی که رخ دهد شیعی باید بگردد و حدیثی پیدا کند تا نشان دهد که امامان آن را از پیش آگاهی داده‌اند. این بایای شیعیگری اوست.

در سال‌های اخیر که دانش‌های اروپایی در ایران رواج یافت،

ملایان شیعه تنها بهره‌ای که از آن دانش‌ها بردند این بود که بگردند و حدیث‌هایی پیدا کنند و آنها را به رُخ جهانیان کِشند و چنین گویند: «این را فلان امام آگاهی داده.»

به نوشته هبه‌الدین (وزیر فرهنگ عراق) ستاره‌شناسی نوین تازگی نمی‌دارد و همه آنها در آیه‌های قرآن فهمانیده و در حدیث‌ها یادش رفته است.

به نوشته خالصی‌زاده «نیروی کشش» (یا قوه جاذبه) را امامان می‌دانسته‌اند و در گفته‌هایشان بازنموده‌اند و بسیار دور از دادگریست که اروپائیان آن را از نیوتن انگلیسی نوشته‌اند.

در این ده سال که ما به کوشش برخاسته‌ایم و سخنانی در زمینه زندگانی می‌نویسیم، در سال‌های نخست بسیاری از طلبه‌ها و دیگران می‌آمدند و چنین می‌گفتند: «اینها که در حدیث‌ها هم هست. شما چرا حدیث ذکر نمی‌کنید که مردم هم زودتر بپذیرند». سپس چون از ما نومید شدند خودشان بکار پرداختند بدینسان که ما هر چه نوشتیم آنان کتاب‌ها را گردیده از میان صد حدیث بی‌معنی یکی را که بیش یا کم، مانندگی به گفته‌های ما می‌داشت پیدا کرده به رخ ما می‌کشیدند. مثلاً ما که در زمینه خِرَد، هم با کیشها هم با صوفیگری و خراباتیگری، و هم با روانشناسی نوین در چخش می‌بودیم و در برابر همه آنها گفته‌های خود را با دلیل‌های استوار روشن می‌گردانیدیم، آنان حدیثی را به رخ ما می‌کشیدند: «خدا چون خرد را آفرید به او گفت جلو بیا، آمد گفت پس برو، رفت گفت با

توست که کیفر خواهم داد، با توست که پاداش خواهم داد.»

این خود جُستاریست که آیا دین بهر مردم است یا مردم بهر دین می‌باشند. اگر راستش بخواهیم دین بهر مردم است. دین بهر آنست که آمیغ‌های زندگانی را به مردم یاد دهد و آنان را از گمراهی بیرون آورد. خدا چنین خواسته است که هرچند گاهی یکبار کسی را از میان مردمان برانگیزد و با دست او شاهراهی برای زندگانی بروی مردم بگشاید. دین بهر اینست ولی در اندیشه شیعیان وارونه این می‌باشد. در اندیشه آنان مردم بهر دینند. به این معنی که خدا «چهارده معصوم» را آفریده و آنان را بسیار گرامی داشته، و این جهان و مردمان را آفریده که آن گرامی داشتگان را بشناسند و جایگاه آنان را در نزد خدا بدانند و برای خشنودی خدا همیشه نام‌های آنان به زبان رانند و درودها فرستند، و به روی گورهاشان گنبدها روند، سرگذشت‌های آنان را فراموش نساخته همیشه تازه نگهدارند، با دشمنان ایشان همیشه دشمن باشند و نفرین و دشنام دریغ نگویند و پیداست که به پاداش این کارها در آن جهان به بهشت خواهند رفت و آب کوثر خواهند آورد. هر گناهی که کرده‌اند به پاس میانجیگری آن گرامیان آمرزیده خواهد شد. اینست فهمیده شیعیان.

در زمان‌های باستان چون خواستندی از پهلوانانی ارجشناسی نشان دهند به یک نمایش برخاستندی. بدینسان که یک کاروان بزرگی پدید آوردندی که دسته‌هایی در پیش رو و دسته‌هایی در

پشت سر و آنان پهلوانان در میانه جا گرفتندی، و به همان حال با موزیک و سرود، به راه افتادندی و همگی ستایش آن پهلوانان کردندی، و بدینسان سراسر شهر را گردیدندی.

در اندیشه شیعه دستگاه آفرینش یک چنان نمایشی برای نشان دادن ارج و جایگاه «چهارده معصوم» می‌باشد. دسته‌هایی از پیش رو رفته و در میانه آنان چهارده تن و بستگان و پیرامونیانشان آمده‌اند و از پشت سر نیز دسته‌هایی در کار آمدن و گذشتنند.

در سایه همین باور است که شیعیان زمان آن چهارده تن (صده‌های نخست اسلام) را بهترین زمان‌ها شناسند، و در پندار ایشان زمان هرچه می‌گذرد بدتر و بی‌ارج‌تر می‌گردد.

در سایه همین باور است که به زمان خود و پیشامدهای این زمان ارج نگزارند و همه در بند زمان آن چهارده تن و پیشامدهای آن زمان باشند.

مثلاً امروز جنگ بسیار بزرگی در میان دولت‌های اروپا می‌رود و هر توده باید از پیشامد به تکان آید و در راه آینده خود به کوشش‌هایی پردازد. ولی شیعی پروایی به اینها ندارد و چه بسا که به داستانش نیز گوش ندهد. لیکن شما اگر از جنگ صفین بگویید یا داستان مختار سرایید آنها را با دلخواه و خوبی بشنود و خرسندی نماید.

دولت‌های آزمند اروپا آن همه چیرگی به شرقیان می‌نمایند و سراسر کشورهای شرقی به زیر دست آنان افتاده. شیعی را به اینها

کاری نیست و پروا نیز ننماید. ولی پس از هزار و سیصد سال هنوز داستان فدک را فراموش نکرده است و هر زمان که پایش افتد به گفتگو از آن پردازد و به ابوبکر و عمر و دیگران از بدگویی باز نایستد.

در سال ۱۳۲۰ که در تبریز با سپاه روس جنگ رفت و روسیان چیره در آمده شادروان ثقه‌الاسلام را با هشت تن دیگر، به گناه دلبستگی به کشور و توده خودشان، دستگیر کردند و روز عاشورا در سربازخانه به دار کشیدند، در همان هنگام که آن هشت تن را بالای دار می‌فرستادند پیروان جعفر بن محمد در بازارها زنجیر می‌زدند و فریاد می‌کشیدند: «داد از ظلم یزید»

در شهریور ۱۳۲۰ خورشیدی که سپاهیان روس و انگلیس مرز ایران را شکسته به این کشور درآمدند، در همان روزها من ناچار بودم به شیراز و بوشهر روم، و در اتوبوس که نشستیم یک دسته نیز «زوّار» نشستند که از مشهد بازمی‌گشتند. در میان راه نادانی‌هایی از آنان دیدم که ناگفتنی است. با آن همه گزندی که به کشور رسیده بود کمترین پروایی نمی‌داشتند و همه سخنانشان از سفر خودشان و یا از سرگذشت‌های راست و دروغ امامانشان می‌بود، و پیاپی آواز برداشته «صلوات» می‌کشیدند. تنها یکبار سخن از پیشامد کشور رفت که یکی چنین پاسخ داد: «اینها خواهند رفت. روس‌ها در مشهد می‌گفتند اینجا مملکت امام رضاست، ما نخواهیم ماند.»

از شیراز تا بوشهر با دسته دیگری دچار بودم که اگر نادانی‌های

ایشان را بنویسم سخن به درازا خواهد کشید. یک مدیر دبستانی به دیگران دستور می‌داد: «شش قل هوالله بخوانید و به شش سوی خود بدمید و از بمب و از هیچ چیز نترسید». در میان راه جز «صلوات» کاری نمی‌داشتند و گاهی نیز بدنهادی نشان داده آواز برمی‌داشتند: «به هر سه خلیفه ناحق...».

از گفتن بی‌نیاز است که چنین مردمی، با این بی‌پروایی به آمیغ‌های زندگانی و بیگانگی به زمان خود، سرنوشتی جز درماندگی و بدبختی نتوانند داشت، و این سزای نادانی و گمراهی ایشانست که همیشه توی سری خور بیگانگان باشند. اگر راستی را بخواهیم شیعیان با این گرفتاری‌هاشان مردم زمان خود نیستند، بلکه مردگان هزار و سیصد ساله‌اند که به زندگان درآمیخته‌اند. اینست راه زندگانی را نمی‌شناسند.

اگر مثلی خواهیم باید گفت داستان اینان آن مردی است که چشمش نادرست باشد که پیرامون خود و زیر پایش را نبیند ولی در یک فرسخی دیهی را تواند دید و به کارهای آنجا تماشا تواند کرد. پیداست که چنین مردی با آن چشم شگفت زندگی نتواند کرد، زیرا چون پیرامون خود را نمی‌بیند به هنگامی که در یک فرسخی به تماشای آن دیه سرگرم است، ناگهان لغزیده از پا خواهد افتاد و یا به چاهی فروخواهد رفت. این بدبختی‌ها که امروز گریبانگیر شرقیان می‌باشد و آنان را به زیر دستی غربیان کشانیده نتیجه همین نادانی و مانندههای آنهاست.

می‌دانم کسانی ایراد گرفته خواهند گفت در زمان صفویان که ایرانیان همگی در کیش شیعی می‌بودند پس چگونه به آن جنگ‌های بزرگ برخاستند و کشور را نگه داشتند؟ چگونه به آن فیروزی‌ها رسیدند؟

می‌گویم: نخست در زمان صفویان شیعیان شیفته روضه‌خوانی و زیارت تنها نمی‌بودند، و به کارهای کشور نیز می‌پرداختند و دلیلش همانست که در راه نگهداری آن به جانفشانی برمی‌خاستند.

دوم: زمان صفویان جز از زمان ماست. در آن زمان‌ها توده‌ها را اختیاری نبودی و پادشاهان توانستندی آنان را چنانکه می‌خواهند راه برند و به هر کاری وادارند. در آن زمان نیز جربزه و غیرت شاه اسماعیل و شاه تهماسب و شاه عباس می‌بود که از ایرانیان شیعی جنگجویان پدید می‌آورد. آنگاه چنانکه در جای دیگری به گشادی نوشته‌ایم، شاه اسماعیل و جانشینان او، نه از ایرانیان، بلکه از ایل‌های ترک سود می‌جستند که مردان بیابانی جنگجوی غیرتمندی می‌بودند و از شیعیگری جز جنگ با سُنّیان را یاد نگرفته بودند.

سوم: در زمان صفویان ایرانیان در برابر خود عثمانیان و ازبکان را می‌داشتند که چندان برتر نمی‌بودند. ولی امروز در برابرشان اروپائیان را می‌دارند که بسیار برتری پیدا کرده‌اند.

چهارم: در زمان صفویان جهان حال دیگری می‌داشت و امروز حال دیگری می‌دارد. امروز زندگانی تنها با جنگ و شمشیر زدن نیست و هر توده‌ای باید در همه کارهای زندگی دلبستگی از خود

نشان دهد و همه هوش و پروای خود را در راه نیکی زندگانی بکار اندازد، وگرنه از دیگران پس افتاده نابود خواهد گردید. زمان صفویان با این زمان از هر باره جداست.

سوم: یک زیان شیعیگری که می‌باید جداگانه شمارم، گستاخی پیروان آن کیش به دروغگوییست. دروغگویی که از بدترین گناهانست اینان در راه کیش خود پرهیز ندارند و آن را گناه نشمارند. از نخست چنین می‌بوده و اکنون نیز چنانست. مثلاً درباره امام ناپیدا گذشته از دروغهای دیگر، چنین گفته‌اند: «دو شهری هست به نام جابلقا و جابلسا، یکی در مشرق و دیگری در مغرب، و امام ناپیدا در آن دو شهر می‌باشد». اکنون که همه جای کرهٔ زمین شناخته شده شما از ملایان بپرسید جابلقا و جابلسا کجاست؟!... از شهرهای کدام کشورهاست؟!

امام ناپیدا که می‌دانیم داستانش چیست کسان بسیاری گفته‌اند که او را دیده‌اند و هر یکی داستانی سروده‌اند. یکی از ملایان نیز (حاجی میرزا حسین نوری) آنها را گرد آورده و کتابی ساخته، کتابی که سراپا دروغ است.

از گنبدهای امامان در کربلا و نجف و مشهد بارها دعوی «معجزه» کرده‌اند. پیش از زمان مشروطه، در هر چند سال یکبار، از کربلا یا نجف آگاهی رسیدی: فلان شب نورباران شده، فلان کور نابینا گردیده، فلان لنگ پا گرفته،... اینها را با تلگراف آگاهی دادندی و در شهرهای ایران چراغان رفتی، باید از جنبش مشروطه‌خواهی در

ایران و عثمانی خشنود بود که جلو این «معجزه» سازی‌ها را گرفت.

هرکسی از ایرانیان یا دیگران به کربلا رود و بیاید کمتر رخ دهد که دروغ‌هایی همراه نیاورد. زمانی که خردسال می‌بودم بارها شنیده بودم: در کربلا مرغی هست آشکاره گوید: «کشته شد حسین». دروغی به این آشکاری به سر زبانها بوده و کنون هم هست.

در مشهد بارها دیده شده دو سه تن خودشان سنگی را غلطانیده به صحن آورده و آنگاه گفته‌اند: «سنگ به زیارت آمده» این بازی را بارها به میان آورند و کسی از ملایان و دیگران ایراد نگیرد، زیرا چنین گویند: «باعث استحکام عقیده عوامست.»

در سال ۱۳۰۷ خورشیدی که یکماه در مشهد می‌زیستم بارها این بازی را با دیده دیدم. روزی پرسیدم: «این سنگ خودش آمده است؟»

پاسخ دادند: «آری خودش به زیارت آمده. خیلی سنگ‌ها می‌آیند». گفتم: «از کدام در آمده؟!... آیا به زمین می‌غلطید یا در هوا می‌پرید؟!...». در اینجا درماندند و یکی از ایشان چنین گفت: «ما آنهاش ندیدیم. اینجا دیدیم به زیارت آمده». چون ژاندارمری در پشت سرم می‌ایستاد چنین پاسخی دادند، وگرنه رفتار دیگری کردندی.

این شیوه ایشانست که «معجزه» سازند و اگر کسی نپذیرفت و به چون و چرا پرداخت، «ایمان» او را سُست دانند و یا نام بابی به رویش گزارند و به آزارش کوشند. در اندیشه آنان هرچه درباره

امامان گفته شود، باید پذیرفت. بایای شیعیگری درست همین است.

در سال ۱۳۳۰ که روسیان توپ به گنبد مشهد بستند و جاهای گلوله تا دیرگاهی می‌ماند که من خود آنها را دیدم در بسیاری از شهرها چنین می‌گفتند: «گلوله‌ها برگشته به میان خودشان افتاده است»، هنوز این دروغ از میان نرفته است و بازهم توان شنید.

تا کنون بارها این دروغ را به میان انداخته‌اند: «روز عاشورا یا فلان شب قتل، فلان مرد که با بَهمان زن در آمیخته بود به هم چسبیده‌اند و جدا نمی‌توانند شد. این را کوششی در راه کیش خود می‌پندارند که چنین دروغ‌هایی را بسازند و بپراکنند. آنچه من به یاد می‌دارم یکبار این دروغ را، در محرم در باکو به میان انداختند. من خردسال می‌بودم، داستانش را در تبریز شنیدم «حاجی رضا نامی با یک زن روسی روز عاشورا در آمیخته و هر دو بهم چسبیده‌اند». شیعیان به همدیگر مژده میدادند و داستان را با پر و بال بیشتری باز می‌گفتند.

شکوهی مراغه‌ای همین داستان را به شعر کشیده و چاپ کرده است. یکبار نیز امسال در رمضان در تهران آنرا به میان آوردند: «یک سرباز هندی یا آمریکایی در شهرنو با یک زن بدکار شب بیست و یکم رمضان درآمیخته و بامداد که بیدار شده‌اند هر دو بهم چسبیده بوده‌اند که ناچار به بیمارستان برده‌اند.»

این دروغ را چندان پراکندند که در روزنامه‌ها نوشته شد و گروه انبوهی در برابر بیمارستان گرد آمدند و چه گفته می‌شد دروغست و

چنان چیزی نبوده باور نمی‌کردند. بدتر از همه این می‌بود که بیشتر کسانی که از جلو بیمارستان باز می‌گشتند اگر کسی می‌پرسید، می‌گفتند: «آری بوده است. من خودم دیدم». دروغی به این آشکاری را می‌گفتند و شرمنده نمی‌شدند.

چون در پندار شیعیان امامان همه کاره دستگاه خدایند هرگونه گزافه‌گویی و گزافه‌اندیشی درباره آنان سزاست. هر کاری از آنان شدنیست (به گفته ملایان ممکن‌الوقوع است). اینست که هم رخ نداده باشد دروغ شمرده نخواهد شد، این شدنیست که امام کوری را بینا گرداند. اینست اگر چنان معجزه‌ای ساختند و پراکندند دروغ نخواهد بود. بلکه چون «نشر فضایل ائمه است و باعث استحکام عقیده عوام باشد مستحسن است.»

در عالم آرای عباسی درباره شاه تهماسب یکم می‌نویسد: «مولانا محتشم کاشانی قصیده در مدح آن حضرت... به نظم آورده از کاشان فرستاده بود... فرمودند که من راضی نیستم شعرا زبان به مدح می‌آلایند قصاید در شأن حضرت شاه ولایت پناه و ائمه معصومین علیهم‌السلام بگویند صله اول را از ارواح مقدسه حضرات و بعد از آن از ما توقع نمایند. زیرا که به فکر دقیق و معانی بلند و استعاره‌های دور از کار در رشته بلاغت درآورده به ملوک نسبت می‌دهند که به مضمون (از احسن اوست اکذب او) اکثر در موضوع خود نیست. اما اگر به حضرات مقدسات نسبت نمایند شأن معالی نشان ایشان بالاتر از آنست و محتمل الوقوع است.

اینست راز آن دروغگویی‌ها و معجزه‌سازی‌ها. از آنسوی کیشی که بی‌پاست پیروان آن ناچارند که با دورغها آن را نگه دارند. در این باره بهائیگری و صوفیگری با شیعیگری همراه است. بهائیان و صوفیان نیز به دروغ‌سازی گستاخ باشند دیواری که بی‌بنیاد است باید آن را با ستونهایی از اینور و آنور سرپا نگهدارند.

شما اگر با یک شیعی (یک شیعی که عامی نباشد) به گفتگو پردازید، خواهید دید همه به آن می‌کوشد که شکست نخورد و پشتش به زمین نیاید و اینست که پیاپی دروغ‌ها می‌گوید. مثلاً شما اگر بگویید علی با ابوبکر و عمر راه رفت و به دشمنی برنخاست، گوید تقیه می‌کرد. اگر گویید با عمر خویشاوندی کرد و دختر خود را به او داد، گوید جنبه فرستاد. اگر گوئید ابوبکر و عمر در زمان ناتوانی اسلام به او گرویدند و این دلیلیست که از روی پاکدلی مسلمان بودند، گوید آنان پیش کاهنی رفته و از او شنیده بودند که اسلام پیشرفت خواهد داشت و به آن امید به اسلام گروش نشان دادند. اگر گویید حسن بن علی با داشتن نیرو خلافت را از دست داد و حسین بن علی با نداشتن نیرو به طلب آن برخاست، گویند: «به هر یکی از امامان لوحی از آسمان آمده بود که بایستی از روی آن رفتار کنند». هرچه گویی پاسخ دهد و در هیچ جا نایستند. یک شیعی باید پافشارد و کیش خود را نگه دارد.

روزی با یکی می‌گفتم داستان رفتن عمر به در خانه علی و گزاردن او دختر پیغمبر را میانه در و دیوار که روضه‌خوانها

می‌سرایند و مردم را می‌گریانند از ریشه دروغ است، و دلیل آورده می‌گفتم: بچه‌ای که در شکم مادر می‌بوده چه نیاز به نام می‌داشته؟! آنگاه که دانسته بود پسر است تا «محسن» نام دهد؟ سخنم به پایان نرسیده پاسخ داد و چنین گفت: «پیغمبر خبر داده و خود او نامش را محسن نهاده بود». گفتم این در هیچ کتابی نیست، شما از کجا می‌گویید؟! گفت: «در کتاب نباشد، من از عقل خودم می‌گویم.»

چهارم: می‌باید از داستان گریه و روضه‌خوانی نیز جداگانه سخن رانیم. این نیز زیان‌های بسیاری را در پی دارد.

چنانکه گفتیم نخست از این راه سودجویی سیاسی می‌کرده‌اند، به کسی که ستم رسیده مردم دلهاشان سوزد و خواهان و ناخواهان هواداری از او نمایند. از این رو سران شیعه از ستمدیدگی حسین بن علی به پیشرفت کار خود می‌افزوده‌اند.

چیزی که هست در آن زمان‌ها کار تنها «شعرهایی خواندن و گریستن» می‌بوده که سالی یکبار و دوبار به آن می‌پرداخته‌اند. در زمان خود امامان بیش از این سراغ نمی‌داریم. سپس در تاریخ‌ها می‌بینیم که در زمان خاندان بویه در بغداد روزهای عاشورا تکانی هم در شیعیان پدید می‌آمده و نمایشی می‌رفته.

پس از آن یادی در کتاب‌ها در این باره نمی‌بینیم تا از زمان صفویان دوباره آغاز یافته است. ملا حسین کاشفی کتابی درباره داستان کربلا بنام «روضه‌الشهدا» نوشته بود، و کسانی که در نشست‌ها از آن خوانده مردم را می‌گریانیده‌اند و همانا «روضه‌خوان»

از همانجا پیدا شده است.

گویا نخست نشست‌های ساده‌ای از سوی مـردم برپـا مـی‌شـده، ولی سپس شاه و پیرامونیان او بکار برخاسته‌اند و توان گفت کـه در روزهای عاشورا برخی نمایش‌ها از جمله شبیه‌سازی می‌رفته است.

از آن زمان آگاهی کمتر است، ولی چـون بـه زمـان قاجاریـان می‌رسیم کـه در نوشـته‌هـای جهـانگردان اروپـایی در دسـت اسـت می‌بینیم دستگاه بزرگی در میان مردم می‌بوده و در ایران و هندوستان قفقاز و دیگر جاها در دوازده روز محرم روضـه‌خـوانی‌هـای بسـیار می‌شده و سینه‌زنی و قمه‌زنی و شاه حسینی از همان زمان‌ها شناخته می‌بوده.

هرچه هست در زمان ما روضه‌خوانی و نمایش‌های محرمی یک گرفتاری بزرگی برای ایرانیان گردیده و این میدان بـی‌انـدازه پهنـاور شده بود. در شهرهای بزرگ شماره روضه‌خـوانهـا از دویسـت و سیصد گذشتی، و بسیاری از آنان از آن راه داراک(دارایـی) اندوختـه توانگر بودندی. برخی نیز به دربار بستگی داشته لقب‌هـایی – از سلطان‌الذاکرین، ملک‌الذاکرین و مانند اینهـا – یافتنـدی. در سراسـر سال روضه‌خوانی‌ها رفتی. اگر کسی درگذشتی، و یا از سفر آمدی و یا عروسی کردی، و یا خانه تازه خریدی، و یا فرزندی پیـدا کـردی، در خانه خود روضه‌خوانانیدی. هر توانگری سالانه ده روز یا بیشـتر نشست برپـا کـردی و در خانـه‌اش را بـروی مـردم گشـادی. کمتـر نشست بودی که روضه‌ای خوانده نشود.

شیعی با فهم و باور، کسی بودی که اگر پدرش مرده به حسین گرید، اگر برادرش درگذشته یاد عباس برادر حسین کند، اگر پسر جوانی از دستش رفته علی اکبر را بیاد آورد، اگر عروسی کند روضه از عروسی قاسم خواناند. یک زن شیعه بایستی همیشه یاد از زینب و امکلثوم کند و هر اندوهی که رخ دهد آن را به کنار گزارده به اندوه خواهران و زنان حسین گرید. این دستوری می‌بود که پیشوایانشان داده بودند «و علی الحسین و فلیبک الباکون لیتدب النادبون.»

از آنسوی چون محرم رسیدی بسیاری از مردم رخت سیاه پوشیدندی و از همان روز نخستین در تیمچه‌ها و کاروانسراها و در خانه‌های مجتهدان و بزرگان دستگاه سوگواری درچیده شدی، در همه جا روضه‌خوانی‌ها آغاز یافتی. بازار روضه‌خوانان بسیار گرم شده هر یکی سوار اسب یا خر از اینجا درآمده به آنجا شتافتی. در هر جایی روضه‌خوانان همینکه یکی از منبر پایین آمدی آن دیگری بالا رفتی.

در همان هنگام از هر کویی دسته‌ای راه افتادی. سینه‌زن‌ها، عرب‌ها زنجیرزنان، هر گروهی دنبال دیگری را گرفته، درفش‌های بسیار جلو انداخته، با طبل و شیپور (و یا بی‌آنها) نالان و مویان به راه افتادندی. در بازارها گردیده و به تیمچه‌ها و خانه‌های مجتهدان و بزرگان رفته بدینسان روز را به پایان رسانیدندی.

هنگام شام در هر کویی و کوچه‌ای دسته شاه حسینی راه افتادی. سپس نیز در هر مسجدی روضه‌خوانی رفتی.

از روز هشتم یا نهم «شبیه» نیز درآمدی. شمر و یزید و حسین و عباس و علی‌اکبر و قاسم و زین‌العابدین بیمار و زینب وام کلثوم و سکینه بر روی اسب‌ها در بازارها گردیدندی. در تبریز روز نهم شیر آوردندی که خود داستانی داشتی.

روز دهم عاشورا دیوانگی بالا گرفتی. از آغاز روز صد دسته شاه حسینی راه افتادی. از هر کوی و کویچه قمه زنان با سرهای شکافته و کفن‌های سفید خون‌آلود بیرون آمدندی. مردم قره باغ در تبریز و تهران «قفل بتنان» آوردندی. در این روز ملایان و بازرگانان و توانگران نیز خودداری ننموده با پاهای برهنه و سرهای باز، گل برومالیده به جلو دسته افتادندی، به سرهاشان خاکستر و کاه ریختندی. کسانی چندان گریستندی و بسر کوفتندی که از خود رفته افتادندی بدینسان دسته‌های گوناگون از اینسو و از آنسو راه افتادندی و در بازارها بهم رسیدندی. انبوه زنان و مردان به تماشا ایستاده گریه کردندی. بسیار از قمه زنان به خودنمایی چندان زدندی که افتاده از خود رفتندی و سالانه چند کس با این آسیب درگذشتندی.

در بسیاری از شهرها روز عاشورا «نخل» گردانیدندی. یک چیز بسیار بزرگ و سنگین از چوب ساخته «نخل» نامیدندی. هر کویی نخلی داشتی و در آن روز بیست و سی تن یا بیشتر به زیرش رفته آنرا برداشتندی و در کوچه‌ها گردانیدندی و چون دو نخل بهم رسیدی به یکدیگر راه نداده به پیکار برخاستندی و سر و روی همدیگر را خستندی. گاهی نیز خون ریختندی.

در شهرهایی که دو تیرگی حیدری و نعمتی از میان نرفته بود، هر ساله در روز عاشورا پیکار به میان افتادی و سرها شکسته و تن‌ها کوفته شدی.

از این نادانی‌ها چندان بودی که اگر کسی بشمارد و داستان همه را بنویسد یک کتاب بزرگی باشد. این نادانی‌ها در ایران رواج می‌داشت تا رضاشاه پهلوی جلو گرفت که ده سال بیشتر، کم نشانی از این نمایش‌ها دیده شدی. ولی چنانکه می‌دانیم پس از رفتن او دولت به جلوگیری نمی‌کوشد و ملایان می‌کوشند که بار دیگر آنها را رواج دهند و چنانکه می‌شنویم در بسیاری از شهرها آغاز یافته در محرم همان نمایش‌ها به میان می‌آید.

چنانکه گفتیم این کارها زیان‌هایی را در پی می‌داشت و اینک آنها را فهرست‌وار به کوتاهی می‌شماریم:

۱ – داستانی که هزار و سیصد سال پیش رخ داده به آن پرداختن و به گریه و سوگواری برخاستن از خرد رو گردانیدن و آن را لگدمال ساختن است. اینکه پنداشته‌اند که خدا از این گریه و زاری خشنود گردد و پاداش‌ها دهد نادانی دیگری از آنان می‌باشد. خدا از کاری خشنود گردد که بخردانه باشد و سودی از آن برخیزد. گریه و مویه به یک داستان کهن هزارساله چه سودی تواند داد؟! چرا خدا به آن پاداش دهد؟!

شگفت است که بازماندگان حسین خودشان، پس از یکی دو سال، پیشامد را فراموش ساختند و به زندگی پرداختند. چنانکه

گفتیم علی بن الحسین با یزید آشتی کرد و با او دوستی نمود. سکینه دختر حسین که به گفته روضه‌خوانان در ویرانه شام مرده است که، و باشد شیعیان به این مرگ او خروارها اشک ریخته‌اند سال‌ها پس از آن زیسته و زن مصعب بن زبیر شده بود که سپس نیز زن عبدالملک بن مروان گردید و با خوشی‌ها زندگی بسر داد.

ولی شیعیان پس از هزار و سیصد سال آن داستان را فراموش نمی‌کنند و آیا این دلیل روشنی به سبک مغزی و بی‌خردی یک مردمی شمرده نخواهد بود؟!

۲ – سینه زدن، زنجیر به تن کوفتن، گل به رو مالیدن، خاک بر سر ریختن، سر خود را شکافتن، جستن و افتادن، نعره‌ها کشیدن، و اینگونه کارها جز نشان دژخویی و بیابانیگری نیست. شیعیان اینها را هنری پنداشتند و اگر در میان تماشاچیان یک یا چند تن اروپایی بودی به نام خودنمایی بیشتر کوفتندی و زدندی و بلندتر نعره کشیدندی. ولی راستی آنست که همین نادانی‌ها و مانندهای آن دستاویز بدست اروپائیان داده که ایرانیان و دیگر شرقیان را «نیمه وحشی» شمارند و به زندگانی آزاد شاینده ندانند.

اروپاییان از سال‌ها کوشیده‌اند که شرقیان را در نادانی‌ها و دژخویی‌هایی که می‌داشته‌اند و می‌دارند پایدار گردانند و از این رفتار دو نتیجه خواسته‌اند. یکی آنکه شرقیان در سایه همین نادانی‌ها ناتوان و درمانده باشند و به آسانی گردن به یوغ چیرگی آنان گزارند. دیگری اینکه بهانه در دست باشد و به «نیکخواهان جهان» که در

اروپا نیز فراوانند پاسخی توانند داد.

اینکه از صد سال باز اروپاییان که به ایران و هند آمده‌اند داستان‌ها از این نمایش‌ها و نادانی‌های شیعیان در کتاب‌هایشان نوشته‌اند و پیکره‌ها برداشته به چاپ رسانیده‌اند، اینکه برخی از شرق‌شناسان به ستایش‌هایی از شیعیگری و از این نمایش‌ها پرداخته‌اند همه از این راه بوده است.

دو تن از شرق‌شناسان که یکی مسیو ماربین آلمانی و دیگری دکتر جوزف فرانسه‌ای بوده، در کتاب‌های خود از کیش شیعی و از این نمایش‌های شیعیان ستایش‌ها نوشته‌اند و اینها عنوانی بدست ملایان داده که آن دو نوشته را که به فارسی ترجمه شده در دفتری بنام «سیاست الحسینیه» به چاپ رسانیده‌اند ولی ما نیک می‌دانیم که این شرق‌شناسان از کارکنان سیاسی می‌باشند و نوشته‌هاشان جز از راه فریبکاری نیست.

به گفته مسیو ماربین، نصیرالدین طوسی کار بسیار نیکی کرده که در زمان تاخت مغولان و در چنان هنگام گرفتاری، کینه شیعی و سنّی را فراموش نساخته و مغولان را به سر بغداد برده و کینه از دشمنان خاندان علی جسته است. این بوده آرزویش که شیعیان همیشه چنان باشند و هیچگاه کینه سنّیان را از دل بیرون نکرده به کارهای دیگری نپردازند.

به گفته دکتر جوزف، شیعیگری در نتیجه روضه‌خوانی پیشرفت بسیاری کرده و او آرزومند می‌بوده که شیعیان در این راه پیشرفت را

از دست ندهند و به شماره شیعیان (که به کار سیاست اروپایی نیک می‌خورند) بیفزایند.

۳ – گذشته از آنکه گریه و ناله سهش‌ها فرو نشاند و آتش غیرت را خاموش گرداند، آن همه روضه‌خوانی‌ها و دسته‌بندی‌ها که مردم را سرگرم می‌ساخت بی‌گفتگوست که از پرداختن به کار زندگانی بازمی‌داشت. بدبختی‌هایی که گریبانگیر ایرانیان شده و بدینسان درمانده و زبونشان گردانیده شوندهای بسیار داشته و بی‌گمان یکی از آنها این بوده. مردم بجای آنکه از پیشامدهای جهان و از پیشرفت‌هایی که در دانش‌ها و دیگر زمینه‌ها رخ داده بود آگاه باشند و یا به اندیشه کشور و توده پردازند به آن نمایشهای بیهوده پرداخته‌اند، این نتیجه آن سرگرمی است که می‌بینیم که از دست آزمندان اروپا مشت می‌خورند و از ستم یزید می‌نالند.

زنان ایران که از همه جا ناآگاهند و کمترین دلبستگی به کشور و زندگانی توده‌ای نمی‌دارند، و از درس خوانندگان نیز هوش و فهمی در این باره دیده نمی‌شود، شوندش جز این نبوده که بیشتر زمان را در روضه‌خوانی‌ها بسر برده و هوش و جربزه خود را در آن راهها بکار انداخته‌اند.

۴ – این داستان گریه و زیارت با آن پاداش‌هایی که نوید داده شده زیان بسیار بزرگ دیگری را دربر می‌دارد، و آن اینکه شیعیان به بدکاری گستاخ باشند.

باید دانست که مردم عامی درباره نیک و بد فهم و بینشی را که

می‌بایست ندارند و یک چیز که بد است (مثلاً دزدی) آنان درباره‌اش تنها این را دانند که گناهست و مایه خشم خدا باشد و بدکار (یا دزد) به دوزخ خواهد رفت، و یگانه جلوگیرشان همان ترس دوزخ می‌باشد.

از اینکه بدیها زیان به زندگانی رساند و مایه نابسامانی آن گردد چیزی است به اندیشه ایشان نرسیده. اینست چون می‌شنوند که کسی که گریه به حسین کرد و یا به زیارت بارگاه او رفت همه گناهانش آمرزیده گردد و بهشت به او بایا باشد، از ترسی که می‌داشته‌اند ایمن شده به هر بدی پا می‌گزارند.

این چیزیست که از نخست آزموده بود و در این چند سال که به شوند جنگ در ایران خواروبار کم شد و نرخها بالا رفت آزمایش دیگری بدست آمد، زیرا دیده شد که کسانی که انبارداری کردند یا پیاپی به نرخ‌ها افزودند و هزارها خاندان از پا انداختند بیشتر حاجیان «مقدّس» و مشهدیان لب جنبان می‌بودند، نیز دیده شد که همان پولهایی را که از راه برانداختن خاندان‌ها بدست آورده بودند، برداشتند و با پیشانی باز روانه کربلا و نجف شدند که زیارت کنند و به ملایان پول‌هایی دهند.

این نامردان که بهانه در دست می‌دارند و به کشور و توده پروایی نمی‌نمایند و به میهن‌پرستی ریشخند می‌کنند، بدینسان از بدکاری نیز نمی‌پرهیزند و در سایه کیش بیپایی که میدارند خود را به هر دلخواهی آزاد می‌شمارند.

شما اگر زمانی به توده عامی پردازید و باورهای آنان را نیک سنجید خواهید دید در سایه سخنانی که همیشه از ملایان و روضه‌خوانان شنیده‌اند چنین می‌پندارند که آدمی در این جهان ناچار از گناهست و چاره کار همان گریستن به امام حسین و رفتن به زیارت او و دیگران می‌باشد. اینست خدا روز «الست» با امام حسین آن پیمان را بسته است.

اگر شما با یک شیعی که به کربلا می‌رود به سخن پرداخته بپرسید چرا به کربلا می‌روید؟! پاسخ خواهد داد: «آقا، ما گناهکاریم، باید برویم و از گناهان پاک شویم». اگر بگویید بهتر است گناهی نکنی تا نیازمند پاک شدن نباشی با شگفتی پاسخ خواهد داد: «مگر آدم می‌تواند گناه نکند؟!»

در تبریز سخنی هست و بارها از زبان‌هاشان شنیده‌ام. می‌گویند: «سگ که ناپاکست چون به نمکزار افتاد و نمک گردید پاک شود. ما گناهکاریم و ناپاکیم و خود را به نمکزار می‌اندازیم تا پاک شویم». اگر نیک اندیشید در این باره باورهای شیعیان بی‌ماندگی به باورهای مسیحیان (درباره گناه و کفاره) نمی‌باشد.

این نکته را می‌توان با زبان دیگری نیز باز نمود. چنانکه می‌دانیم آدمی دارای دو گوهر است: یکی گوهر جان که خواهان بدی‌هاست، و دیگری گوهر روان که خواهان نیکی‌هاست. در بسیاری از مردم گوهر جان بسیار چیره باشد و اینست ایشان خودداری از بدی‌ها نتوانند.

لیکن در همان حال روانشان بی‌کار نمانده آنان را نکوهش کند و فرجادشان همیشه ناآسوده باشد. چنین کسانی همانکه بشنوند اگر کسی به امام حسین گریست یا به زیارت رفت گناهانش آمرزیده شود. همچون تشنه‌ای که به آب رسد با خشنودی و شادمانی پذیرند، و این را یکپاسخی به نکوهش‌های فرجاد گرفته، خود را آسوده گردانند. به گفته عامیان: «کور از خدا چه خواهد؟! دو چشم»!. یک آدمکش، یک انباردار، یک دزد، یک زن بدکاره، یک آخوند فریبکار به چه نیازمند است؟ به یک دستگاه آنچنانی که بی‌رنج و کوشش گناهان خود را بیامرزاند.

از همینجاست که شما می‌بینید تیمور لنگ با آن خونخواری و تیره دلی که در اسپهان در یک روز هفتاد هزار آدم کُشت و در بغداد از سرهای کشتگان مناره‌ها برافراشت، همیشه در جستجوی پیران صوفی می‌بوده و چون یکی را می‌یافته دست به دامنش می‌یازیده. می‌بینید صمدخان با آن پلیدیش که افزار سیاست نکولا گردید و کسان بسیاری از آزادیخواهان غیرتمند را کُشت روضه می‌خوانانیده و هر ساله چهار صد تومان پول شمع به کربلا می‌فرستاده. اینها رازش همانست که باز نمودیم.

پنجم: داستان امام ناپیدا گذشته از ایرادهایش زیان‌هایی نیز به زندگانی دارد. شما با هر شیعی گفتگو از گرفتاریها کنید یا آرزوی نیکی جهان به میان آورید، بی‌درنگ به پاسخ پرداخته خواهد گفت: «باید خودش بیاید و کارها را درست کند». در تبریز گویند: «فدا

اولوم، گرگ اوزی گلسون.»

می‌باید روشن گردانم که چیزهایی که ما گرفتاری می‌شماریم در پیش شیعیان گرفتاری نیست. مثلاً پس ماندن توده، چیرگی بیگانگان، ناتوانی دولت نابسامانی کشور، پستی خیمها و سهش‌ها و مانند اینها، نه چیزهاییست که شیعیان پاک دارند و گرفتاری شمارند. یکی شیعی تا راه کربلا باز و روضه‌خوانی آزاد است و دست به کلاه و رخت او زده نمی‌شود، به هیچ چیز ارج نگزارد. در نزد شیعی بیگانگان که به ایشان آزادی در کیش می‌دهند، بهتر از یک دولت ایرانیست که آزادی از دست‌شان بگیرد. این چیزیست که بارها به زبان آورده‌اند.

در پیش آنان گرفتاری آنست که می‌بینند بسیاری از جوانان و دیگران سُست باور شده‌اند و به روضه نمی‌روند، و در آرزوی زیارت نمی‌باشند، و به ملایان ارجی نمی‌گزارند. اینهاست که آنان گرفتاری می‌شمارند و در این باره یا در هر باره دیگری که گفتگو شود همان پاسخ گذشته را دهند.

بدتر از این آنکه در این ده سال که ما به کوشش برخاسته‌ایم و به خواست خدا در برابر مادّیگری و بی‌دینی ایستاده دین را به روی بنیاد بسیار استواری نهاده‌ایم و با یکایک گمراهی‌ها و نادانی‌ها نبردیده تیشه‌ها به ریشه هر کدام فرو می‌آوریم، این کار ما به شیعیان گران می‌افتد. زیرا در اندیشه ایشان باید این کار را امام ناپیدا کند. چنانکه گفتیم شیعیان کسان پرستند، اینان آرزومندند امام ناپیدا پیدا شود و جهان را به نیکی آورد، آن نیکی جهان را چندان نمی‌خواهند

که بودنش را با دست امامشان می‌خواهند. اینست از کارهای ما دلتنگ می‌باشند.

داستان اینان داستان آن کودک نادانیست که به لجنزاری افتاده بود و یکی که می‌خواست دستش را گیرد و بیرون آورد تن در نمی‌داد و فریاد می‌زد: «باید مادرم بیاید» در حالی که مادرش نیز نمی‌بود و نتوانستی آمد.

فراموش نمی‌کنم روزی که با یکی از ملایان گفتگو می‌داشتم و چنین گفتم: «شما می‌گویید مهدی خواهد آمد و یکی از کارهایش این خواهد بود که همه کیش‌ها و دین‌ها را براندازد و همگی مردم را به یکراه آورد. من می‌پرسم: این کار را چگونه خواهد کرد؟! آیا با «معجزه» خواهد کرد که مردمان شب بخوابند و بامدادان که بیدار شدند همگی شیعی گردیده باشند، یا با کیش‌ها و دین‌ها به نبرد پرداخته با دلیل‌ها مردمان را بسوی یک دین خواهد خواند. آیا کدام یکی از اینهاست؟!» چون چیزی نمی‌دانست از پاسخ درماند و من دنباله سخن را گرفته گفتم: «اگر بگویید با معجزه خواهد کرد، دروغ است، زیرا چنان کاری بیرون از آئین خداست. شما می‌بینید که پیغمبر اسلام که بالاتر از مهدی پنداری می‌بود، به برانداختن گمراهی‌ها جز از راه دلیل آوردن و نبردیدن نکوشید. اگر بگویید با دلیل‌ها مردمان را به یک راه خواهد خواند، این کاریست که ما به آن برخاسته‌ایم و گامهایی نیز پیش رفته‌ایم و جای شگفت است که شما خشنودی نمی‌نمایید و به همدستی نمی‌شتابید. جای شگفتی است

که نتیجه‌ای را که بدست آمده نمی‌پذیرید و دنبال یک پندار بی‌پائی را می‌گیرید.»

مرد تیره مغز بجای آنکه به پرسش من پاسخ دهد با تندی چنین گفت: «پس شما دعوی مهدیت می‌کنید؟»!

گفتم: «من دعوی مهدیگری نمی‌کنم، بلکه هیچ دعوی نمی‌کنم. من کجا و دعوی کجا؟! من بجای دعوی به کار پرداخته‌ام و آنچه می‌بایست کنم کرده‌ام، شما به پرسش من پاسخ دهید». چون پاسخی نتوانست به درهم‌گویی پرداخت، و من جلوش را گرفته گفتگو را به پایان رسانیدم.

اینست نمونه‌ای از زیان‌های آن افسانه، به هر زبونی تن در می‌دهند و یوغ بیگانگان را به گردن می‌گیرند و این برنمی‌تابند که یک راه رهایی به رویشان باز شود که، چرا دستگاه امام ناپیدا بهم نخورد.

شگفت است که دکتر جوزف از این پندار نیز ستایش‌ها نوشته و به یک رشته فریبکاری هایی برخاسته. به گفته او شیعیان که همگی پیدا شدن امام زمان را می‌بیوسند و هر روز چشم به راه می‌باشند، چنین مردمی همیشه آماده جنگ و مردانگی باشند که همانکه امام پیدا شد به یاری او شتابند. می‌گوید شیعیان همگی امیدمندند که روزی به سراسر جهان دست خواهند یافت و مردمی با این امید «لا محاله روزی اسباب طبیعی برای آنان فراهم خواهد آمد.»

به گمان دکتر جوزف شیعیان با آن کوشش که در راه رواج کیش

خود می‌کنند و با این امید که به پیدایش امام زمان می‌دارند، در آینده «ترقّیات محیرالعقول» خواهند کرد و از هر باره بزرگترین توده جهان خواهند بود.

این پنداربافی‌های دکتر جوزف عنوانی بدست ملایان داد. چند سال پیش یکی از ملایان تبریز به من چنین نوشته بود: «شما می‌گویید امام زمان دلیل ندارد، دلیل آن را از فرنگی باید پرسید». یک رشته جمله‌های پوچی را که به نام سیاست بازی نوشته شده بدینسان پیش می‌کشید.

باید پرسید آیا نوشته‌های جوزف درباره آمادگی و جنگجویی شیعیان راست است؟! آیا علمای نجف و کربلا و سامرا و قم و طلبه‌های ایشان و این حاجی‌ها و مشهدی‌های تهران و تبریز و کاشان و قزوین به چنان آمادگی می‌کوشند؟! آیا شد سیده‌های ما وارونه گفته‌های دکتر فرانسه‌ای را نشان نمی‌دهد؟! آیا ما با دیده نمی‌بینیم که به هر پستی تن در می‌دهند و دل‌هاشان خوش است که «خودش خواهد آمد و کارها را درست خواهد گردانید»؟! اینها را که با دیده می‌بینیم، آیا باز هم باید فریب گفته های دکتر جوزف را بخوریم؟! آنگاه گرفتیم که سخن دکتر راست است و شیعیان به امید آنکه امام زمان خواهد آمد به آمادگی‌های جنگی می‌کوشند. آیا نه آنست که آنان می‌گویند امام زمان با شمشیر جنگ خواهد کرد و توپ و تفنگ و تانک و همه این چیزها از کار خواهد افتاد؟! با چنین پنداری آمادگی‌های آنان چه خواهد بود؟!

افسوسا، اگر این افسانه ها مایه بزرگی و برتری مردمی توانستی بود بایستی جهودان که هزارها سالست چشم به راه «ماشیا» می‌باشند و بنیادگزار این افسانه ایشانند پیش از دیگران به بزرگی و برتری رسیده باشند.

آنگاه چنانکه شیعیان به پیدا شدن مهدی امیدمندند مسیحیان نیز به فرود آمدن عیسی از آسمان امیدمند می‌باشند، و ما نمی‌دانیم چرا دکتر جوزف این دلسوزی و راهنمایی را که به مردم ایران می‌کند، به توده خود نمی‌کند؟! چرا کشیشان فرانسه را برنمی‌انگیزد که به کوشش‌هایی برخاسته امید مردم را به آمدن عیسی بیشتر گردانند و راه برتری و بزرگی را به روی آن کشور باز کنند؟! پس چه شده که مردمِ فرانسه باید لشگرها آرایند و افزارها سازند و به کوشش‌های سیاسی پردازند و برتری و بزرگی را از آن راه طلبند، ولی ایرانیان از راه افسانه‌پرستی پیش روند؟! آیا مرگ خوبست ولی برای همسایه؟!

همین سخن را به مسیو ماربین هم توان گفت، این فریبکار آلمانی با آن آگاهی کمی که از اسلام و تاریخ آن داشته به بافندگی‌هایی پرداخته چنین می‌گوید: «حسین دانسته به سوی کشته شدن رفت. خواستِ او، ستم بنی‌امیه را پذیرفتن و از همان راه ریشه آن خاندان را کندن می‌بود». همین را سیاست بزرگی از حسین شمرده به شیعیان راهنمایی می‌کند که همان راه روضه‌خوانی و سوگواری را که پیش گرفته‌اند رها نکنند و از همان راه نشان دادن ستمدیدگی پیشوایان خود پیش روند.

ما می‌گوییم پس چرا مسیو ماربین این راهنمایی را به آلمانیان نکرده است؟! چرا آن سیاست بزرگ حسینی را به آنان یاد نداده است؟! چرا آلمانیان هنگامی که آن سختی‌ها را از ناپلئون کشیدند این سیاست را بکار نبستند؟! چرا این نکردند که پادشاهانشان خود را به کشتن دهند و توده آلمانی کشته شدن آنان را دستاویزی سازند و همچون ایرانیان روضه‌خوانی‌ها برپا کنند و به نمایش‌های گوناگون پردازند؟! چرا در سال آن ۱۹۱۸ که آن شکست را از فرانسه و انگلیس خورده ناخواهان گردن به پیمان ورسای گزاردند به این فلسفه کار نبستند؟! چرا به جای برخاستن هیتلر و کارهایش از ستمدیدگی خود سودجویی نکردند؟!

اکنون هم دیر نشده، اگر از این جنگ شکست خورده بیرون آمدند و نیروشان بهم خورد بجای کوشش‌های دیگر فلسفه مسیو ماربین را بکار بندند و اگر نیازی به روضه‌خوان و قمه‌زن و شمشیرزن و مانند اینها پیدا کردند خواهند توانست از ایرانیان بخواهند و کار خود را راه اندازند.

چنانکه گفتیم این نوشته‌های ماربین و جوزف جداگانه بنام «سیاست الحسینیه» چاپ شده، این دفتر تاریخچه‌ای داشته که من باید در اینجا بنویسم: در سال ۱۳۲۸ که در ایران شور آزادی‌خواهی بسیار نیرومند می‌بود و آزادیخواهان پس از یکسال و بیشتر جنگ با محمدعلی میرزا و ملایان فیروز درآمده تهران را هم گشاده بودند، و دشمنان آزادی، که بیشترشان روضه‌خوانان و ملایان و پیروان ایشان

می‌بودند پس از ایستادگی‌ها و جنگ‌ها نومید شده و آتش سینه‌هاشان رو به خاموشی نهاده بود. و از آنسوی دولت خودکامه روس سپاه به ایران آورده و آذربایجان و دیگر شهرها را گرفته به کاستن از نیروی آزادیخواهان می‌کوشید، ناگهان این دفترچه به میان افتاد[1]. تو گفتی نفت برروی آتش ریختند. ملایان و روضه‌خوانان و بسیاری از مردم به تکان آمده، و با آزادیخواهان که به کاستن از روضه‌خوانی می‌کوشیدند، پرخاش آغازیده چنین گفتند: «پس فرنگی‌ها امام حسین را می‌شناسند و شما نمی‌شناسید، ای بی‌دین‌ها؟!» این را گفته به تکان آمدند.

بیش از همه در تبریز شوری برخاست و نتیجه آن بود که همگی روضه‌خوانان که بیش از دویست تن می‌بودند دست بهم داده چنین نهادند که در بازارها و کوی‌ها روضه‌خوانی های همگانی برپا گردانند. نخست در بازارها این کار را کردند. یک بازار را می‌گرفتند و از این سر تا آن سر فرش می‌گستردند و در میانه منبر می‌گزاردند، و جلو آمد و شد را بسته آنجا را انجمن می‌گردانیدند و روضه‌خوانها هر یکی با پیروانشان می‌آمدند و فراهم می‌نشستند و یکی پس از دیگری به منبر رفته مردم را گریانیده پائین می‌آمدند. سه روز و چهار روز بدینسان بسر برده چند روز دیگری بازار دیگری را برمی‌گزیدند و در همه این کارها دشمنی خود را با مشروطه فراموش نمی‌کردند.

---

۱ - نخست در حبل المتین چاپ شده بود و سپس در دفتر جداگانه‌ای در تبریز به چاپ رسید.

پس از دیری رو به کوی‌ها آوردند. در تبریز هفده و هیجده کوی از بزرگ و کوچک شمرده می‌شد. نوبت به نوبت آنها را گردیدند که در هر یکی چند روزی با گرد آمدن و روضه‌خواندن و دروغ‌ها سرودن و به مشروطه نیش زدن به سر می‌بردند. دیدنی می‌بود که از نوشته‌های دو اروپایی چه شور و تکانی برخاسته و چه کارهایی کرده می‌شد.

یک نتیجهٔ دیگر «سیاسته الحسینیه» پیدایش دسته‌هایی به نام «انتظاریون» بود. چنانکه گفتیم دکتر جوزف از پندار شیعیان درباره امام ناپیدا ستایش نوشته و چنین گفته که امید بستن به پیدایش چنان کسی و چشم به راه او دوختن مایه زندگی یک توده باشد. برخی از ملایان همین را دستاویز گرفته در مشهد و تبریز و دیگر جاها دسته‌های» انتظاریون» (بیوسندگان) پدید آوردند. صد تن و دویست تن و هزار تن فراهم می‌نشستند، دعای «ندبه» می‌خواندند، از دیر کردن امام ناپیدا می‌نالیدند، می‌گریستند، کم کم به شیون کردن و به سر و روی خود کوفتن می‌رسانیدند و کسانی افتاده از خود می‌رفتند و از بامداد تا شامگاه با این کارها به سر می‌بردند. همی خواستند با زور و ناله و گریه امام ناپیدا را به بیرون آمدن وادارند.

در تبریز داستان دیگری هم پیش آمد، و آن اینکه چون از نالیدن‌ها و گریستن‌ها و به سر و روی خود کوفتن‌ها سودی بدست نیامد، سید روضه‌خوانی که پیشوای بیوسندگان می‌بود چنین گفت: «همه با هم رو به کربلا آوریم، برویم آیفت خود را از آن درگاه

خواهیم». این پیشنهاد را پذیرفتند و انبوهی از توانگر و کمچیز، و از سواره و پیاده به راه افتادند. نمی‌دانم چند هزار تن به راه افتادند و چه اندازه از ایشان در راه از پا افتاده نابود شدند. این می‌دانم که صد خاندان به گدایی افتاد. نیک به یاد می‌دارم که در آن سال گدایان تازه‌ای در کوچه‌ها پیدا شده و برای آنکه از مردم آسانتر پول بگیرند، چنین می‌گفتند: «ما پدرمان به کربلا رفته.»

اینست تاریخچهٔ «سیاسته الحسینیه»، اینست نمونه‌ای از آمادگی شیعیان به نمایش‌های بیهوده و بی‌خردانه.

ششم: یکی از زشتکاری‌های شیعیگری بردن استخوان‌های مردگان (مردگان پولدار) به کربلا و نجف و قم و مشهد می‌باشد. این کار چندان زشت و بی‌خردانه است که من نمی‌دانم چه نامی به آن دهم و با چه زبانی بنکوهم. کسی که مرده است باید تن او را سوزانند و یا در زیر خاک نهان گردانند که از بوی بدش آزاری به مردم نرسد، ولی آنان مرده را در یک قوطی بر روی زمین نگه می‌دارند، و لانه‌ای برایش چنان می‌سازند که بویش بیرون آید و بدینسان مایه آزاد مردم می‌گردند، و چو یک سال - بیش یا کم - گذشت استخوان‌های او را در یک قوطی دیگری گذارده بار می‌کنند و رو به «عتبات مقدسه» راه می‌افتند.

این کار گذشته از آنکه مردم آزاریست و چه بسا مایه پراکندن بیماری‌هایی باشد، خود نشانی از نافهمی و دژآگاهی شیعیان و ملایان است. خدا می‌داند تا کنون چه رسوایی‌ها از این راه برخاسته

است. در زمان‌های پیش که عثمانیان گاهی به جلوگیری پرداختندی بارها رخ داده که استخوان‌ها را خرد کرده و در توبره اسب ریخته خواسته‌اند پنهانی از مرز گذرانند و دانسته شده و مایه رسوایی گردیده[1].

این کار را چرا می‌کنند؟! به آن استخوان‌ها چه کاری هست که از این شهر به آن شهر می‌کشند؟! اگر از خودشان بپرسید یکی خواهد گفت: یک در بهشت از کربلا یا از نجف یا از قم است و مرده‌ای که در آنجا خوابیده همان که بوق دمیده شود و برخیزد یکسره به بهشت خواهد رفت. دیگری خواهد گفت: مرده‌ای را که در قوطی گذارده‌اند و به نجف یا به کربلا خواهد رفت، از فشار گور ایمن باشد. دیگری خواهد گفت: ما گناهکاریم و به آن آستان پناهنده می‌شویم. یا خواهد گفت: ما سگیم و خود را به نمکزار می‌اندازیم.

با این بهانه‌های سُستی به کاری به آن زشتی و زیان‌آوری برمی‌خیزند و آبروی یک توده‌ای را به باد می‌دهند. اروپاییان که ایرانیان را دژآگاه و بیابانی می‌خوانند آیا این دلیل استواری در دست آنان نخواهد بود؟! اروپائیان نه، خودمان اگر شنیدیمی که مردمی با استخوان‌های مردگان چنان رفتاری می‌کنند آیا دژآگاه و پَستشان نشماردیمی؟!

---

۱ - سال پیش مرده پرسیده‌اند و او پاسخ داد: «باکی نیست, تن علی اکبر را نیز تکه تکه گردانیدند» له اسوه بعلی الاکبر فقطعوه اربا اربا.

کوتاه سخن: شیعیگری چنانکه از دیده دین و خداشناسی درخور نکوهش بسیار است از دیده زندگانی هم درخور نکوهش می‌باشد. شیعیان که در دین به بت‌پرستی افتاده‌اند در زندگانی پست‌تر از بت‌پرستانند، برای روشنی سخن می‌نویسم، امروز زندگانی به چند گونه تواند بود:

یکی زندگانی که اروپائیان پیش گرفته‌اند، بدینسان که توده‌ها با یکدیگر در کشاکش و نبردند. جنگ‌ها می‌کنند و خونها می‌ریزند و شهرها را ویران می‌گردانند. در میان خود نیز آئین بخردانه نداشته با نبرد و کشاکش می‌زیند ولی در همانحال معنی میهن‌پرستی را می‌دانند، به آزادی کشور و سرافرازی توده خود دلبستگی می‌دارند، همگی دست بهم داده به آبادی کشور و به نیرومندی دولت خود می‌کوشند، در دانش‌ها پیش می‌روند.

دیگری زندگانی که دین یاد می‌دهد و ما خواهان آنیم. بدینسان که توده ها با یکدیگر بجای کشاکش همدستی کنند و بجای جنگیدن و ویرانی رسانیدن، به آبادی جهان کوشند و در میان توده‌ها آئین بخردانه باشد، هر چیزی از کشاورزی و داد و ستد و بازرگانی و فرهنگ زناشویی و سررشته‌داری به معنی راست خود شناخته شده به معنی راست خود بکار بسته شود. به دانشها بیشتر از این ارج گزارده گردد[۱].

---

۱ – کسانی که می‌خواهند از معنی راست دین و از زندگانی دینی آگاه گردند, کتاب» ورجاوند بنیاد» را بخوانند.

زندگانی شیعیان هیچ یکی از اینها نیست و بسیار پست‌تر از اینهاست و این به چند شوند است که در پایین فهرست‌وار یاد می‌کنیم:

۱ - شیعیان مردگانی را گرداننده جهان می‌پندارند و پیشرفت کارها را از آنان چشم می‌دارند، و بجای آنکه هر کاری را از راهش پی کنند و به نتیجه رسانند، انجامش را از مردگان می‌خواهند. این جهان از روی یک آیینی می‌گردد و هر کاری نتیجه کار دیگری می‌باشد. مثلاً یک توده‌ای چون به کشور و توده خود دلبستگی می‌دارد و برای نگهداری آن سپاه می‌آراید و توپ و تانک و هواپیما و دیگر افزارها آماده می‌گرداند این، نتیجه کارها نیرومندی و سرافرازی آن شود، و کشورشان از افتادن به دست بیگانگان ایمن گردد. ولی شیعیان این را نفهمیده اند و پروایی به این کارها نمی‌دارند. باور آنان اینست که این کشور را امام رضا یا صاحب‌الزمان نگه می‌دارد، در دیگر کارها نیز چنینند. فلان زن پسر خود را از رفتن به سربازی یا از یاد گرفتن هوانوردی باز می‌دارد و به این اندیشه است که اگر روزی جنگی برای این کشور پیش آمد و بمب‌اندازهای دشمن به سر شهر رسیدند او خود را و خاندانش را با «توسل به حضرت عباس» و «نذر قربانی گفتن» و مانند اینها نگه دارد. فلان سبزی فروش و بَهمان پینه‌دوز دکان خود را برچیده و سرمایه خود را برداشته روانه کربلا می‌شود و به این باور است که امام حسین به او سرمایه خواهد رسانید. از این گونه چندان است که

به شمار نیاید.

۲ - چون آن مردگان را «گرامی داشتگان» خدا شناخته دستگاه آفرینش را به سر آنان میگردانند، همه به زمان آنان پرداخته و به زمان خود ارج نمیگزارند. در پندار شیعیان دوره بهتر جهان گذشته و آنچه بازمانده دوره‌های بی‌ارج آن میباشد. خدا به جهان آنچه بایستی بکند کرده است: پیغمبرهایش را برانگیزیده، علی و حسن و حسین و جعفر را که گلهای سرسبد آفرینش بوده‌اند آورده، دستگاه کربلایش را راه انداخته، برای روز رستاخیز میانجیانی اندوخته گردانیده، امام زمانش را در جابلقا و جابلسا آماده نگه داشته دیگر کاری که بکند نمانده و این دوره‌هایی که میگذرد زمان‌های بیهوده جهانست که هیچ ارجی نباید گزاشت و تنها کاری که باید کرد آنست که به زیارت رفت، گریه کرد، داستان فدک را فراموش نساخت، دست از گریبان ابوبکر و عمر برنداشت، تا بدینسان امامان را از خود خشنود گردانید و روز رستاخیز از میانجیگری آنان بی‌بهره نماند. در نتیجه همین است که هر بدبختی که به توده و کشور پیش آید و هر گرفتاری که رخ دهد شیعیان پروا ننمایند بجای خود، که از همان نیز معجزه‌ای برای امامان خود پدید آورده چنین گویند: «اینها علامت آخرالزمان است، خودشان خبر داده بودند».

جهان که همیشه در پیشرفت است و آینده بهتر از گذشته میباشد پندار شیعیان به وارونه آنست. در پندار ایشان گذشته بهتر از اکنون و آینده بوده، مگر آنکه امام زمان پیدا شود و آن روزگار نوینی

خواهد بود.

۳- شیعیان از روی کیش خود با سررشته‌داری (حکومت) بدخواه‌اند و تا می‌توانند با دولت دشمنی می‌کنند و از پرداختن مالیات و دادن سرباز خودداری می‌نمایند و چون این را در گفتار آینده به گفتگو خواهیم گزاشت در اینجا با آن نمی‌پردازیم.

اینها انگیزه‌هایی است که زندگی شیعیان را بسیار پست گردانیده. حال امروزی ایران که یک توده بیست میلیونی در جهان سیاست کمترین ارجی را نمی‌دارند و رشته کارهاشان بدست بیگانگان افتاده چند شوندی می‌دارد که بزرگترین و هناینده‌ترین آنها کیش شیعیست. صوفیگری، خراباتیگری باطنیگری، علی‌اللهیگری، بهائیگری و مانند اینها هر کدام زیانهای بسیاری به کشور رسانیده، لیکن شیعیگری که کیش انبوه مردم است زیانش بسیار بیشتر بوده.

ما از گمراهیهای شیعیان و از نادانیهای آنان داستان‌های بسیار می‌شناسیم و در اینجا چند داستانی را یاد خواهیم کرد:

۱- چنانکه نوشتیم در سال ۱۲۱۶ وهابیان به سرکردگی سعودبن عبدالعزیز به کربلا دست یافته شش ساعت به کشتار پرداختند. به خانه‌ها درآمده کودکان و بچگان را کشتند و به زنان و دختران دست یازیدند. بارگاه‌ها را ویرانه گردانیده صندوق‌های سیمین و آهنین را شکستند و هیچگونه ناپاسداری دریغ نداشتند. به نوشته خود شیعیان هفت هزار تن کشته گردیدند که چند تن از ایشان از مجتهدان بزرگ می‌بودند.

از داستانی به این شومی، شیعیان بایستی به خود آیند و این بدانند که آن گنبدها توانای هیچ کاری نمی‌باشند. بایستی بیدار گردیده این را دریابند که مردگانی که دستگاه خود را نگه‌داری نتوانستند دیگران را هم نخواهند توانست. ولی آنان بجای اینها به گمراهی افزوده از یکسو همان را دستاویز دیگری برای نالیدن و زاریدن گرفته شعرها گفتند و مرثیه‌ها سرودند:

لـم ادرای رزا یـاهـم اعـج لها
لـذبـح اصبیـه‌ام هنـک نسـوان

ومن رأی یوم تشریق بغیر منی
و هـدیه العـز مـن ابنـأ عـدنان

سن ابـن سعد سبیلا و اقتـدی
ابن‌سعود الشقی به ضل‌الشقیان[۱]

از سوی دیگر به دروغ‌پردازی برخاسته معجزه‌ای ساختند: «وهابیان چون قبر امام حسین را شکافتند دیدند که آن حضرت با بدن پاره بر سر بوریایی نهاده. به ناگاه هوا بهم خورده و باد شدیدی وزیدن گرفت. وهابیان از ترس رو به گریز نهاده بیرون رفتند...»

از اینها گذشته «خدّام حرم» که در آزمندی و پول دوستی کم مانند می‌دارند، از پیشامد به سودجویی پرداخته تسبیح های چوبی ساختند و بنام آنکه از چوب صندوق‌های شکسته است به ایران و دیگر جاها بردند و به توانگران به بهای بسیار گزاف فروختند.

---

۱ - از یک قصیده درازی است که ری نام شاعری سروده.

نویسنده «قصص العلما» که یکی از ملایان بنام می‌بوده چنین می‌نویسد: «چند عدد از آن بدست والد افتاده که چند دانه را من دارم. امید که آنرا در میان کفنم گزارند که بدان سبب نجات از درکات یابم چه آن صندوق را انبیاء مسح کردند و ائمه تقبیل نمودند و ملائکه پرهای خود را علی الدوام به آن سودند.

شما نیک اندیشید که این گروه تا چه اندازه در گمراهی‌ها فرو رفته‌اند! نیک اندیشید که هیچ چیزی نمی‌تواند آنان را به تکان آورد! نیک اندیشید که تا چه اندازه با خدا و آئین او دشمنند! نیک اندیشید که چگونه به دروغ‌سازی دلیرند و چگونه در نادانی پافشار می‌باشند!

۲ – چنانکه گفتیم در سال ۱۳۲۰ روسیان در مشهد توپ به گنبد آنجا بستند و سالداتها بدرون رفته سید محمد یزدی و دیگران را دستگیر گردانیدند و در میانه چند تن از مردم کشته شده کالاهای بسیار به تاراج رفت. این کار به شیعیان بسیار گران افتاد و با اینحال در ایران از ترس روسیان به خاموشی گراییده و به شیوه «تقیه» رفتار کردند. بویژه که امپراطور روس مشروطه ایران را برانداخته و ملایان و پیروانشان بسیار خشنود از او می‌بودند. ولی در هندوستان شیعیان به جوش و خروش برخاستند و انجمنها برپا گردانیده از دولت انگلیس خواستار شدند که از روسیان کینه آن کار را جوید.

دارنده حبل‌المتین که از بیرق‌داران شیعیگری می‌بود گفتارهای بسیار در این زمینه نوشت و در یکی از آنها چنین گفت: «مسئله خراسان را قیاس به تبریز نتوان نمود.» ببینید کودنی یک

روزنامه‌نویس را: «در تبریز که روسیان آن بیدادگری‌هـا را کردنـد و هفتاد تن کمابیش مردان ارجمندی را از ثقه‌الاسلام و شـیخ سـلیم و میرزا علـی واعـظ و میرکـریم و دیگران بـه دار کشیدند و ریشـه آزادی‌خـواهی را از آن شـهر کنـده آزادی ایـران را از بـین بردنـد، نویسنده‌ی کودن سوراخ شدن چنـد جـای گنبـدی را بزرگتـر از آن می‌شمارد و درخور سنجش نمی‌داند.

بدینسان شیعیان می‌سوختند و می‌ساختند تا دو سال دیگر جنگ جهانگیر ۱۹۱۴ برخاست و چون در آغاز کـار آلمان‌هـا فیروزمنـد می‌بودند روسیان شکست‌های بسیار می‌خوردند شیعیان فرصتی یافتند و آن را «معجزه‌ای» از امـام رضـا دانسـتند و نـابودی روس را پیشگویی کردند. شاعران را «مضمونی» بدست افتاده و از واژه‌هـای «توس»، «روس» و «پروس» که قافیه‌های آماده‌ای می‌بود سود جسـته دوبیتی‌ها سرودند: «سلطان توس جواب اولتیماتوم روس را پـس از دو سال با توپ پروس داده بود.»

سپس که در خاک روس شورشی برخاست و امپراتور نکـولا از تخت افتاده خودش و خاندانش کشته شدند و سال‌ها آشوب در میان روسیان می‌بود زبان شیعیان درازتر گردیـد و داستان کشته شدن نکولا و خاندانش را به رخ همگی کشیدند: «دیدید امام رضا او را گرفـت! با آل علی هرکه درافتاد برافتاد.»

ببینید نافهمی تا چه اندازه است: دولت‌هـای اروپـا کـه از چهـل سال پیش در برابر یکدیگر دسته به دسته بـرای یـک چنـان جنگـی

آماده گردیده و صدها افزار بسیجیده بودند تا با آن جنگ برخاستند، و دسته سوسیال دموکرات روسی که از سالیان دراز رنج‌ها کشیده و گزندها دیده و نیرویی اندوخته بود تا فرصت یافت و به آن شورش برخاست. همه اینها را هیچ می‌شمارند و کارهایی را که در نتیجه آنها رخ داده بود به نام «امام رضا» می‌خواندند.

تو گویی همه جهانیان باید بکوشند و رنج برند ولی هوده کوشش‌ها و رنج‌های ایشان به نام امامان اینان خوانده شود.

شگفت‌تر آنکه هنوز از روس دست برنداشته‌اند و در آغاز این جنگ باز هم پیشگویی از نابودی روس می‌کردند، دیگران بمانند. در تبریز روزی در میان افسران گفتگو می‌رفته یک سرهنگی چنین گفته: «من یقین می‌دانم که روسیه شکست خورده نابود خواهد شد. امام رضا آنها را گرفته.»

۳- پیرارسال که سپاهیان دو دولت به ایران آمدند و رشته کارهای کشور را بدست گرفته از جمله خواربار برای خود خریدند و یا از بارکردن خواربار از شهری به شهر دیگر جلو گرفتند، در نتیجه این رفتار ایشان ناگهان نرخ‌ها بالا رفت و چون کشت خوبی نیز نکرده بودند در تهران و دیگر شهرها گرسنگی آغاز گردید. در تهران کوچه‌ها پر از گدایان شد. صدها بلکه هزارها کس از گرسنگی مردند و یا دچار بیماری‌ها گردیده نابود شدند.

در چنان هنگامی ملایان بجای آن که به خود آمده ببینند که آن گرسنگی و بدبختی نتیجه ویرانی کشور و ناتوانی دولت، و ویرانی

کشور و ناتوانی دولت نیز نتیجه بدآموزی‌های ایشانست و به گناه خود پی برده پشیمانی نمایند، تیره دلانه از پیشامد به سودجویی برخاسته در همه جا در منبرها و نشست‌ها چنین گفتند: «دیدید ای لامذهب ها! نماز را ترک کردید، روزه نگرفتید، روضه‌خوانی ها برچیده شد، زیارت غدغن گردید، زن‌ها بی‌حجاب شدند، خدا به غضب آمده این بلا را فرستاد».

این بود سخنانی که در همه جا به زبان آورده انبوهی مردان و زنان را به گزاردن عمامه و کلاه‌های بی‌لبه و بسر کردن چادر واداشتند و بار دیگر روضه‌خوانی‌ها فزونی یافت.

روزی به یکی گفتم معنی این سخن آنست که خدا در آسمان نشسته و همه جا را رها کرده تنها ایران را می‌پاید که همانکه از مردم یک نافرمانی دید به خشم آید و پتیاره فرستد و سپس که پشیمان شدند و بازگشتند، به سر خشنودی آید و پتیاره بازگرداند. اینست نمونه‌ای از خداناشناسی شما.

شما می‌گویید چون زن‌های ایران رو باز کردند خدا این گرسنگی را فرستاد. من می‌پرسم خدا چه کرده که گرسنگی فرستاده؟! آیا باران از آسمان نباریده؟! آیا سنبل از زمین نروئیده؟! آیا ملخ و سِن گندم‌ها را تباه گردانیده؟! در جایی که هیچ یکی از اینها نیست پس چگونه می‌گویید خدا گرسنگی فرستاده؟! شما با دیده می‌بینید که خواربار را بیگانگان کشیده می‌برند! می‌بینید که مایه آن، ناتوانی دولت و مایه ناتوانی دولت بدآموزی‌های بی‌خردانه شماست.

با اینحال گناه را به گردن خدا می‌اندازید. وای به شما! وای به شما!

ای بی‌خردان! خدا از رو باز کردن زنان تهران کینه می‌جوید، آنهم از بچگان و زنان بوشهر و بندر عباس؟! اینان رو باز می‌کنند و خدا به آنان خشم می‌گیرد؟... پس چرا زن‌های اروپا و آمریکا که همیشه رو بازند خدا به آنان خشم نگرفته تنها از رو باز کردن زنان ایران خشم می‌گیرد؟! خاک بر سرتان ای نادانان!

در برابر این سخنان چنین گفت: «بالاخره مگر کارها در دست خدا نیست؟» گفتم: «این پاسخ پرسش‌های من است؟! آنگاه چرا تاکنون ندانسته‌اید که در این جهان هیچ کاری بی‌شوند و انگیزه نتواند بود؟! چرا با اینهمه نادانی و کودنی به مردم پیشوایی می‌کنید؟!»

۴ - از چند سال باز، در تهران مردی خود را «سیدمحمدعلی» می‌نامد و به دعوی آنکه نابینا می‌بوده و «حضرت عباس» بینایش گردانیده به اداره‌ها و به خانه‌ها می‌رود و پول‌ها از مردم می‌گیرد. بی‌شرمیش تا آنجاست که می‌گوید: «استکانی پر آب کنید و بیاورید من تبرکش کنم و بخورید و از بیماری‌ها در امان باشید» و چون می‌آورند آب دهان خود را به آن ریخته به مردم خورانَد. کسی تاکنون نجسته که دعویش راست یا دروغ است. یکی نپرسیده تو کجایی هستی و که می‌داند که تو نابینا بودی؟! که دید که «حضرت عباس» تو را بینا گردانید؟ آنگاه چرا پی کار نمی‌روی؟! چرا با تن درست و گردن کلفت گدایی می‌کنی؟! مگر کسیکه با «معجزه» بینا

شد باید به گدایی پردازد؟! به هر اداره‌ای که می‌رود با پول بسیاری بیرون می‌آید.

این بدتر که بسیاری از سران اداره‌ها پشتیبانش می‌باشند و سپارشنامه به دستش داده‌اند. روزی در وزارت فرهنگ دیدم در جلو میز یکی از کارکنان ایستاده و او پولی درآورده می‌دهد. من چون خرده گرفتم و گفتم: «چرا به این مفتخوار پول می‌دهید؟» با یک افسوسی چنین گفت: «چکنیم؟! آقای مدیر کل توصیه نوشته بدستش داده.»

ببینید: وزارت فرهنگ که باید به دشمنی با پندارهای بیپا نبرد کند و جوانان را بکار و کوشش برانگیزد، «مدیر کل» شیعی آن پشتیبانی از مفتخوار گردن کلفت و گدای دروغساز می‌کند و سپارشنامه بدست او می‌دهد.

روزی دیگر شنیدم به دانشکده افسری رفته و یکی از افسران به جلوش افتاده او را در اطاقها گردانیده که در همه جا سرگذشت ساخته خود را بازگفته و از جوانان پولهایی گرفته. تنها از یک اطاقی ۱۵۰۰ ریال به دستش آمده است.

ببینید: وزارت جنگ که باید پندارهای بی‌پای بیهوده را از دلهای جوانان بیرون گرداند و از آنان افسرانی غیرتمند پدید آورد، بدینسان پندارپرستی را در دلهای آنان ریشه‌دارتر می‌کند و زشتی گدایی و مفتخواری را در دیده آنان کم می‌گرداند. اینها همه نتیجه کیشیست که افسران و دیگران می‌دارند و سراپا آلوده پندار و

گمراهی می‌باشند.

شنیدنی‌تر از همه داستان دین‌آموزی به مردگان (به گفته خودشان تلقین است). کسی که مرد و به گورش گزارند باید ملایی بالای سرش ایستند و با زبان عربی چنین گوید» :بشنو و بفهم ای بنده خدا، هرگاه که دو فرشته به نزد تو آمدند و از تو پرسیدند کیست پروردگارت؟ بگو خدا پروردگار منست و محمد پیغمبر منست و علی و حسن و حسین و... امامان منند، بگو بهشت راست است، آتش راست است، ترازو راست است، پل صراط راست است.

«ببینید در همین یک کار چند نادانی گرد آمده است:

یکم: کسی که مرد تن او لاشه‌ای بیش نیست که پس از چند روز از هم خواهد پاشید و دیگر با آن کاری نیست و هر کاری که خواهد بود با روان است. اینکه تن را به زیر خاک می‌کنند برای آنست که در زیر خاک از هم پاشد و آزارش به زندگان نرسد.

چیزی به این آشکاری، تو گویی آنان نمی‌دانند و از نافهمی چنین می‌پندارند که همه کارها با آن تن خواهد بود و گور، خانه‌ای بهر او می‌باشد، و اینست چون به گورش گزاردند دو فرشته‌ای بنام «نکیر» و «منکر» با گرزهای آتشین به نزدش خواهند آمد و پرسش‌هایی خواهند کرد که اگر پاسخ نتوانست گرزهای آتشین را به سرش خواهند کوفت و گور پر از آتش خواهد گردید.

دوم: دین دستور زندگانیست و کسی باید آنرا در زندگیش دارد نه در مردگیش. کسی اگر در زندگیش دین داشته که نیازی به یاد

دادنش نخواهد بود، و اگر نداشته سودی از یاد دادنش پس از مرگ بدست نخواهد آمد. پس آنان دین را چه می‌پندارند که به چنین رفتاری می‌پردازند؟!

پیداست که آنان از معنی راست دین بسیار دور می‌باشند، و چنانکه گفته‌ایم دین در نزد آنان همان دلبستگی به «چهارده معصوم» و پرستش آنهاست، چنین می‌پندارند که خدا جز همان دلبستگی را نمی‌خواهد، و اینست کسی اگر پس از مرگ، آن دلبستگی را نمود مایه خشنودی خدا خواهد بود و او را به بهشت خواهد برد.

سوم: در پندار آنان زبان دستگاه خدا عربی است، و اینست پرسش‌هایی که دو فرشته از مرده خواهند کرد به عربی خواهد بود و مرده باید به عربی پاسخ دهد، و جای گفتگوست که فلان ترک و بَهمان کُرد که می‌میرد آیا در زمان عربی‌دان! می‌گردد؟؟

گفتار چهارم

زورگویی‌هایی که ملایان می‌کنند

از شیعیگری چندانکه می‌شایست سخن راندیم و اکنون می‌خواهیم از ملایان و زورگویی‌های آنان سخن رانیم. شیعیگری که خود دستگاهی بوده ملایان به روی آن دستگاهی چیده‌اند.

شیعیگری با آن پیچ‌هایی که خورده و آن رنگ‌هایی که گرفته به این نتیجه رسیده که سررشته‌داری یا فرمانروایی در این زمان از آن امام ناپیداست. ملایان آنرا گرفته می‌گویند: «ما جانشین آن امامیم و فرمانروایی امروز ازآن ماست.»

با همین عنوان مردم را زیر دست خود می‌پندارند و از ایشان زکوه و مال امام می‌گیرند. از آنسوی دولت را «جائر» و «غاصب» شناخته به مردم چنین می‌آموزند که تا توانند مالیات نپردازند و فرزندان خود را به سربازی نفرستند، اگر پول دولت بدستشان افتاد

«با اجازه از علماء» بدزدند.

اکنون که ایران مشروطه پذیرفته و از روی قانون‌ها زندگی می‌کند این، ملایان با نیز دشمنی می‌نمایند و مردم را به بدخواهی و کارشکنی وامی‌دارند.

این یک دعوی بسیار بزرگیست که ملایان می‌کنند و زیان آن نیز بسیار بزرگست. خود شیعیگری با زیان‌هایش یکسو، و این دعوی ملایان و زیان‌هایش یکسوست.

سررشته‌داری (حکومت) رکن سهنده زندگانی توده‌ایست. از اینرو از دویست سال باز که در میان توده‌های اروپا و آمریکا تکانی پیدا شده، گفتگوها در این زمینه رفته و شورش‌ها پدید آمده و خون‌ها ریخته شده. بی‌شوند نمی‌گوییم: «دعوی ملایان بسیار بزرگ است.»

از آنسو نتیجه این دعوی دو دلی مردم و سرگردانی ایشانست. زیرا ملایان که سررشته‌داری را از آن خود می‌شمارند، آن را بدست نمی‌گیرند (و خود نتوانند گرفت). پس ناچاریست که سررشته‌داری دیگر باشد و مردم نیز به آن خوشبین نباشند. دولتی باشد که مردم آنرا «ستمکار» (جائر) شناسند و از بدخواهی و کارشکنی باز نایستند. به گفته یکی از یاران: «از درون به چیزهایی باور دارند که نتوانند بکار بست، و در بیرون به کارهایی برخیزند که باور ندارند.

ملایان با دولت ایران همان رفتار را می‌کنند که امامانشان با خلافت اسلامی کرده بودند. چنانکه امام جعفر صادق به خلافت

نمی‌کوشید و آنرا بدست نمی‌آورد و به دیگران که کوشیده و بدست آورده بودند گردن نمی‌گزاشت و بلکه پیروان خود را بـه دشـمنی و کارشکنی وامی‌داشـت، همچنـان ملایـان خودشـان رشـته کارهـا را بدست نمی‌گیرند و به دیگران که گرفته‌اند گردن نگزارده مردم را بـه بدخواهی و دشمنی برمی‌انگیزند، بلکه می‌توان گفت کـه زورگـویی اینان بیشتر است تا زورگـویی آنـان زیـرا بـه جعفـربن محمـد اگـر خلافت را دادندی بیگمان آنرا پذیرفتی (چنانکه نـواده‌اش علـی بـن موسی ولیعهدی مأمون را پذیرفت)، لیکن بـه ملایـان اگـر سررشـته داری داده شود نخواهند پذیرفت و نخواهند پیش آمـد، زیـرا ایشـان گذشته از اینکه گروهی بی‌سروسامانند و پیداست که سررشـته داری نتوانند، خود ایشان بهتر می‌شمارند که در نجف یا قم یا شهر دیگری نشینند و بی‌تاج و تخت فرمـان راننـد، و پـول‌هـای مفـت گیرنـد و بی‌رنج و آسوده به خوشی پردازند.

سررشـته‌داری یـا فرمـانروایی بـه سـپاه نیـاز دارد، شـهربانی و شهرداری یا دیگر اداره‌ها خواهد، سررشته‌دار باید پاسـخده آرامـش شهرها و آسایش مردم و آبادی کشور باشد. ملایان نمی‌خواهند ایـن کارها را به گردن گیرند. دوست می‌دارند که بی‌هیچ رنجی باج گیرند و بی‌هیچ پاسخدهی فرمان رانند.

آنان سود خود را در این می‌شناسند که بدانسان که امروز هست دولتی باشد که کشور را راه بـرد و کارهـای سررشـته‌داری را انجـام دهد، ولی در همانحال در پیش مردم «جائر» شـناخته شـده مـردم از

درون علما را پیشوا و فرمانروا شناسند و پول‌هاشان به آنان پردازند. رنج را دولت کشد و سود را آنان برند.

دولت که سپاه می‌گیرد، پاسبان و ژاندارم نگاه می‌دارد، اداره‌ها برپا می‌کند، هر چه بگیرد حرام باشد، ولی آنانکه به هیچ کاری نمی‌پردازند و هیچ پاسخدهی به گردن نمی‌گیرند هرچه بگیرند حلال شمرده شود. دولتیان همگی به دوزخ روند و آخوندها یکسره رو به بهشت آورند. پاسبان که در گرما و سرما شب‌ها را بیداری می‌کشد و به خاندان‌ها نگهبانی می‌کند، گناهکار باشد، ولی ملازادگان و سید بچگان ولگرد و مفتخوار نیکوکار باشند. کوتاه سخن: یک «حکومت عرفی» باشد بدنام و بی‌ارج، «و حکومت شرعی» باشد ارجمند و نیکنام. رنج را آن کشد و سود را این برد.

این آرزوییست که ملایان می‌دارند و تاکنون پیش برده‌اند. ولی بی‌گفتگوست که این آرزو یکسره به زیان توده است. چنانکه گفتیم این نتیجه‌اش دودلی مردم است، و نتیجه دودلی نیز جز درماندگی و بدبختی یک توده نتواند بود.

مردمی که بیست میلیون، یا بیشتر و کمتر، توده‌ای پدید آورده‌اند و در یکجا می‌زیند، باید همگی ایشان به کارهای توده‌ای ارج گزارند و دلبستگی دارند، هر یکی خود را پاسخده پیشرفت آن کارها دانسته به اندازه توانائیش کوشش دریغ نگوید. آن کشور خانه ایشانست، سرچشمه زندگانی ایشانست، باید به نگهداری آن کوشند و سربازی در آن راه را بایای خود دانند. از این راه است که یک توده فیروزمند

تواند بود و با سرفرازی آزاد تواند زیست.

مردمی که به کشور خود دلبستگی ندارند و به کارهای تـوده‌ای ارج نگزارند جای هیچ گفتگو نیست که بیگانگـان بـه ایشـان چیـره خواهند گردید و یوغ بندگی را به گردن ایشان خواهند گزاشت.

اینست نتیجه آن رفتار ملایان، بیسـت میلیـون تـوده را دچـار بدبختی می‌گردانند. از اینجاست که می‌گوییم: «دعوی ملایان بسیار بزرگست و زیان آن نیز بسیار بزرگ می‌باشد.»

یک نمونه از رفتار ملایان و از نتیجه آنها، داستان مشروطه است. مشروطه (یا سررشته‌داری توده) بهترین گونه سررشته‌داری‌هاسـت. اگـر در زمـان اسـلام جهـان را خلافـت شایسـتی امـروز مشروطه می‌شاید. این نشان پیشرفت جهان است که توده‌هـا خودشـان رشـته کارهای توده‌ای را بدست گیرند و آنرا راه برند.

مشروطه در زمان‌های باستان در یونـان و روم پدیـد آمـده ولـی نپاییده بود. تـا سپـس در اروپـا پدیـد آمـد و بیشـتر کشورها آن را پذیرفتند. در ایران نیز غیرتمندانی خواهان آن می‌بودنـد و سـال‌ها می‌کوشـیدند تـا شـادروانان، سـید عبـدالله بهبهـانی و سـید محمـد طباطبائی پیش افتاده جنبشی پدید آوردند و بدانسان کـه در تـاریخ نوشته شده از مظفرالدین‌شاه فرمان مشروطه گرفتند و مجلس شورای در تهران گشاده گردید.

با آنکه پیشوای این جنبش دو سید می‌بودند و سه تن از علمـای بزرگ نجف که آخوند خراسانی و حاجی میـرزا حسـین طهرانـی و

حاجی شیخ مازندرانی باشند، مردانه پشتیبانی ها می‌نمودند، در میانه با ملایان نبرد سختی پدید آمد.

در آغاز کار اینان چون معنی مشروطه را نمی‌دانستند و چنین می‌پنداشتند که مردم که شوریده‌اند رشته کارها را از دست دربار گرفته و بدست آنان خواهند سپرد، از اینرو با آن همراهی می‌نمودند. ولی بیش از هفت یا هشت ماه نگذشت که راستی را دریافته، دانستند که مشروطه نه به سود آنان، بلکه به زیان ایشان می‌باشد و این بود که به دشمنی پرداختند، دسته‌بندی‌ها کردند، با دربار همدست شده کوشش‌ها بکار بردند، در میانه جنگ‌ها رفت، خون‌ها ریخته شد، چون در انجام کار مشروطه‌خواهان چیره درآمدند و تهران را گشاده محمدعلیمیرزا را برانداختند، این بار ملایان دست به دامن دولت بیدادگر روس زده نکولا را پشتیبان خود گرفتند و ده سال که سپاه روس در شهرهای ایران می‌بود از هیچگونه پستی و نامردی باز نایستادند.

پس از همه اینها چون نکولا نیز برافتاد اینبار به خاموشی و کناره‌گیری گراییدند و کم کم با مشروطه به آشتی و دوستی پرداخته از مشروطه به سودجویی برخاستند. فرزندان خود را به دبستان‌ها فرستادند، در اداره‌ها کار برای بستگان خود گرفتند، از هر راهی توانستند از سودجویی باز نایستادند. یک دسته «متجّدد» گردیده مشروطه را با شیعیگری سازش دادند: «امامان همیشه با ظلام و مستبدین در جنگ بودند. مگر امام حسین در راه عدالت کشته

نشده؟!» از اینگونه سخنان فراوان به میان آوردند و بازار خود را گرم گردانیدند. بسیاری از آنان خودشان را به ادارات انداخته یا دفتر اسناد رسمی گرفته از دولت کار پذیرفتند.

لیکن در همان حال دشمنی خود را با مشروطه فراموش نکردند. آن دعوی را که درباره فرمانروایی می‌داشتند، رها نکردند. باز دولت را «جائر» خوانده مالیات دادن و به سربازی رفتن را حرام ستودند، باز نوید بهشت دادند، باز حور و غلمان فروختند. از هر راه که توانستند مردم را به دلسردی از مشروطه واداشتند. هر گامی که در راه پیشرفت برداشته شد از های‌هوی باز نایستادند. از بیشرمی و خیره‌رویی، یکسو از اداره‌های قانونی بهره جستند و یکسو از حاجیان و مشهدیان زکوه و مال امام و «رد مظالم» گرفتند. به گفته عامیان: «هم از توبره خوردند و هم از آخور.»

اکنون که در تهران تکانی برپاست و برای مجلس چهاردهم نمایندگانی برگزیده می‌شود، چند تن از ملایان می‌کوشند که پسران یا برادران خود را برگزینانند و با صد بیشرمی «بیانیه»ها به چاپ می‌رسانند و مردم را به گرفتن «تعرفه» و دادن «رأی» وامی‌دارند. در همان حالی که این کار را می‌کنند، در پشت سر چنین می‌گویند: «حالا که این لامذهب‌ها کار خود را پیش برده‌اند، باید علماء را انتخاب کرد تا بتوانند از بدعتها جلوگیری کنند.»

از این ملایان داستان‌هایی هست که اگر نوشته شود کتابی گردد. رفتار اینان دلیل برنده‌ای است که گروهی بی‌دینند و جز در پی

خوشگذرانی‌های خود نمی‌باشند، و این پیشه را بهترین راه برای آن می‌شناسند. راستی هم آنست که پیش از زمان مشروطه در میان ملایان نیکان و بدان هر دو می‌بودند، ولی چون مشروطه برخاست و ناسازگاری ملایی با آن دستگاه روشن گردید کسانی که بهره از پاکدلی و نیکخواهی می‌داشتند، خود را به کنار کشیدند، و نماندند در ملایی مگر تیره درونانی که از زندگی جز شکم‌پرستی و کامگزاری را نفهمیده اند و از نیکخواهی و دلسوزی به مردم به یکبار بی‌بهره‌اند.

یکی که از ملایان آذربایجان می‌بوده، در سال نخست جنبش مشروطه به نمایندگی از علما به مجلس شورای فرستاده شد، و در آن مجلس که قانون اساسی گزارده می‌شد و کشاکش‌های بزرگی در میان می‌بود، این مرد به همدستی دو سید و دیگران، هواداری بسیار از آن قانون کرده از همان راه جایگاهی در میان مشروطه‌خواهان یافت و از بزرگان به شمار رفت، و زیرکانه از آن فرصت سود جسته «مستمری» گزافی از گنجینه دولت برای خود گرفت، و فرزندان خود را که بسیارند (جز یکی) به اروپا فرستاد و یا در آموزشگاه‌های ایران به درس خواندن گزاشت که چون بازگشتند و یا از آموزشگاه بیرون آمدند هر یکی در اداره‌ای جا گرفته ماهانه‌های گزافی دریافتند (و اکنون هم در می‌یابند.)

پس از همه اینها خود او دستگاه «حجه‌الاسلامی» را رها نکرد و در این سی و هشت سال همیشه، هم از مشروطه سود جسته و هم

از آخوندی. از آنسو در گزاردن قانون اساسی دست داشته، از اینسو در خانه خود درس «فقه» گفته. هیچ نیندیشیده که اگر مشروطه است پس این دستگاه آخوندی چیست که من می‌دارم؟! اگر کشور با قانون اساسی راه خواهد رفت دیگر این «فقه جعفری» به چه کار خواهد خورد؟! آیا از روی قانون اساسی من چکاره‌ام و چه عنوانی توانم داشت؟! تنها آن خواسته که در هر دو بازار گرمی دارد و سود جوید و با آنکه اکنون بیش از هشتاد سال می‌دارد با همان دورنگی و زیرکی روز می‌گزارد.

از همین ملا داستان دیگری هست. یکی از آذربایجانیان چنین می‌گوید: در سال‌های نخست مشروطه با چند تنی به تهران رفته بودیم. روزی گفتم به دیدن فلان آقا رویم. چون رفتیم دیدیم در تالار بزرگی «مجلس درسی» برپاست. طلبه‌ها تالار را پر کرده‌اند و آقا سرگرم «تقریر و تحقیق» است. گفتگو از این می‌رود: «آیا صورت کسی را کشیدن جائز است یا نه؟! (هل یجوز التصویر ام لا؟)» ما چون نشستیم آقا «صبحکم الله بالخیر» گفت و به سر سخن رفت. ما هم نشسته گوش دادیم. آقا گفت و طلبه‌ها گفتند، حدیث‌ها خواندند و دلیل‌ها آوردند. سرانجام به آنجا رسید که آقا گفت: «الاحوط ترکه (بهتر است که پرهیزیده شود).»

ما چون برخاستیم، در بیرون چنین گفتند: «فلان پسر آقا که به اروپا برای درس خواندن رفته بود بازگشته». گفتم به نزد او هم رویم. چون رفتیم دیدیم در آنجا دستگاه دیگریست. به شیوه اروپایی

صندلی و میز گزارده شده، آقازاده با سر باز و رخت فرنگی، به ما دست داد. چند بار «مِغسی» گفت. چون نشستیم و سخن آغاز شد پرسیدیم: «خوب آقا در چه رشته‌ها درس خواندید؟. آقازاده چون درس‌های خود را شمرد یکی هم «رسم و نقاشی» را نام برد. ما در شگفت شدیم که پدر در آنجا چنان گفتگویی می‌داشت و پسر در اینجا چنین پاسخی می‌دهد. پدر به طلبه‌ها می‌گفت: «کشیدن صورت کسی جائز نیست»، پسر می‌گوید: «من آنرا درس خوانده‌ام و «نقاش» خوبی می‌باشم.»

اینها نمونه‌هایی از حال و رفتار ملایان ایرانست. ملایان نجف و کربلا رفتارشان دیگر است:

نخست بیشتر آنان پسر فلان سبزی فروش یا فلان گلکار یا بَهمان کشاورز روستایی می‌بوده، در آغاز جوانی برای گریز از کار رو به مدرسه آورده در آنجا با تنبلی و مفتخواری زیسته و آنرا خوش داشته، و پس از سال‌هایی با پول فلان حاجی «مقدس» به نجف یا کربلا رفته و در آنجا نیز با مفتخواری روز گزارده و سال‌ها بدانسان زیسته تا بجایی رسیده که «مجتهد» شمرده شود و «حجه‌الاسلام» خوانده شود. برخی نیز آقازادگانی‌اند که پدرانشان دستگاه «حجه‌الاسلامی» داشته‌اند، و اینان چشم باز کرده آن را دیده و جز آن نشناخته‌اند.

به هر حال ایشان مردان بی‌دانشی هستند که از جهان و کارهای آن به اندازه کودک ده ساله آگاهی نمی‌دارند و چون مغزهاشان

انباشته از فقه و حدیث و از بافندگی‌های دور و دراز و اصول فلسفه است جایی برای دانش یا آگاهی باز نمی‌باشد. در جهان این همه تکان‌ها پیدا شده، دانش‌ها پدید آمده، دیگرگونی‌ها رخ داده، آنان یا ندانسته‌اند و نفهمیده‌اند، و یا فهمیده پروایی ننموده‌اند. در این زمان می‌زیند و جهان را جز با دیده هزار و سیصد سال پیش نمی‌بینند.

بی‌دردانیند که ششماه درس خوانند که «مقدمه واجبِ واجب است یا نه؟!» سی سال و چهل سال سختی به خود دهند که روزی رسد و «حجه‌الاسلام» نامیده شوند. بزرگترین آرزوشان رَسَد(سهم) بردن از پول هند و گرد آوردن «مقلدانی» از بازرگانان «مقدس» ایران باشد.

دوم: آنان خود را به یکبار از مشروطه بیگانه گرفته و همان دستگاهی را که پیش از زمان مشروطه می‌بوده نگه داشته‌اند. در ایران آن همه تکان‌ها پدید آمد و جنگ‌ها رفت و قانون اساسی گزارده شد و اکنون سی و هشت سال است که دستگاه مشروطه برپاست، آنان در نجف و کربلا و همه اینها را نادیده گرفته‌اند و از مردم جز آن چشم نمی‌دارند که در هرکاری فرمان ایشان برند و زکوه و مال امام به ایشان فرستند او گر دولت جنگی خواست» فتوی» از ایشان طلبد. هنوز درس‌های فقه و اصول را که دانسته نیست به چه کار خواهد آمد سخت دنبال می‌کنند. هنوز سرگرم «رساله‌های علمی» می‌باشند.

در زمان آخوند خراسانی و آن دوتن دیگر فروغ مشروطه‌خواهی به نجف و کربلا نیز تافت و تکان‌هایی در آنجا نیز پدید آمد. ولی

همان که آن سه تن یکایک مُردند آن تابش و فروغ از میان رفت و نشانی باز نماند. شنیدنی است که میرزا حسین نائینی که از شاگردان آخوند می‌بوده در زمان زندگی او کتابچه‌ای درباره مشروطه و سودمندی آن نوشته و چاپ کرده بود، سپس پشیمان گردید و نسخه‌های آن را یکایک جُسته و از دست‌ها باز گرفته و چنانکه گفته می‌شود بجای آن کتابی درباره روضه‌خوانی و سینه‌زنی و آن نمایش‌ها نوشته و بیرون داده است.

این نمونه‌ای از پروای ایشان به سود خودشان و از بی‌پروایی‌شان به سود کشور و توده می‌باشد. یک جمله می‌باید گفت: تیره دلانه در راه نگهداری دستگاه خود به بدبختی بیست میلیون مردم خرسندی می‌دهند.

اما روزی‌خواری ایشان از دو راه است: یکی از پول هند که سالانه با دست نمایندگان انگلیس به «حجج‌الاسلام» رسد و آنان هر یکی خود رسدی برداشته بازمانده را به طلبه‌های پیرامون خود بخشند. دیگری از پول‌هایی که بازرگانان و توانگران «مقدس» ایران فرستند و یا با خود برند.

از پول هند که چندان آگاهی نمی‌داریم سخن نمی‌رانیم، ولی از پول توانگران و بازرگانان ایران می‌باید به گفتگو پردازیم:

این بازرگانان و توانگران، یا حاجیان مقدس ایران گروهی اند که با مشروطه دشمنند و به توده و به کشور بدخواه می‌باشند. همان که نام میهن‌پرستی یا قانون یا مانند آن شنوند گستاخانه ریشخند کنند،

مشروطه‌خواهان را «لامذهب» نامیده از بی‌فرهنگی باز نایستند. در این کشور زیند و با هرگونه نیکی درباره آن دشمنی نمایند.

اینان نخست مشروطه را با کیش خود ناسازگار یافته دشمن شده‌اند و کینه از همانجا ریشه گرفته. سپس نیز جدایی از توده و برتری فروشی به مردم و ریشخند و بدگویی را دوست می‌دارند و خودخواهانه از این کارها لذت می‌برند. اگر در نشست‌هاشان باشید خواهید دید که چگونه پیاپی از دولت و توده و کشور و مشروطه و قانون بد می‌گویند و ریشخند می‌کنند و می‌خندند و لذت می‌یابند.

این به آنان خوش می‌افتد که در میان توده، توده‌ای پدید آورده‌اند، خوش می‌افتد که گردن می‌کشند و از قانون‌ها سرمی‌پیچند، خوش می‌افتد که به همگی زبان درازی می‌کنند.

از آنسوی این به سود ایشانست که از دادن مالیات خودداری می‌کنند و برای پرده‌کشی به درآمدهای گزاف خود دو دفتر نگاه می‌دارند. خوش می‌افتد که با دادن رشوه پسران خود را از رفتن به سربازی آزاد می‌گردانند. خوش می‌افتد که از همه چیز کشور برخوردار می‌گردند و با خوشی بسیار می‌زیند و به هیچ بایایی درباره آن گردن نمی‌گزارند.

این رفتار سرکشانه را می‌کنند و دستاویزشان کیش شیعی، و پشت گرمیشان به ملایان و بویژه به دستگاه نجف و کربلا می‌باشد.

آنگاه چنانکه گفتیم آنان نه تنها با مشروطه و کشور دشمنند و از قانون گردن می‌کشند، از نیکوکاری نیز گریزان و به هر بدی گستاخ

می‌باشند، و چنانکه گفتیم از آن راه نیز به کیش شیعی نیازمندند.

بیشتر آنان کسانی‌اند که از دست بدست گردانیدن کالاها، و از انبارداری و گرانفروشی داراک(دارائی) می‌اندوزند. کسانی اند که دیدیم به نابودی خاندانها ننگریسته با کمترین بهانه روز به روز به روی نرخها می‌کشند. اینست به آن کیش نیازمندند. کیش شیعی که به این کارهای آنان ایراد نمی‌گیرد، و بلکه با یک زیارت نوید بهشت می‌دهد، برای آنان همچون آب برای تشنگان می‌باشد.

از اینرو باید ارج آن را بدانند و با دادن پول به ملایان نگاهش دارند. باید نگزارند دستگاه کربلا و نجف و سامرا بهم خورد. اینست راز بهم بستگی میانه این توانگران با ملایان نجف و کربلا. راستی را اینان با آنان پشتیبان یکدیگرند. آنان اینان را نگاه می‌دارند و اینان آنان را.

در این باره نیز داستانهای بسیاری هست و من تنها یکی از آنها را می‌نویسم: در زنجان کارخانه‌ای هست که دارندگانش تبریزیانند. مدیر آنجا یک تن از حاجی‌های بسیار «مقدس» می‌باشد. این مرد با آنکه بازرگانست از یکی از مجتهدان نجف «نیابت» گرفته که «مال امام» و «رد مظالم» و اینکه پولها را که باید به علما داده شود بگیرد و گرد آورد و در هر دو سال و سه سال یکبار به نجف رفته به او بپردازد. آنگاه این مرد برای کارخانه دو دفتر نگهداشته: یکی برای دولت که جز درآمد کمی را نشان نمی‌دهد، و دیگری برای خودشان که درآمد گزافی را نشان می‌دهد، و چنانکه دانسته‌ایم سالانه مقدار

گزافی پول بنام «خمس و مال امام» جدا می‌گرداند و بنام نجف نگه می‌دارد. اینست نمونه‌ای از کارهای حاجیان «مقدس». اینست نشانه‌ای از بدخواهی آنان با دولت. ده هزارها مانند این حاجی را در میان بازرگانان و بازاریان توانید یافت.

از سخن خود دور نیفتیم: این دعوی ملایان درباره سررشته‌داری و درس دشمنی با دولت که به مردم می‌دهند، بسیار زیانمند است. دوباره می‌گویم: بسیار زیانمند است. همین به تنهایی مایه بدبختی توده‌ها تواند بود. چنانکه در نتیجه همان دعوی، انبوهی از مردم به دولت و کشور توده بدخواه گردیده‌اند، که نه تنها به بایاهای توده‌ای خود نمی‌پردازند، از دشمنی و کارشکنی نیز باز نمی‌ایستند، دیگران بمانند. در اداره‌های دولتی کسان بسیاری هستند که کوشیدن به سود دولت را حرام می‌دانند، و به کار بستن قانون‌ها و روان گردانیدن آنها را گناه می‌شمارند، و پولی که می‌گیرند «با اجازه علماء» به خود حلال می‌گردانند، و همان کسان اگر پول دولت در دستشان باشد از دزدیدن آن بنام «تقاص» باکی نخواهند داشت، و از شکستن هر قانونی به نام کینه‌جویی باز نخواهند ایستاد.

چند سال پیش، در قزوین بازپرسی را دیدم که آشکاره می‌گفت: «این قانون را دولت جائری به ما تحمیل کرده است. من تا بتوانم باید از اجرای آن خودداری کنم». ببینید سیاست‌بازی‌های آرزومندان خلافت در عربستان، پس از هزار و دویست سال در ایران چه میوه‌های زهرآلودی پدید می‌آورد. آیا مردمی با این باورهای شوم

روی رستگاری توانند دید؟... آیا به چنین نادانی در جای دیگر جهان نیز توان برخورد؟!

اینکه در ایران مشروطه به نتیجه‌ای نرسید و امروز به این حال ننگ‌آور افتاده، اینکه یک توده بیست میلیونی بدبخت شده و در کار خود درمانده، اینکه فرزندان آنگلوساکسون از آنور اقیانوس‌ها برخاسته برای راهبردن این کشور می‌آیند، اینها شوندهایش یکی دو تا نیست و بسیار است، ولی بزرگترین همه آنها خود شیعیگری و این دعوی ملایان می‌باشد.

یکی از کارهای بزرگی که باید در ایران به انجام رسد آنست که بیپایی آن دعوی روشن گردد و این اندیشه‌های شوم و زهرآلود از دل‌های مردم بیرون آید. باید در این باره به نبردهای سختی پردازیم و از هیچ کوششی باز نایستیم. من در اینجا آن دعوی را به گفتگو گزارده می‌خواهم ملایان را به داوری کشم. می‌خواهم به یک رشته پرسش‌هایی از آنان پردازم.

چنانکه گفتیم دستاویز ملایان در این دعوی سخنی (حدیثی) است که از زبان امام ناپیدا گفته شده: «در رخداده‌ها به بازگویندگان سخنان ما بازگردید چه آنان حجت من به شمایند و من حجت خدا به ایشان می‌باشم»[1]. از اینگونه از امامان نیز گفته‌هایی آورده‌اند. یک دعوی به آن بزرگی بنیادش این سخنانست.

۱ - واما الحوادث الواقعه فارجعوا فیها الی رواه احادیثنا فانهم حجتی علیکم و انا حجه الله علیهم.

اکنون من از ملایان می‌پرسم:

نخست: «گویندگان آن سخنان چکاره می‌بوده‌اند و چه شایندگی می‌داشته‌اند؟»... می‌دانم خواهند گفت: «امام مُفتَرَضُ الطّاعَه (لازم به اطاعه) می‌بودند».

می‌گویم نامیست که خودتان گزارده‌اید و خدا از آن بیزار است. به گفتهٔ قرآن: «ان هی الا اسماء سمیتموها انتم و آباءکم ما انزل‌الله بها من سلطان.»

پس چرا این داستان «امام مفترض الطاعه» در قرآن نبوده؟ پس چرا امام علی بن ابیطالب به معاویه می‌نویسد: «هر آینه شوری مهاجران و انصار راست که اگر به سر مردی گرد آمدند و او را امام گرفتند خشنودی خدا همان خواهد بود[1]» و هیچ نمی‌نویسد «خدا مرا برگزیده یا پیغمبر آگاهی داده؟!». آیا علی هم با آن شمشیر آهیخته به دست «تقیه» می‌کرد؟

آنگاه شما به ایرادهایی که درباره «امام ناپیدا» هست و ما آن را در این کتاب بازنمودیم چه می‌گویید. آیا به آنها پاسخی می‌دارید؟! نخست باید بودن چنان چیزی با دلیل روشن گردد تا دعوی شما عنوانی پیدا کند. ولی چه دلیل در آن باره در میان است؟! آن حدیث‌هایی که در کتاب‌هاتان نوشته شده کدام یکی درخور پذیرفتن می‌باشد؟!

---

۱ - انما الشوری للمهاجرین و الانصار فان اجتمعوا علی رجل و اتخذوه اما ما کان ذلک الله رضی.

دوم: آن «حدیث» این معنی را که شما می‌خواهید نمی‌رساند. در آنجا می‌گوید اگر داستانی به شما رخ داد (که ندانستید چکار کنید و حکم آنرا ندانستید) از کسانی که به سخنان ما آشنایند و آنها را باز می‌گویند بپرسید. این سخن کجا و دعوی سررشته‌داری کجا؟! این دو از هم بسیار دور است.

می‌دانم خواهند گفت: «امام ما را حجت خود گردانیده». می‌گویم: «حجت واژه‌ایست که ما در فارسی برابرش را نمی‌داریم. حجت کسی است که باید سخنش را بپذیرند. این معنی کجا و رشته کارهای کشوری را بدست گرفتن و به مردم فرمان راندن کجاست؟! بسیار روشن است که در آن حدیث سخن از سررشته‌داری یا فرمانروایی نمی‌رود.

سوم: فرمانروایی یا سررشته‌داری گروهی بیشمار و بیسامان چگونه تواند بود؟!... شما هزارها و ده‌هزارها کسانید که در شهرها پراکنده می‌باشید و هیچ یکی‌تان گردن به دیگری نمی‌گزارید. با اینحال چه کاری توانید کرد؟! سررشته‌داری اگر خودکامانه است باید یک تن بیشتر نباشد و دیگران همگی از او فرمان برند، و اگر به آئین سکالش (رایزنی، مشورت) است باید انجمنی باشد که همگی در آن گرد آیند و با هم بسکالند، و آنچه را که دستهٔ بیشتر گزیرند، پذیرفته گردد. با آن پراکندگی و بی‌سری که شما راست سررشته‌داری چه معنی تواند داد؟!

چهارم: از همه اینها چشم می‌پوشیم. سررشته‌داری از آن

شماست و شما توانید که آن را راه برید. پس چرا نمی‌خواهید بدست گیرید؟!

چرا نمی‌خواهید «شریعت را اجرا» کنید؟! چه چیز جلو شما را می‌گیرد؟! اگر از دولت می‌ترسید با آن همه پیروانی که شما را است اگر به کار برخیزید بی‌گمان دولت در برابر شما نخواهد ایستاد. تا کنون شما کِی خواستید که بگوییم نتوانستید؟... کِی برخاستید که بگوییم پیش نبردید؟... چرا بجای آنکه مردم را دودل گردانید و آواره گزارید بکار برنمی‌خیزید؟!

آمدیم که شما نمی‌توانید، پس گناه مردم چیست که آواره‌شان می‌گردانید؟! «نه خود کوشم و نه دیگری را گذارم، باید این مردم لگدمال گردند. باید بیگانگان بیایند و به اینان توسری زنند». این مردم آزاری را از کدام استاد یاد گرفته‌اید؟!

می‌دانیم چون پاسخی نمی‌دارید خواهید گفت: «حکومت عرفی باشد ولی از ما اجازه بگیرد». می‌گویم: برای چه؟! اگر از آن شما نیست چه نیاز به اجازه است؟! آنگاه «حکومت عرفی» اگر «جائر» است چه سزاست که شما «اجازه» دهید؟! شما که می‌گویید: مردم باید فقه جعفری به کار بندند و این قانون‌ها خلاف شرع است، «تنها از راه اجازه» چه نتیجه تواند بود؟! اگر خواست‌تان آنست که همچنانکه هست باشد و یک توده بزرگی قربانی مفتخوری شما گردند، بهتر آنست آشکاره بگویید و سخن را کوتاه گردانید.

پس از همه اینها، شما که یک تن و دو تن نیستید. دولت از کدام

یکی‌تان اجازه گیرد؟! آیا نه آنست که اگر یکیتان اجازه داد دیگران گردن نخواهند گزاشت و نتیجه‌ای بدست نخواهد آمد؟!

در پایان همه چنین انگاریم که دولت از همگی علمای بنام اجازه گرفت، آیا شما از گرفتن زکوه و مال امام چشم پوشیده دستور خواهید داد که مردم آنها را به دولت پردازند؟! اگر با اجازه دولت از «جائری» بیرون تواند آمد، آیا شما خود را کنار کشیده مردم را به او بازخواهید گزاشت؟! آیا از دودل گردانیدن مردم دست خواهید برداشت؟!

پنجم: زکوه در اسلام بجای مالیات می‌بوده، اسلام خواسته بود که یک کشور بزرگی پدید آورد که در زیر سررشته‌داری یک خلیفه بسر برند، و آن خلیفه بایستی پاسخده آسایش مردم باشد و همیشه به پیشرفت اسلام کوشد. بایستی یک دولت نیرومند و توانایی پدید آورد که در مرزها دسته‌های مجاهدان گمارد، برای آسایش و ایمنی مردم به شهرها «قضات» فرستد، «و شُرطه» (اداره شهربانی) برپا گرداند. برای این کارها درآمدی بایستی. امروز دولت‌ها مالیات می‌گیرند و آن روز اسلام زکوه را گزارده بود. به هر حال زکوه از آن خود خلیفه و برای «صرف جیب» نبودی.

خود قرآن جاهای دررفت (هزینه، خرج) زکوه را نشان داده: بایستی از آن به بی‌چیزان و درماندگان داده شود، وام‌های وام‌داران پرداخته گردد، از «کافران» برای «جهاد» مزدور گرفته شود(المولفه قلوبهم) از بازمانده هم بخش بزرگی در راه جنگ با دشمنان و برای

سپاه‌آرایی و افزارخری(خریدن افزار) و مانند اینها بکار رود.

همچنین «مال امام» که به نام خود امام است به امامی سزیدی که امامت یا خلافت را در دست داشته آن را راه برد. این خود مزدی به او، که شبان و روزان خود را در آسایش کشور اسلامی بسر دادی، شمرده شدی. کوتاه سخن آنکه چه زکوه و چه مال امام در برابر کار و کوشش می‌بوده، برای مفتخواری و مفتخوارپروری نمی‌بوده.

اکنون پرسش پنجم من آنست که شما ملایان که به کار کشورداری برنمی‌خیزید و به یکبار خود را به کنار گرفته گامی پیش نمی‌گزارید، زکوه و مال امام را به چه نام می‌گیرید؟! گرفتم که «خلافت اسلامی» یا سررشته‌داری یا فرمانروایی یا هر نامی که می‌گزارید از آن شماست، ولی تا به کار نپردازید زکوه و مال امام چگونه توانید گرفت؟! شما زکوه و مال امام را در چه راه بکار می‌برید؟! آیا کشورداری می‌کنید؟! آیا به جهاد می‌پردازید؟ آیا «مؤلفه القلوب» می‌بسیجید؟! آیا به شهرها «قضات» و «شُرطه» می‌فرستید؟! زکوه و مال امام برای این کارهاست که شما هیچ یکی را نمی‌کنید، و من نمی‌دانم به چه نامی پول از مردم درمی‌یابید؟! از خودتان می‌پرسم: آیا این «اکل بسحت» نیست؟! می‌دانم خواهید گفت: ما به مردم دین یاد می‌دهیم. می‌گویم: دروغ است، شما چیزی یاد نمی‌دهید، آنچه را که مردم خودشان می‌دارند شما به نگهداری می‌کوشید. یک دستگاهیست که ساخته شده و شما پاسبانی می‌نمایید شما تا آن اندازه سود جویید که تاکنون به مردم نگفته‌اید:

«قمه‌زنی حرام است»، نگفته‌اید، «استخوان‌های مردگان را از این شهر به آن شهر نکشید»، نگفته‌اید که مبادا چند تنی برنجند و از شما رو گردانند.

آنگاه گرفتم که سخن‌تان راست است، که گفته زکوه و مال امام برای دین یاد دادن است؟! در کجا چنین چیزی نوشته شده؟!

ششم: آن دعوی شما درباره سررشته‌داری و هر سخنی که می‌دارید در زمینه اسلام می‌بوده. اکنون که اسلام نمانده به آن دعوی شما چه معنایی توان داد؟!

این به شما گران خواهد افتاد که می‌گویم اسلام نمانده و معنای آن را نخواهید دانست. شما با آن ناآگاهی این را چگونه خواهید دانست؟!

این است شما را به کتاب «در پیرامون اسلام» که به چاپ رسیده راه می‌نمایم. آن را بخوانید تا بدانید اسلام به یکبار از میان رفته، و آنچه مانده جز گمراهی‌ها نیست که باید از میان برخیزد.

امروز کشوری به نام اسلام نمانده تا شما دعوی فرمانروایی کنید. امروز مسلمانان هر نژادی جدا گردیده و به نام همان نژاد کشوری پدید آورده. در همین ایران مردم به نام ایرانیگری می‌زینند، نه به نام مسلمانی، و این است که عراقیان و مصریان و جهودان و زردشتیان را که در ایرانند از خودشان می‌شمارند. آنگاه از سال‌هاست که در ایران قانون‌های فرنگی روان است و قانون‌های اسلامی به کنار گزارده شده. آیا اینها دلیل از میان رفتن اسلام

نمی‌باشد؟

آری اگر شما توانید اسلام را بازگردانید و کشوری به نام آن دین برپا کنید، دعوی سررشته‌داری یا فرمانروایی نیز توانید کرد.

هفتم: پس از همه اینها از دویست سال پیش در اروپا و آمریکا مشروطه (یا سررشته‌داری توده) که بهترین گونه سررشته‌داریست آغاز یافته. من نمی‌خواهم در اینجا از مشروطه ستایش کنم و یا معنی راست آن را که نمی‌دانید به شما باز نمایم. این چیزیست که در اینجا بی‌جاست. همین اندازه می‌گویم: این سررشته‌داری در سراسر جهان شناخته گردیده و ایران نیز با خونریزی‌های بسیاری با شما و با دربار آن را پذیرفته است. اکنون این دعوی شما با آن چه سازشی تواند داشت؟! شما درباره آن چه می‌اندیشید؟! آیا چشم می‌دارید که ایرانیان سررشته‌داری توده را که پس از کوشش‌های بسیار بدست آورده‌اند رها کرده به پاس دعوی بسیار خنک و پوچ شما بار دیگر به زیر فرمانروایی خودکامه روند؟! آیا چنین چشم‌داشتی بسیار بی‌خردانه نیست؟! اینهاست پرسشهایی که من از ملایان می‌کنم. اینهاست ایرادهایی که به دعوی آنان می‌گیرم.

کوتاه سخن آنکه دعوی ملایان درباره سررشته‌داری: نخست به یکبار بی‌پاست و بنیادی جز زورگویی نمی‌دارد. دوم: چیزیست که نتواند بود و نشدنیست. سوم: خود ملایان تنها به دعوی بس کرده بیش از این نمی‌خواهند که یکسو زکوه و مال امام از مردم می‌گیرند و به دستگاه مفتخواری خود رونق دهند، و یکسو دولت را همیشه

ناتوان نگاه داشته جلو نیرومندی آن را می‌گیرند.

بسیاری از آنان نیز راهی را نافهمیده پیش گرفته کورکورانه می‌پیمایند، و از بس ناآگاه و نفهمند زیان آن را، که به این بزرگی و به این آشکاری است، درنمی‌یابند.

یک جمله گویم: دعوایی است که پایه آن زورگویی و بیشرمی و نتیجه‌اش مردم آزاری و بدخواهی می‌باشد.

نمی‌دانم ملایان به این ایرادها چه خواهند گفت؟! نمی‌دانم آیا به خود آمده زشتی کارشان را خواهند دریافت؟... نمی‌دانم آیا خدا را به یاد آورده شرمی خواهند کرد؟!

بارها دیده‌ایم که در چنین هنگامی به هیاهوی برخاسته مردم عامی و پیره زنان تیره مغز را برآغانیده بکار می‌اندازند، یا به دولت رو آورده داد می‌خواهند، یا به یکبار خود را به خاموشی زده نادیده و ناشنیده می‌انگارند، و همانا در این هنگام نیز به آن رفتارها خواهند برخاست.

این است می‌نویسم که هیچ یکی از آنها سودی نخواهد داشت. ما را چه هایهوی شما و چه قارقار کلاغان، به دولت نیز روی آوردن نابجا و بیهوده است. دولت را در این باره کاری یا سخنی نتواند بود. قانون به او راه نداده، ما به کسی دشنام نداده و «توهینی» نکرده‌ایم. ایرادهایی گرفته‌ایم و پاسخ‌هایی خواسته‌ایم، دولت را در این زمینه چکار است.

آنگاه گرفتیم که هایهوی بزرگی راه انداختید، گرفتم که پای

دولت را به میان کشیدید، گرفتم که چندگاهی رفتید و آمدید، گفتید و شنیدید و به خودنمایی‌ها پرداختید، آیا با اینها ایرادهای ما از میان خواهد رفت؟! آیا به پرسش‌های ما پاسخی خواهد بود؟! آیا همان رفتارها دلیل دیگری به بی‌پایی کیش و دعوی شما شمرده نخواهد شد؟! آیا همان‌ها نشانه دیگری از زورگویی شما نخواهد بود؟! چرا آن نمی‌کنید که بنشینید و با هم بسکالید و یک راه بخردانه پیش گیرید؟... چرا آن نمی‌کنید که نشست‌ها برپا گردانیده سخنان ما را بخوانید و بفهمید و بیندیشید و به داوری خرد سپارید که اگر راست است بپذیرید و اگر راست نیست هر پاسخی می‌توانید بنویسید؟!

به هر حال ما به شما آگاهی می‌دهیم: زوری به آن آشکاری را نتوان برتافت. بیست میلیون مردم را قربانی آز و هوس شما نتوان دید. ما شما را به داوری خوانده‌ایم. اگر پاسخ‌هایی می‌دارید بگویید، اگر نمی‌دارید به گمراهی خود خستوان گردیده به راه آیید و از خدا آمرزش طلبید. اگر می‌گویید: «نه پاسخ‌هایی می‌داریم و نه به راه خواهیم آمد» پیداست که زورگوییست و پیداست که پاسخ زورگویی چه تواند بود.

چیزی را که می‌باید در پایان بنویسم آنست که برخی از این ملایان آرزومندند که ما را «تکفیر» کنند و «شریعت» خود را به «اجرا» گزارند. «یکی را به دیه راه نمی‌دادند، خانه دهبان را می‌پرسید.»

ما صد ایراد ریشه کن به کیش آنان می‌گیریم که به یکی پاسخ

نمی‌توانند داد و باز با چنین خیره رویی پیش می‌آیند. ما می‌گوییم کیش شما از ریشه تباه است و آنان می‌خواهند با همان کیش ما را «کافر» خوانند. در اینجاست که باید هر کسی به اندازه نادانی آنان پی برد.

باید به آنان گفت: «بسیار دورید. شما معنی کافر یا بی‌دین را نیز نمی‌دانید. بی‌دین کسیست که خدای زنده را گزارده مردگان هزار ساله را پرستد. بی‌دین کسیست که خدای آفریدگار را نشناخته رشته کارهای جهان را بدست «حضرت عباس» و «جناب علی اکبر» و »امامزاده داود» دهد. بی‌دین کسی است که در برابر یک گنبدی گردن کج کند و به یک زنی که در زندگیش هیچ کاره می‌بوده و در مردگیش جز نام و نشانی از او در میان نیست، رو گرداند و بانگ بردارد: «یا فاطِمَه اشفَعِی لَنا عِندَاللهِ». بی‌دین آن کسانیند که نام پاک آفریدگار را با صد ناپاسداری برند ولی چون نام امام ناپیدای پنداری به میان آید همگی بپاخیزند. بی‌دین آن کسانیند که پیشوایانشان «اِن الله عَزَّوَجَل خَلَقَنا مِن اعلَی عِلیّینَ وَ خَلَقَ قُلُوبِ شِیعَتُنا مِمَّا» گویند و آنان چنین گزافه‌ای را باور دارند و به مردم نیز یاد دهند. کوتاه سخن: شما چون معنی دین را نمی‌دانید معنی بی‌دینی را نیز ندانسته‌اید.

* * *

در هنگام چاپ کتاب چون در روزنامه پرچم نامه امام علی بن

ابیطالب را به معاویه بچاپ رسانیده و از ملایان در آن باره پاسخ خواسته بودیم، از دو تن از ایشان پاسخی رسیده. یکی از توحیدی نام از تبریز، دیگری از آقای محمد خالصی‌زاده از کاشان.

توحیدی می‌نویسد: «در آن نامه حضرت امیر(ع) با پذیرش و دریافت دشمن (مُسَلَّماتِ خَصم) سخن رانده. یعنی می‌گوید: ای معاویه باور تو اینست که برگزیدن خلیفه مهاجرین و انصار راست و آنان هر کسی را برگزینند خشنودی خدا در آن خواهد بود. پس مرا نیز همان کسان برگزیده و بدانسان که به ابوبکر و عمر بیعت کرده بودند به من نیز بیعت کرده‌اند. ای معاویه تو را نرسد که نپذیری. خواست آن حضرت آن نبوده که راستی یا کجی برگزیدن را روشن گرداند بلکه می‌خواهد معاویه را به باور خود پاسخ دهد.»

آقای خالصی‌زاده می‌نویسد: «حضرت امیر معاویه را الزام می‌کند. چون معاویه دلیلی بر خلافت ابوبکر و عمر و عثمان بجز اجتماع مهاجر و انصار و شوری ندارد و به همین در مکاتبات خود به حضرت امیر استدلال کرد حضرت امیر الزاماً فرمودند همان کاری که برای خلافت ابوبکر و عمر و عثمان شد در خلافت من جاری گردید. بنابراین معاویه به قول خود حق مخالفت با من ندارد در صورتی که اعتراف به صحت خلافت ابوبکر و عثمان می‌کند.»

این نمونه‌ای است از پاسخ‌هایی که ملایان به نوشته‌های ما توانند داد. ما می‌پرسیم: به چه دلیل سخنی را از معنی آشکار خود برمی‌گردانید و چرا برمی‌گردانید؟! سخنی به آن آشکاری و روشنی

چه شده که شما آنرا نمی‌پذیرید و برای آنکه دست از گمراهی خود برندارید معنایش را دیگر می‌گردانید؟!

یکی از کجروی‌های پیشروان شیعه همین داستان گزارش (یا تأویل) می‌باشد. اینان هر سخنی را که با خواست خود ناسازگار یافتند از معنی آشکارش بیرون برند و به معناهای دیگری پیچانند این از شیوه‌های کهن ایشانست و خود یکی از ایرادهای بزرگ می‌باشد.

این یکی از چیزهایی است که از باطنیان گرفته‌اند، و ما چون در این کتاب از باطنیان سخنی نرانده بودیم، از این ایراد نیز به شیعیان چشم پوشیدیم.

آخر به چه دلیل شما سخنی را که امام علی بن ابیطالب گفته از معنی خود بیرون می‌برید؟! امام علی بن ابیطالب سید باب یا بهاءالله نمی‌بوده که عربی را نیک نداند و در فهمانیدن خواست خود درماند؟! آیا امام علی بن ابیطالب نمی‌توانست همان جمله‌هایی را که توحیدی «فضولاً» از زبان او ساخته خودش بگوید؟!

اگر خواست آن امام چنان بودی بایستی چنین بنویسد: «انک یا معاویه تزعم ان ابابکر و عمر و عثمان کانوا علی الحق و قد با یعنی القوم الذین بایعوهم علی ما بایعوهم و انک تزعم ان الشوری للمهاجرین و الانصار و هم قد اختارونی و بایعونی...» پس چه بوده چنین نوشته؟!

داستان شگفتیست: امامی به خلافت رسیده به یکی از

فرمانروایان زیردست که در اندیشه نافرمانی است نامه مـی‌فرستد و با یک زبان ساده‌ای چنین می‌نویسد: «همان کسانیکه به ابوبکر و عمر و عثمان دست داده بودند به من دست دادند»[۱]. سـپس از ایـن گفتـه خود نتیجه گرفته می‌نویسد: «پس باشنده را نمی‌رسد کـه دیگـری را برگزیند و نباشنده را نمی‌رسد که نپـذیرد»[۲]. سـپس بـه اسـتواری آن سخنان کوشیده می‌نویسد: «شوری مهاجران و انصار راست. آنان بـه هر کسی گرد آمدنـد و امـامش نامیدنـد خشـنودی خـدا نیـز در آن خواهد بود»[۳].

پس از آن به یک سخن دیگـری پرداختـه مـی‌نویسـد: «اگـر آن برگزیده از سخن مهاجر و انصار بیرون رفت و یک «بـدعت» پدیـد آورد بایـد او را بـه راه بازگرداننـد و اگـر نپـذیرفت جنـگ کننـد»[۴]. سخنانی به این سادگی و روشنی چـون بـا خواسـت خـود سـازنده نمی‌یابند به یک بار چشم پوشیده می‌گویند: «به پذیرش و یا دریافت دشمن سخن رانده!» ما دوباره می‌پرسیم: به چه دلیل سـخنانی بـه آن روشنی را از معنی خود بیرون می‌برید و بهر چه بیرون می‌برید؟!

اینکه آقای خالصی‌زاده می‌نویسد: «چون معاویه دلیلی بر خلافت ابوبکر و عمر و عثمان بجز اجتماع مهاجر و انصار و شوری ندارد و

---

۱ – انه بایعنی القوم الذین بایعوا ابابکر و عمر و عثمان علی ما بایعوهم.

۲ – فلم یکن للشاهدان یختار ولاللغائب ان یرد.

۳ – انما الشوری للمهاجرین و الانصار فان اجتمعوا علی رجل و اخذوه اما کان ذلک الله رضی.

۴ – فان خرج من امرهم بطعن او بدعه ردوه الی ما خرج منه فان ابی قاتلوه علی اتباعه غیر سبیل المؤمنین.

به همین در مکاتبات خود به حضرت امیر استدلال کرد...» که می‌خواهد بگوید امام علی بن ابیطالب این سخنان را در پاسخ نامه معاویه نوشته است، چیزیست که از پندار خود پدید آورده.

در نهج‌البلاغه که این نامه هست در عنوانش می‌نویسد: «من کتاب له الی معاویه» که می‌فهماند نخست آن امام به نامه‌نویسی برخاسته و این نامه را نوشته. از خود نامه هم جز این بدست نمی‌آید. همین نامه را در تاریخ‌ها نیز آورده‌اند و من آنچه بیاد می‌دارم از آنها هم جز همین فهمیده نمی‌شود. به هر حال آقای خالصی‌زاده به شیوه دیگران از پندار خود سخن رانده. هرچه هست این نامه چه نامه نخست بوده و چه در پاسخ نامه معاویه نوشته شده، به آن معنایی که این دو تن به عنوان گزارش گفته‌اند و نتوان بود نیست. این پاسخ دهندگان هر دو خطبه شقشقیه را پیش کشیده آن را دلیلی برای خود شمارده‌اند. می‌گویند در آن خطبه امام علی بن ابیطالب از خلافت ابوبکر و دیگران ناخشنودی نموده.

می‌گویم: آن خطبه در تاریخ‌ها دیده نشده و راست بودنش درخور باور نیست. اگر هم باور کنیم بیش از گله‌گذاری نبوده و جز این را نمی‌رساند که امام علی بن‌ابیطالب در دلش خود را به خلافت شاینده‌تر از دیگران می‌شمارده و این جز از سخنانیست که شیعیان می‌دارند.

آنگاه چنانکه شما آن نامه را به گزارش کشیده می‌گویید برای «الزام خصم» نوشته است، دیگران هم توانند آن خطبه را به گزارش

کشیده بگویند: «امام آنرا برای «تألیف قلوب» رافضیان که در کوفه بسیار می‌بودند گفته است.»

اگر کسی به چنین گزارشی در آن باره پردازد شما را هیچ پاسخی به او نخواهد بود. راهی است که خودتان باز کرده‌اید. به گفته عرب: «فَلَمَ بانَکَ تَجُرُ وَ بائِی لاتَجُرَ؟!...»

در پایان ناچاریم بار دیگر یادآوری کنیم که این گفتگوها از دین نیست. در دین جایی برای گفتگو از رخداده های گذشته و آینده گشاده نمی‌باشد. در دین نامی از این کس و آن کس برده نمی‌شود. اگر راستی را بخواهند این خود بی‌دینی است که کسانی زندگانی خود را رها کرده از رخداده‌های هزار و سیصد سال پیش سخن رانند و میان مردگان دو تیرگی انداخته به هواداری از اینسو و آنسو به کشاکش پردازند. دین برای آنست که آدمیان تا به این اندازه از خِرد دور نباشند و به این کارهای بیهوده نپردازند.

دین چنانکه گفته‌ایم «شناختن معنی جهان و زندگانی و زیستن به آیین خرد است». هرکس که می‌خواهد در این باره نیک آگاه گردد کتاب «ورجاوند بنیاد» و دیگر کتاب‌های ما را بخواند.

آنچه ما را به این گفتگو در اینجا ناچار گردانیده آنست که چنانکه گفته‌ایم ملایان دعوی سررشته‌داری می‌کنند و صد آشفتگی در زندگانی این توده پدید می‌آورند و چون دستاویز ایشان برگزیدگی امام علی بن ابیطالب به خلافت از سوی خدا و دیگر اینگونه سخن‌ها می‌باشد، ما برای آنکه بی‌پایی دعوی آنان را روشن

گردانیم ناچار شده به این گفتگوها درآمده‌ایم.

پایان

❋❋❋

صوفیگری

به نام پاک آفرنده‌ی جهان

مقدمه

بسیاری از خوانندگان می‌دانند که ما از یازده سال پیش به یک رشته کوششهایی برخاسته‌ایم و با همه‌ی گمراهی‌ها و نادانی‌های فراوان که در ایران و دیگر جاها است می‌نَبَردیم و چون از بدترین آن گمراهی‌ها صوفیگریست که هزار سال بیشتر رواج داشته و ریشه‌ها دوانیده، ما با آن نیز به نبردهایی پرداخته‌ایم. بدینسان که نخست، گاه به گاه گفتارهایی در شماره‌های پیمان و پرچم می‌نوشتیم. سپس پارسال از همه‌ی گفته‌های خود دفتری پدید آوردیم که به نام «صوفیگری» به چاپ رسید و چون نسخه‌های آن کم یافته می‌شود، اینک دوباره آن را با فزونی‌ها و دیگرگونی‌هایی چاپ می‌کنیم.

صوفیگری در کتاب زندیده(= بررسی) شده و آنچه در باره‌ی بی‌پایی و زیانمندی آن گفتنی است، گفته شده. آنچه در این دیباچه می‌باید باز نماییم چند چیز است:

نخست: کسانی می‌گویند: «صوفیان گروه اندکی هستند که در این جا و آن جا پراکنده‌اند و درخور آن نیستند که کسی به ایشان پردازد».

ولی این سخن بسیار خام است. زیرا صوفیان اندک نیستند و بسیاراند و اکنون در ایران، در چند شهر، از تهران و مراغه و گناباد و مشهد و شیراز و دیگر جاها، دستگاه می‌دارند. صوفیان تنها آن درویشان تاج نمدی گیسودار و آن گُلِ مولاهای چرک‌آلود و دریوزه گرد که تبری و کشکولی به دست می‌گیرند نیستند. هزارها دیگران هستند که بی‌تاج و گیسو، و بی‌تبر و کشکول درویش‌اند و مغزهاشان آکنده از بدآموزی‌های صوفیگری‌ست.

در میان این کارمندان دولت و سران اداره‌ها، شما کسان بسیاری را توانید یافت که درویش اند و هر یکی خود را از پیروان فلان مَست علیشاه و بهمان عاشق علیشاه می‌شمارد. در پشت میز سررشته‌داری توده نشسته و اندیشه‌هایی که در مغزش جا گرفته اینها است: «ای بابا این دنیا چند روزه است. نیک یا بد خواهد گذشت، بزرگان سر به دنیا فرود نیاورده‌اند...»؛ «این نیز بگذرد یاهو».

آنگاه صوفیگری بدآموزی‌هایش تنها در میان صوفیان نبوده، زیانش تنها به صوفیان نیست. چنان که در کتاب گفته‌ایم، این

گمراهی به هر سو ریشه دوانیده و بیشتر مردم آلـوده بـدآموزی‌هـای صوفیگری‌اند بی‌آنکه صوفی باشند و بی‌آنکه خودشان بدانند.

از آن سو کتاب‌ها آلوده‌ی این بدآموزی‌ها است. گذشته از آن که صوفیان هزارها کتاب، به شعر یا به نثر، از خود به یادگار گزارده‌انـد که در دست مردم است و در خانه‌ها است، شاعران و اندرزسرایان ما همه از صوفیگری سود جسته‌انـد. شـاعران کـه در پـی «مضـمون» می‌گشته‌اند، بدآموزی‌های صوفیان گنجی باز یافته بـرای آنـان بـوده. همین حال را داشته‌اند اندرز سرایان و پیشوایان. کتاب‌هـایی کـه در زمینه «اخلاق» به عربی یا به فارسی نوشته شده، همه از آن سرچشمه آب خورده.

یک جمله بگویم: ایـن گمراهـی کهـن، زهـر خـود را در کالبـد توده‌ها به هر سو دوانیده است.

گذشته از همه اینها، صوفیگری در جهان سیاست یکی از افزارها است. از سال‌ها است دیده می‌شود که شرقشناسان از اروپا و وزارت فرهنگ از ایران دست به هم به رواج آن می‌افزایند. «تـذکره‌الاولیـاء» شیخ [فریدالدّین] عطّار [نیشابوری] از «ثلث مرحوم گیـب» در اروپـا چاپ شده به ایران فرستاده مـی‌شـود، *مثنـوی مولـوی* و غزلیـات و شعرهای او چاپ یافته، پراکنـده مـی‌گـردد. وزارت فرهنـگ ایـران، صوفیگری را درسی در دانشسرا می‌گرداند و سالانه پول‌هایی در راه چاپ کتاب‌های صوفیان بیرون می‌ریزد.

اینهـا چیزهاییسـت کـه نبایـد نادیـده گرفـت و آسـیب و زیـان

صوفیگری را کوچک شمرد. خرده‌گیران از اینها ناآگاهند.

دوم: کسانی هم ایراد دیگری گرفته می‌گویند: «دانش‌ها که رواج گیرد، همه اینها از میان خواهد رفت».

این هم سخن خام دیگریست. دانشها چیست؟ دانشها در زبان شما همان رشته‌های شیمی و فیزیک و تاریخ طبیعی و ستاره‌شناسی و پزشکی و ریاضیات و مانند اینهاست. کدام یکی از اینها است که صوفیگری را از میان خواهد برد؟ کدام یکی از اینها است که با صوفیگری یا گمراهی‌های دیگر در نبرد می‌باشد؟!

آنگاه ما می‌بینیم از چهل سال باز، دانشها در ایران رو به رواج نهاده و پیش رفته و با آن حال، هیچ یک از صوفیگری و شیعیگری و دیگر گمراهیها از میان نرفته، تنها سست شده. دانشها اینها را سست گردانیده و اینها دانشها را. این قاعده همگیست که دو چیز ناسازگار چون به هم رسیدند، این آن را سست گرداند و آن این را.

اکنون از درس خواندگان کمتر کسی آن می‌کند که به نام درویشی و صوفیگری، دست از خانه و زندگی برداشته به خانقاهی خَزَد. کمتر کسی آن می‌کند که به چِلّه نشیند و سختی به خود دهد و با بوق و مَنتَشا و کشکول و تبر برداشته «گرد جهان» گردد. صوفیگری را دیگر آن نیرو نمانده. ولی همان درس خواندگان چون با بدآموزی‌های صوفیان آشنا گردند، آن‌ها را فراگرفته در مغزهاشان جا خواهند داد، (در درس‌هایی که خوانده‌اند چیزی که بی‌پایی و زیان‌مندی آن بدآموزی‌ها را برساند نبوده). آنگاه ناچاری است که

سَهِش‌های (= احساس درونی) آنان آلوده گردد. ناچاری است که آهنگ‌هاشان سست باشد. همین‌است حال با دیگر گمراهی‌ها. این چیزی است که ما اکنون در ایران می‌بینیم و در این باره سخنانی که می‌بایست در جاهای دیگر گفته‌ایم.[۱]

اگر دانش‌ها توانستی ریشه گمراهی‌ها را براندازد، این کار را در اروپا کردی، و شما می‌بینید که نکرده و نتوانسته. دویست سال بیشتر است که در اروپا دانش‌ها رواج یافته و به همه جای رسیده. سپس نیز جنبش‌های دموکراتی و سوسیالیستی و کمونیستی و مانند این‌ها رخ داده و هر یکی به نوبت خود تکانی پدید آورده. با این حال نتوانسته مسیحیگری را که در حال امروزی سراپا گمراهی و بدآموزی است براندازد؛ تنها سست گردانیده. از همه شنیدنی‌تر داستان روسستان و کمونیستی است. جنبشی با آن ژرفی را پدید آوردند و سراسر کشور را زیر رو گردانیدند و با کشیشان و دستگاهشان دشمنی‌های آشکار نمودند و به کوشش و نبرد سختی برخاستند و پس از همه‌ی اینها، اکنون دیده می‌شود که مسیحیگری و دیگر کیش‌ها از آن کشور برنیفتاده و تازه دولت میدان به کشیشان و ملایان داده.

این خود جستاری است که به گمراهیها باید از رو به رو رزمید و تاختهای پیاپی بُرد و آنگاه در همان زمینه‌ها، آمیغ(= راستی)هایی را به جای آنها گزاشت. راز کار همینست که آمیغهایی به جای

---

۱۰ – کتاب «دادگاه» دیده شود.

گمراهی‌ها گزارده شود و گرنه گمراهی‌ها از میان نخواهند رفت، سست گردیده، در جای خود باز خواهند ماند. در این‌باره نیز ما گفتنی‌ها را در جای خود گفته‌ایم.[۱]

از همه اینها می‌گذریم: دانش‌ها خود با یک گمراهی بزرگ توام است. دانش‌ها، هر کجا می‌رود، مادّیگری با آنها همراه است. ما گرفتیم که دانش‌ها صوفیگری را تواند برانداخت. چه سودی خواهد داشت در جایی که مادّیگری را به جای آن گزارد؟! مادّیگری کمتر از صوفیگری نیست. بلکه با حال امروزی جهان بدتر از آن است.

صوفیگری مردم را سست و تنبل و بی‌غیرت گردانیده، جهان را از آبادی باز می‌دارد. مادیگری مردم را آزمند و ستمگر، بلکه دزد و کلاهبردار گردانیده سامان زندگی را به هم می‌زند، و آنگاه با حال امروزی جهان جنگهای پیاپی پدید آورده، بدینسان که امروز در پیش چشم ما است، شهرها را ویران می‌گزارد.

داستان شگفتیست که یکدسته می‌گویند چاره صوفیگری را دانشها (یا بهتر گوییم: مادّیگری که همراه دانش‌ها است) خواهد کرد. یک دسته دیگر هواداری از صوفیگری نشان‌داده می‌گویند «تنها چیزی‌که جهان را از مادّیگری تواند رهانید صوفیگریست». آنان چنان می‌گویند و اینان چنین.

ما اگر راستش خواهیم، نه دانشها یا مادّیگری چاره صوفیگری را تواند کرد و نه صوفیگری جلو مادّیگری را تواند گرفت. اینها هر دو

۱- کتاب «دین و جهان» دیده شود.•

گمراهیست و هر دو با هم توانند ماند. هر یکی تواند جای دیگری در مغزها برای خود بگشاید. یک کس تواند هم مادی باشد و هم صوفی. تواند که از یکسو زندگانی را نبود شناسد و پروای کسی و چیزی نکند و جز در بند خوشیهای خود نباشد، و از یک‌سو جهان را بی‌ارج و چند روزه شمارد و دل به آبادی آن نسوزاند و از هر کاری که رنج دارد، صوفیانه خود را به کنار گیرد. این حالی است که ما امروز در بسیار کسان می‌بینیم.

آن چه هر دو از صوفیگری و مادّیگری را از میان تواند برد و جهان را از آسیب آنها تواند رهانیدّ این نبرد سختی است که ما با هر دوی آنها آغاز کرده‌ایم. آن چه ایرانیان را از این گمراهی‌ها آسوده تواند گردانید، دین، یا بهتر گویم شاهراه زندگانیست که ما به روی جهان گشاده‌ایم.

مرا بسیار شگفت افتاده که کسانی به این کوشش‌های ریشه‌دار و هَناینده (= مؤثر) خورسندی ندهند، و زبان به خرده‌گیری گشایند، به این دستاویز که دانش‌ها چاره آنها را خواهد کرد و خود نمی‌دانیم به این چه نامی دهیم.

سوم: سالهاست که از اروپا ستایشها از صوفیگری می‌سرایند. این که می‌گویم «از اروپا» (و نمی‌گویم: «در اروپا»)، از این‌روست که آنها را برای ما می‌سرایند. آن چه می‌گویند و می‌نویسند، چه به فارسی باشد و چه به زبان‌های اروپایی، همه برای ماست. دام‌هاییست که در زیر پاهای ما گسترده می‌شود. این مانند آنست که چیز تلخی را که

بخواهند به بچه‌ای بخورانند، بزرگی پیش افتد و چنین گوید: «بدهید من بخورم، به به چه شیرینست».

این بدکاری بزرگی از اروپاییان است که در رفتار سیاسی با توده‌های شرقی دست به این چیزها می‌زنند. این خود لکه ننگی است که در دامن تاریخ اروپا باز خواهد ماند. آن اروپا که برای جهان آنهمه دانش‌ها باز نموده و آنهمه تکان در زندگانی راه انداخته، اینهم نمونه‌ای از بدی او است که می‌کوشد توده‌های شرقی را در نادانی‌ها هر چه غوطه‌ورتر گرداند. در تاریخ اروپا در برابر آن سات(=صفحه)های روشن این ساتهای سیاه نیز خواهد بود.

از سه سال باز، در یک مهنامه اروپایی که با زبان فارسی نوشته می‌شود می‌بینیم گفتارهایی در باره صوفیان و در ستایش آنان به چاپ می‌رسد و از جمله در یکی از آنها که در باره شیخ فخرالدین عراقی است و داستان دلباختن او را به یک بچه درویش و رفتنش را به هند (که ما نیز در متن کتاب آورده‌ایم) می‌نویسد، در برابر چنان داستان زشت و بی‌خردانه، زبان به ستایش باز کرده چنین می‌گوید: «و بدینسان این درویشان ژنده‌پوش و بی‌سروپا، که ننگشان از نام و نامشان از ننگ بود، به سرودن و پای کوفتن می‌پرداختند و نان روزانه خود را از راه درویشی به دست می‌آوردند. امروزه ما در روزگار دیگرگونه‌ای به سر می‌بریم و در این جهان عقلی و میکانیکی، شیفته‌ی بت‌های دیگری هستیم. روش زندگی دیگری داریم و چنان در این جهان نوین خود فرو رفته‌ایم که گویی آن

نیروهای روحی روزگار کهن را یکسره از یاد بـرده‌ایـم و از ایـن رو هنگامی که داستان چنین مردان قلندر را می‌شنویم، شـاید بـی‌درنـگ آنها را گمراه یا دیوانه بخوانیم. ولی کدام دیوانه است که ماننـد ایـن درویشان دربدر و بی‌سروپا، بتواند به این روشـنی و خـوبی، زیبـایی معنوی را دریابد به این ژرفی مهر خدا را در دل جا دهد؟»

اینها جمله‌هاییست که ما در یـک مهنامـه اروپـایی مـی‌خـوانیم. دانشمندان اروپا اینها را به ما ارمغان می‌فرستند. این ترانه‌های کودک فریب را برای ما می‌نوازند. مـن نیـاز نمـی‌بیـنم کـه در بـاره ی ایـن جمله‌ها به سخنی پردازم. خواهشمندم خوانندگان داستان عراقـی را در کتاب (سات ۳۳) از دیده گذرانده و سپس بازگشته، این جمله‌هـا را دوباره بخوانند و نیک بیاندیشند کـه ایـن نویسنده اروپـایی چـه چیزها را می‌ستاید؛ چه چیزها است که «زیبایی معنوی» یا «مهر خدا» نام می‌دهد.

به این نویسنده باید پاسخ داد: اگر راست می‌گویی چرا همـان سخنان را به اروپاییان نمی‌گویی؟! چرا اینها را با زبان‌هـای اروپـایی نمی‌نویسی که در میـان اروپاییـان بپراکنـی؟! ایرانیـان از صـوفیگری بهره‌ای که بایستی برده‌اند و بیشتر هم برده‌اند. آن «زیبایی معنوی» که می‌گویی بسیار دریافته‌انـد و دیگـر جـای بـازی نمانـده، اگر اینهـا چیزهای نیکیست، تو به هم‌میهنان خود آرزو کن.

باید هیچ گاه فریب اینها را نخورد. شرقیان اگر فریب اینها را خورند، گذشته از زیان‌هایی که خواهند بُرد، در دیده همان اروپاییان

همان فریبندگان هر چه خوارتر خواهند گردید. فراهم (= کنارهم) خواهند نشست و با هم خواهند گفت: «دیدی چسان فریبشان دادیم؟».

همان اروپاییان اگر روزی پایش افتاد، صوفیگری و درویشی و مانند اینها را به رخ ما کشیده خواهند گفت: «شما هنوز نتوانسته‌اید جلو قلندران دریوزه‌گرد را بگیرید؛ نتوانسته‌اید ریشه‌ی صوفیگری را بکنید؛ شما نیمه بیابانی هستید؛ شما شاینده آزادی نیستید».

به هر حال اینگونه آوازها از اروپا، از گلوی نیکخواهان و پاکدلان برنمی‌خیزد. کسانی‌که در ایران با آنها هم آوازی می‌کنند و با نوشتن و چاپ کردن کتابها به رواج صوفیگری می‌کوشند، بدخواهان این کشورند. این است باید هیچ ارجی به آنها و به اینها نگزاشت. باید دست به هم داد و با شتاب و تندی به کندن ریشه‌ی این آلودگیها و گمراهیها پرداخت.

صوفیگری از ریشه غلط بوده است و در هزار سال و بیشتر آن چه توانسته زیان و آسیب به توده‌های شرقی رسانیده. اکنون هنگام آن است که به یکباره از ریشه برافتد.

باید آن دستگاه‌هایی که در ایران و هند است به هم خورد و آن پیران مفتخور و پیرامونیانشان پی کار و پیشه‌ای روند.

گفتار یکم

صوفیگری چگونه پیدا شده؟

صوفیگری همچون بسیار چیزهـای دیگـر، از فلسفه یونـان برخاسته است. بنیادگزار آن چنانکه گفته می‌شود، پلوتینوس نامی از فیلسوفان یونان یا روم بوده.

پلوتینوس سخنان بسیاری به زبان فلسفه گفته که کوتـاه شـده‌ی آن با زبان ساده اینست در جهان آن چه هست همه یک چیز است؛ خدا است و چیزهای دیگر از او جدا شـده‌انـد. روان آدمـی بـه ایـن جهان آمده و گرفتار ماده شده و این است همیشه باید از این جهان و از خوشی‌هایش گریزان، و در آرزوی پیوستن به آن سرچشـمه یـا میهن خود باشد.

می‌گوید: در این جهان نیز اگر کسی از خود بیخود گـردد بـه آن

سرچشمه هستی، یا بهتر گوییم: به خدا - تواند پیوست: «چشم سر را باید بست و دیده‌ی دل را گشود. آنگاه دیده خواهد شد که آن چه ما می‌جوییم از ما دور نیست، بلکه در خود ما است».[1]

این جمله‌ها را از گفته خود پلوتینوس می‌آورند: «ما همگی از خداییم. از او جدا گشته‌ایم و به او باز خواهیم پیوست»، «روان آدمی از یک جهان آزاد و بی‌آلایشی فرود آمده و در این جهان گرفتار مادّه شده و آلودگی‌ها پیدا کرده. لیکن هر کسی که به خواهش‌های تن نپردازد و به پرورش روان برخیزد، آلایش او کمتر خواهد بود و کسانی که بخواهند از این دامگه باز رهند، باید از خوشی‌های این جهان رو گردانند و به پارسایی پردازند».

این گفته‌های بنیادگزار صوفیگری، چنان که دیده می‌شود، پندار است و دلیلی همراه خود نمی‌دارد. چیزهاییست که پلوتینوس پنداشته و گفته، بی‌آنکه دلیلی بیاورد.

این جمله‌های آخر که می‌گوید: «روان آدمی از یک جهان آزاد و بی‌آلایش فرود آمده و در این جهان گرفتار ماده شده...» چندان دور نیست و ما توانستیمی بگوییم خواستش جدا بودن روان از جان می‌باشد (بدانسان که ما نیز می‌گوییم و بارها از آن سخن رانده‌ایم). ولی جمله‌های نخست که می‌گوید: «ما همگی از خداییم، از او جدا

---

۱ - این جمله‌ها از کتاب «سیر حکمت در اروپا» برداشته شده.•

گشته و به او بازخواهیم پیوست»، بسیار پرت است. بایستی پرسید، شما این را از کجا می‌گویید؟! چه دلیلی برایش می‌دارید؟! همچنین گفته‌های دیگر او بی‌دلیلست.

می‌گوید: «هر کسی باید از این‌جهان و از خوشی‌هایش گریزان باشد». بایستی پرسید، پس این خوشی‌ها بهر که بوده؟!

می‌گوید: «اگر کسی از خود بیخود گردد به خدا تواند پیوست». بایستی پرسید: بیخودی از خود چگونه تواند بود؟! چنین چیزی جز سَمَردی (= خیال، پندار) نتواند بود. آنگاه اگر کسی از خدا است، از خداست. دیگر به [از خود] بیخود [شدن] بهر چه نیاز است؟

می‌گوید: «آنگاه دیده خواهد شد که آنچه ما می‌جوییم، از ما دور نیست، بلکه در خودمانست». این سخن را اگر بشکافیم، معنایش اینست که خدایی نیست و ما خود خداییم. و این چیزیست که بسیاری از صوفیان به زبان آورده‌اند.

آنها که طلبکار خدایید، خدایید

بیرون ز شما نیست، شمایید، شمایید

چیزی که نکردید گم از بهر چه جویید؟

واندر طلب گم نشده، بهر چرایید؟

ولی این سخن نیز بسیار پرت است. این از داستان خدا ناآگاه ماندنست.

ما به خدا از کجا راه برده‌ایم؟! به هستی خدا از کجا گردن

گزارده‌ایم؟! داستان اینست که ما چون این جهان را می‌سنجیم و می‌اندیشیم، می‌بینیم به خود نتواند بود. این سامان و آراستگی که نمایانست، از خود این جهان نشدنیست. می‌بینیم ما که آدمیانیم و برتری به همگی باشندگان این جهان می‌داریم، هر یکی از ما ناخواهان به این جهان آمده و ناخواهان می‌رود. از اینها است که می‌دانیم در پشت سر این جهان، دستگاه دیگری هست. می‌دانیم دستی که بیرون از این جهانست، آن را پدید آورده و هم می‌گرداند. ما نمی‌دانیم خدا چیست و چگونه است. این می‌دانیم که هست و بیرون از این جهانست.

به هر حال ما چون دیده‌ایم این جهان و این آدمیان به خود نتوانند بود ناچار مانده، گفته‌ایم در بیرون از این جهان خدایی هست. پس اکنون چگونه توانیم گفت: آن خدا همین آدمیانند؟!

این بدان می‌ماند که ما در بیابانی درختهایی را می‌بینیم در یک رده پهلوی هم ایستاده‌اند و یک جوی آبی از زیر پای آنها کشیده شده و چون می‌دانیم که این کار از خود درختها نتواند بود، پی می‌بریم که باغبانی آنها را کاشته و جویی برایشان کنده و به جستجوی آن باغبان و جایگاهش می‌پردازیم و در آن میان کسی از میان ما درختها را نشان داده می‌گوید: «آن باغبان خود همینها است». آیا ما به سخن او نخواهیم خندید؟! آیا نخواهیم گفت اگر این درختها به خود توانستندی بود، ما را چه نیاز افتادی که به بودن

یک باغبان باور کنیم و در جستجوی او باشیم؟!

دوباره می‌گوییم: گفته‌های پلوتینوس، همچون گفته‌های دیگر فیلسوفان یونانی، سرچشمه‌ای جز پندار نداشته است. با این حال از همان آغاز رواج یافته، و چنان که گفته می‌شود در روم او را پیروانی بوده‌اند.

سپس در سده‌های نخست اسلام که دانش‌های یونانیان و همچنان فلسفه یونانی به میان مسلمانان آمد این نیز همراه آنها رو به شرق آورد و در اینجا در میان مسلمانان رواجش بسیار بیشتر شده، تکان بزرگی در سراسر کشورهای اسلامی پدید آورد. چون هنگامی می‌بود که خِرَدها رو به پستی می‌داشت کسان بسیاری گفته‌های فیلسوف رومی را پذیرفته آن را دنبال کردند. این به بسیاری خوش می‌افتاد که میشنیدید آدمی با خدا یکیست. خوش می‌افتاد که خود را خدا شناسند و زبان به لاف «اناالله» بگشایند. این بود شوری در میان سبک‌مغزان پدید می‌آورد.

در زمان کمی دسته‌ها پدید آمد و خانقاه‌ها برپا گردید. پلوتینوس چنان که از سخنش پیداست، تنها از آدمیان گفتگو می‌داشت و تنها روان آدمی را می‌گفت که از خدا جدا شده. ولی در اینجا میدان بزرگتری برای «وحدت وجود» (یا یکی بودن هستی) باز کرده دامنه آن را به چهار پایان و ددان و بلکه به همه چیز رسانیدند: «لَیسَ فی الدّار غِیرهُ دیار».

از آن سو پارسایی یا روگردانی از خوشیهای جهان که پلوتینوس گفته بود، در این جا آن را به بیکار زیستن و زن نگرفتن و به گوشه‌ای خزیده تن آسانی کردن و یا از شهری به شهری رفتن و وِیل گردیدن عوض گردانیدند، که همین انگیزه‌ی دیگری به تندی پیشرفت صوفیگری گردید.

نیز در این جا داستان پیر و مریدی را پدید آوردند که در هر گروهی یکی پیر باشد و دیگران زیر دستان یا سرسپردگان او و هر پیری باید «خرقه» از دست پیر دیگری پوشد. بدینسان دسته‌بندی‌ها پیدا شد و «سلسله»های بسیاری با نام‌های گوناگون پدید آمد که جامه‌های کبود و پشمین پوشیده به نام آن که از جهان رو گردانیده‌اند سرهای خود را می‌تراشیدند.[1]

نیز پیران صوفی به دعوی آن که به خدا پیوسته‌اند، به گزافگویی‌ها پرداخته چنین وانموده‌اند که رشته‌ی کارهای جهان در دست ایشانست و هر که را خواهند بالا توانند برد و به پادشاهی

---

۱ – در زمانهای پیشین جامه کبود پوشیدن نشان سوگوار بودن و پرهیز از شادی جستن می‌بوده. کسی که یکی از خویشانش می‌مرده تا دیرگاهی کبود می‌پوشیده همچنین سر تراشیدن همان معنی را می‌داشته، برخی زنهای شوهر مرده به آن برمی‌خاسته‌اند که خود را بدنما گردانند و به مردم نشان دهند که از خوشیهای جهان چشم پوشیده‌اند و دیگر در پی شوهر داشتن نیستند و نخواهند بود. گاهی مردها نیز همان رفتار را می‌کرده‌اند.
اما صوفیان گویا در آغاز کار جامه‌هایی از پشم سفید «صوف» به تن می‌کرده‌اند که بهمان شوند صوفی نامیده شده‌اند. ولی سپس چون خواسته‌اند نشان دهند که همچون اندوه زدگان چشم از خوشی‌ها پوشیده‌اند رنگ کبود «یا نیلی» را پذیرفته سرهای خود را نیز تراشیده‌اند.

توانند رسانید و هر که را خواهند به زمین توانند زد و به نابودی توانند رسانید؛ نهان و آشکار به هر چیزی دانا می‌باشند و از راز هر کسی آگاهی توانند داشت، با جانوران زبان بسته سخن توانند گفت، به آسمان توانند پرید. خود را «اولیاء» نامیده، یک دسته‌ای در برابر «انبیاء» گردانیده‌اند و بسیاری از آنان خود را از برانگیختگان (=پیامبران) نیز بالاتر شمارده!.

به گمان ایشان دین یا آیین که برانگیختگان بنیاد گزارده‌اند، برای عامیان می‌بوده و دین‌داران جز «پوست‌پرستانی» (یا به گفته خودشان «قشریانی») نبوده‌اند. ولی صوفیگری برای کسان برگزیده‌ایست که «مغزپرستان»اند و به دیگران برتری می‌دارند.

بی‌کاری و بی‌زنی که هر دو از کارهای بسیار بد است، اینان نامش را «چشم‌پوشی از جهان و از خوشی‌های آن» می‌گزاردند و به آنها می‌نازیدند و با آن که در نتیجه‌ی بیکاری ناچار می‌شدند دست به گدایی باز کنند و نان و پول از مردم بخواهند، این ننگ را بر روی خود نیاوردند. همان مردم را «اهل دنیا» می‌نامیدند و به آنان نکوهش و زبان‌درازی دریغ نمی‌گفتند:

اهل دنیا از کهین و از مهین　　لعنت الله علیهم اجمعین

همان بازار را که هر روز در آنجا به گدایی رفتندی «جایگاه شیاطین» خوانده به بازاریان نکوهش می‌کردند. یک صوفی بایستی بیکار باشد، و دست از خانه و زندگی برداشته در خانقاه به دیگران

پیوندد. اگر کسی خواستی به صوفیگری گراید بایستی سرمایه و داراک خود را به درویشان خوراند (به گفته خودشان به تاراج دهد) و همچون آنان تهیدست بماند.

دیدنیست جمله‌هایی که در کتاب‌هاشان در باره‌ی اینگونه کسان می‌نویسند: «ترک تعلّقات دنیوی گفت»، «دست از چرک دارایی دنیا شست»، «سر به جیفه‌ی (= مُردار، لاشه‌ی بوگرفته) دنیا فرو نیاورد»[۳۰].

در آغاز که صوفیگری در میان مسلمانان پدید آمد مردم سخت می‌رمیدند به ویژه از گزافه‌سراییهایی که از برخی از آنان می‌شنیدند. فلان دریوزه‌گرد بازار بغداد «لَیسَ فِی جُبَّتِی الاالله» می‌گفت و بهمان لات خانقاه‌نشین «سُبْحَانِی وَمَا أَعْظَمُ شَأْنِی» می‌سرود. این گزافه‌گویی‌ها به مسلمانان بسیار گران می‌افتاد و با صوفیان از دشمنی باز نمی‌ایستادند. چنانکه حسین پسر منصور را در بغداد بر سر همین گونه گفته‌ها به دار کشیدند. یکی از پادشاهان ترکستان بقراخان صوفیان را در آنجا کشتار کرد.

لیکن از آنجا که صوفیگری برخی آسانیهایی در زندگانی در برمی‌داشت و با تنبلی و تن‌پروری می‌ساخت و از آنسوی انبوه کسان، کناره شدن از مردم و یک دسته‌ی جداگانه بودن را دوست دارند، رواج آن روزافزون می‌بود و مردم نیز کم‌کم گوششان از گزافه‌گوییهای صوفیان پُر شده، دیگر نمی‌رمیدند و به آزار آنان

نمی‌کوشیدند. بلکه کسان بسیاری از توانگران به پشتیبانی از ایشان برخاسته، خانقاه‌ها بنیاد می‌گزاردند، دیه‌ها و خانه‌ها «وقف» می‌کردند. پول‌ها می‌بخشیدند. از آنسو صوفیان نیز دست و پایی کرده برای خود ریشه اسلامی درست کرده بودند. بدینسان که برخی از آنان سلسله خود را به امام علی بن ابیطالب و برخی دیگر به خلیفه ابوبکر می‌رسانیدند.

تا آغاز قرن هفتم که زمان چیرگی مغولست صوفیگری، چه در ایران و چه در هند و خوارزم و بخارا و ترکستان و آسیای کوچک و عراق و سوریا و مصر و دیگر جاها، پیش رفته و در همه جا خانقاه‌ها برپا گردیده بود و چنانکه خواهیم دید یکی از شَوَند (=دلیل، انگیزه)های چیرگی مغولان همین بوده است.

سپس در زمان مغول رواج آن هر چه بیشتر گردید. زیرا با آن داستانی که مغولان ملیون‌ها مردان را کشته، ملیون‌ها زنان و دختران را به بردگی برده، سراسر کشور را تاراج و ویران کرده بودند. ایرانیان یا بایستی دامن مردانگی به کمر زنند و غیرتمندان از جان گذشته، به همدستی یکدیگر به یک رشته کوششهای بزرگ تاریخی برخیزند و به دشمنان فیروز درآمده کینه‌ی گذشته را بازجویند و یا از همه چیز چشم پوشیده و کشور را به دشمنان سپارده، از زندگانی تنها به خوردن و خوابیدن و روز گزاردن بس کنند و برای آرامش دل، خود را به دامن صوفیگری یا خراباتیگری اندازند. یا آن بایستی بود یا این.

ایرانیان چون پیشروان کاردان و غیرتمندی نمی‌داشتند، این یکی را برگزیدند و این بود صوفیگری (و همچنین خراباتیگری و مانند آن) دیگر فزونی یافت.

به ویژه که مغولان نیز آنرا می‌خواستند و این به سود ایشان می‌بود که ایرانیان به یک بار چشم از کشور و کشورداری پوشند و خود را با صوفیگری یا مانندهای آن سرگرم گردانند. زمان مغول بهار این گونه گمراهیها و بدآموزیها می‌بود.

در همان زمان مغول و پس از آن زمانست که در ایران و دیگر جاه‌ها دسته‌های بسیار بزرگی پدید آمده و برخی از آنان به کارهای شگفتی از رفتن به درون آتش و بازی کردن با افعی و مانند اینها برخاسته‌اند. یک دسته به نام قلندران پدید آمده‌اند که موی سر و ریش و ابرو همه را می‌تراشیده‌اند و به کارهای شگفتی می‌پرداخته‌اند.

نیز برخی از پیران به آرزوی تاج و تخت افتاده، به دستیاری درویشان، بنیاد پادشاهی برای خود گزارده‌اند. در ایران یکی از آنان میرقوام‌الدین مرعشی (یا میر بزرگ) بوده که در مازندران پادشاهی مرعشیان را پدید آورده دیگری شیخ جُنِید صفوی بوده که به آن آرزو برخاسته ولی خود او و پسرش شیخ حیدر در این راه کشته گردیده‌اند و سرانجام کار برای شاه اسماعیل پسر حیدر مانده است.

خاندان صفوی پدید آمده از صوفیگری می‌بود. با این حال در

زمان آن خاندان صوفیگری به پیشرفت بیشتری نرسید. بلکه از آخرهای پادشاهی آن خاندان می‌بود که صوفیگری چه در ایران و چه در جاهای دیگر رو به افسردگی نهاد و روز به روز از شکوه و رونقش کاست و تاکنون همچنان رو به پس رفتن می‌بوده است.

با این حال اکنون در زمان ما صوفیان چه در ایران و چه در جاهای دیگر به فراوانی هستند و دستگاه خود را در چیده می‌دارند. در ایران اکنون در تهران و شیراز و مراغه و گوناباد (گُناباد) پیرانی هستند. از هندوستان نام مهربابا و شاه خاموش و دیگران را می‌شنویم.

اینست تاریخچه کوتاهی از صوفیگری. می‌توان گفت: در این هزار و سی‌صد سال که از آغاز اسلام می‌گذرد، چند چیز که در زندگانی ایرانیان و توده‌های همسایه کارگر بوده و مایه بدبختی این مردمان گردیده، یکی هَناینده‌ترین آن‌ها همین صوفیگری بوده.

یک نکته در اینجا آنست که صوفیگری، با هر بخشی از کارهای زندگانی برخورده و زهر خود را به یکایک آنها آلوده. شناختن جهان و زندگانی، خداشناسی و پرورش روان، خرد و پیروی از آن، درس خواندن و دانش‌پژوهی، خیم(= عادت، خوی)ها و خویها، کار و پیشه، آبادی شهرها و زمین‌ها، خانه‌داری و زناشویی، همه را زهرآلود گردانیده.

یک چیز بدتر این بوده که شعر که در ایران رواج بسیار

می‌داشته، صوفیان آن را افزار کار خود گردانیده، به بافندگیهای درازی پرداخته و پندارهای زیانمند خود را در قالب شعر بیرون ریخته، از همان راه در مغزها جا داده‌اند.

در این هزار سال قافیه‌بافان بزرگی در ایران در میان صوفیان پدید آمده‌اند. از سنایی [غزنوی] و ابوسعید [ابوالخیر] و [فریدالدین] عطار و [جلال الدّین] مولوی و اوحدی [مراغه‌ای] و [عبدالرحمن] جامی و [شیخ محمود] شبستری و دیگران - که هر کدام شعرهای بسیاری از مثنوی و غزل و دوبیتی به یادگار گزارده‌اند. (گذشته از کتابهای بسیاری که با نثر نوشته‌اند).

از این بدتر آن بوده که شاعران دیگر که در پی «مضمون» می‌گردیده‌اند تا شعری گردانند، بدآموزیهای صوفیگری سرمایه‌ای برایشان بوده که گرفته و به کار برده‌اند. داستانهایی را از پیشروان صوفی (از شِبلی و بایزید و سَری و ابراهیم ادهم و دیگران) بدست آورده با آب و تاب به رشته شعر کشیده‌اند.

اینها نتیجه آن را داده که پندارهای بی‌پا و بدآموزیهای زهرآلود صوفیان همگانی گردیده که نه تنها صوفیان و پیروانشان، دیگران نیز آلوده‌ی آنها شده‌اند. امروز در ایران انبوهی از مردم بی‌آنکه خود بفهمند و بخواهند، بدآموزیهای ایشان را در مغز خود می‌دارند و گرفتار زهر هَناینده آنها می‌باشند.

اینست می‌گوییم: صوفیگری یکی از شوندهای بدبختی این توده

بوده و هست. اینست شما می‌بینید شرق‌شناسان که خود بدخواهان شرقند کوشش‌های بسیار می‌کنند که نگزارند این دستگاه از کار افتد و کتاب‌ها و گفتارها در زمینه‌ی صوفیگری می‌نویسند و به دستاویز جستجوهای تاریخی، پشتیبانی آشکار از صوفیان می‌نمایند. اینست می‌بینید وزارت فرهنگ ایران، که دستگاهی پدید آورده بدخواهان این توده می‌باشد، صوفیگری را یکی از سرچشمه‌های فرهنگ خود گرفته، از آنسو نیز به چاپ کردن و پراکندن گفته‌های صوفیان کوششها می‌کند.

گفتار دوم

بدیهایی که از صوفیگری توان شمرد

چنان که گفتیم، صوفیگری گذشته از آن که پندارهای بی‌پا است، چون به هر گوشه‌ی زندگانی برمی‌خورد، زیانهای بسیاری از آن پدید می‌آید. آنگاه هزار سال بیشتر است که این گمراهی در میان توده‌ها جا برای خود باز کرده و در چند کشور رواج داشته و دسته‌بندیهایی در میان بوده و با داستانهای تاریخی آمیختگی پیدا شده. اینست ما اگر بخواهیم از بدیهای آن، چنان که باید و شاید، سخن رانیم و به داستانهای تاریخی پردازیم، ناچار خواهیم بود کتاب بس بزرگی پدید آوریم. چون ما را آن فرصت نیست و آنگاه برای خواست ما که بیداری مردم است نیاز به چنین گفت و گوهای دراز نمی‌باشد، از اینرو در این دفتر به کوتاهی سخن کوشیده تنها چند

رشته ایرادهای روشنی را یاد خواهیم کرد.

نخست: چنانکه گفتیم بنیاد صوفیگری به «یکی بـودن هسـتی» (وحدت وجود) است. می‌گویند: «خدا همان هسـتی سـاده (وجـود مطلق) است که همه چیزها دارای آن می‌باشند». چنـان کـه گفتیـم معنی این سخن آنست که خدایی نیسـت و مـا خـود خـداییم. ولی گفته‌های بسیاری از ایشان با این ناسازگار می‌باشد. گفته‌های بسیاری از ایشان چنین وامی‌نماید که خدایی هست و ما (یا روان‌های مـا) از او جدا شده. این خود یک ایرادیست که گفته‌هاشان گوناگون است.

ابوبکر رازی که یکی از بزرگـان صـوفیان شـمرده مـی‌شـود، در «مرصادالعباد» در این باره به همان اندازه بس کرده که «روح انسان را از قُرب جوار ربّ‌العالمین به عالم قالب و ظلمـت آشـیان عناصـر و وحشت‌سرای دنیا» پایین آورده‌اند و می‌گوید گاهی بـوده اسـت کـه کسانی آن سرگذشت را فراموش نکرده و در یاد می‌داشته‌اند و یـک داستانی - یا بهتر بگویم افسانه‌ای - می‌نویسد که به جا است آن را در پایین بیاوریم، می‌نویسد:

«شیخ محمّد کوفی رحمه‌الله در نیشابور حکایت کردی که شـیخ علی مؤذّن را دریافته بود که او فرمود که مرا یاد اسـت کـه از عـالم قُرب حقّ بدین عالم می‌آمدم و روح مرا به آسمان‌ها مـی‌گذرانیدنـد بهر آسمان که رسیدم اهل آن آسمان بر من بگریستند گفتند بیچاره را از مقام قُرب به عالم بُعد می‌فرستند و از اعلی به اسفَل می‌آورند و از

فراخنای حَظایر قدس به تنگنای سرای دنیا می‌رسانند، بر آن تأسف‌ها می‌خوردند و بر من می‌بخشودند. خطاب عزت بدیشان رسید که می‌پندارید که فرستادن او بدان عالم از برای خواری او است؟ به عزت خداوندی که اگر در مدت عمر او در آن جهان اگر یکبار بر سر چاهی دلوی آب در سبوی پیره‌زنی کند، او را بهتر از آن که صد هزار سال شما در حظایر قدس به سبوحی مشغول باشید شما سر در زیر گلیم کُلُّ حِزْبٍ بِمَا لَدَیهِمْ فَرِحُونَ کشید و کار خداوندی ما به ما باز گزارید که إِنِّی أَعْلَمُ مَا لاَ تَعْلَمُونَ».

ولی بوده‌اند بسیار دیگران که آشکاره به دعوی خدایی برخاسته بلکه همه چیز را به خدایی ستوده‌اند.

ماذات ذوالجلال خداوند اکبریم
قدّوس ذات و از همه الواث برتریم
ماییم و ذات ماست به هر ذرّه‌ای عیان
آثار ذات ماست ندانی که دیگریم
من خویش را بخویش ستایم بهر صفت
گاهی شراب و شاهد وگاهی چه ساغریم
ای دل تو بی‌خدای مَبین غیر در میان
ماذات ذوالجلال خداوند اکبریم

مهربابا که در هندوستان از صوفیان بنامست، یکی از پیروانش در

کتابی که در باره او نوشته در این زمینه بسخنان بسیار آشکاری برخاسته و از زبان خود مهربابا داستانی چنین می‌نویسد:

«روزی شخصی از شت مهربابا بر حسب کاوش و فهم حقیقت پرسید که ای قبله عالمیان، از دعوی خدایی و نبوت و پیغمبری و حقانیت تو تکان و سکته سختی به مخلوق وارد آمده و از شنیدن این کلمه و جمله همه رَم می‌نمایند تکلیف چیست؟

شت مهربابا جواب داد که از قول من به مدعیان و مخالفان من بگو که من نمی‌گویم که من خدایم بلکه فریاد می‌زنم که من خدایم، تو خدایی، او خداست، ما خداییم، شما خدایید، ایشان خدایند، دوستان خدایند، دشمنان و مخالفین هم خدایند. بلکه منهم از گفتار آنها رَم می‌نمایم و در شگفت و تعجبم به شنیدن این که آنها خود را بنده و مخلوق دانسته و می‌خوانند و خود را همین جسم یک ذرع یا دو ذرعی می‌دانند و من نه فقط خود را خدا خوانده و خدا می‌بینم، بلکه سایرین هم هر یک بالانفراد [= تک نفره] خدایند و خدا هم خود آنهایند. فرقی میانه من و آنها نیست».

شما اگر مثنوی ملای رومی را بخوانید، خواهید دید گاهی به یکبار صوفی می‌شود و خود را به آن جهان پنداری یکی بودن هستی می‌کشاند:

بشنو از نی چون حکایت می‌کند

وز جدایی‌ها شکایت می‌کند

از نیســتان تــا مــرا ببریـــده‌انــد

از نفیـــرم مـــرد و زن نالیـــده‌انـــد

گاهی نیز آنها را فراموش می‌کند و سخن از خدا بدانسان که باور کرده‌ی مسلمانان می‌بوده می‌راند و داستان‌ها می‌سراید. تنها او نیست دیگران نیز همین سرگردانی را داشته‌اند.

به هر حال «یکی بودن هستی» را به هـر معنـایی کـه می‌گیرنـد ایرادهایی به آن هست:

(۱) این سخن پندار است و دلیلی همراه آن نمی‌باشد. ایـن یـک نمونه از پریشان‌گویی‌های فیلسوفانست که یک دسته بدین‌سان آدمی را به خدایی رسانده‌اند و یک دسته آن را با چهارپایان و ددان به یک زنجیر کشیده هیچ گونه جدایی در میان نشناخته‌اند.

(۲) این سخن با داستان خداشناسی (که در پیش یادش کـردیم) ناسازگار است. آدمیانی که ناخواهان به این جهان آمـده و ناخواهـان می‌روند چه سزد که خدا، یا از خدا، خوانده شوند؟!

(۳) آدمیانِ خدا یا از خدا، هر چه می‌خواهی بگو، دیگر چـرا از خوشیها چشم پوشند؟! چرا به خود سـختی دهنـد؟! چـرا جهـان را خوار دارند؟! از اینها چه نتیجه تواند بود؟! اگر بدانسان که می‌گوییـد آدمی از خداست، پس دیر یا زود به او خواهد پیوست، دیگر به ایـن کوشش‌ها چه نیاز است؟!.

اگر خواستتان این است که آدمی از آلودگیهای جانی (از هرس و آز و خشم و کینه و مانند اینها) پیراسته گردد، آن راهش نه اینها میباشد. آن راهش شناختن معنی راست آدمیگری و دانستن آمیغهای زندگانیست که ما در جاهای دیگر روشن گردانیدهایم.

دوم: بیکاری و خانقاهنشینی که صوفیان برگزیدهاند، گناه بزرگی از ایشانست. این میرساند که هوسبازیها، پرده به چشم پشمینهپوشان فروهشته بوده که آمیغهای بسیار آشکار زندگانی را نیز نمیدیدهاند.

هر کسی میداند که در این زندگانی کوششهایی میباید تا خوراک و نوشاک (= نوشیدنی) و پوشاک و گستراک و دیگر نیازمندیهای زندگی بسیجیده شود و هر کسی باید به نوبت خود از راه کاری یا پیشهای به کوشش پردازد و با دیگران همدستی کند و کسی که نکوشد و مفت خورَد ناراستی با توده کرده است و گناهکار میباشد و این در جاییست که کسی نکوشد ولی از یکراهی خوراک و پوشاک و دیگر نیازمندیها را به دست آورد و اگر کسی چنان راهی هم نمیدارد و همچون صوفیان به گدایی و دریوزهگردی پردازد، پیدا است که گناهش دو برابر خواهد بود.

اینها چیزهایی است که هر کسی تواند فهمید. ولی صوفیان نفهمیدهاند و بیکاری و گدایی را به خود برگزیدهاند. آن لاف از خداییشان، این ننگ گداییشان، هر یکی از دیگری بدتر بوده است.

شاید کسانی چنین دانند که گدایی و دریوزه‌گردی که از صوفیان شناخته شده، کار درویشان بی‌ارج و گمنام می‌بوده. ولی راستش اینست که بزرگان و پیرانشان نیز به آن می‌پرداخته‌اند. شیخ ابوسعید ابوالخیر که یکی از بزرگان بسیار بنام ایشان شمرده می‌شده، خود می‌گوید که در آغاز کار زمانی نیز به گدایی پرداخته است و اینک جمله‌های خود او:

«از جهت درویشان به سؤال [= گدایی، درخواست کمک] مشغول شدیم که هیچ چیز سخت‌تر از این ندیدیم بر نفس. هر که ما را می‌دید ابتدا دیناری می‌داد. چون مدتی برآمد، کمتر می‌شد. تا بدانگی باز آمد و فرود آمد تا به یک مویز و یک جو باز آمد. چنان شد که بیش از این نمی‌دادند تا چنان شد که این نیز نمی‌دادند.»

این ابوسعید را شاگردی می‌بوده، بوسعد نام، که می‌نویسند سپس به بغداد رفت و در آنجا خانقاهی ساخت و بنام گردید. این بوسعد داستانی از خود می‌گوید که در بغداد به کاروان حاجیان خراسان میهمانی می‌داده و از دریوزه سفره برای ایشان می‌گسترده است. جمله‌های خود او اینست:

«جماعتی صوفیان در قافله بودند و جمعی بازرگانان و مردم انبوه همه اجابت کردند و به موافقت بیامدند... من برخاستم و زنبیل برگرفتم و روی به دریوزه نهادم و هر روز بامداد و شبانگاه سفره می‌نهادم و پنج وقت بانگ نماز می‌گفتم و امامت می‌کردم... بر آن

قرار دریوزه می‌کردم و سفره می‌نهادم.»

همان ابوسعید [ابوالخیر] هنگامی که به شیخی رسیده و خانقاهی در نیشابور یا در مَیهَنَه می‌داشته، کارش جز این نمی‌بوده که هر روز درویشان را به درِ این توانگر و آن توانگر فرستد و از ایشان پول یا چیزهای دیگر بخواهد و اگر کسی نداد با آن دشمنی کند و بدگوید و بیمش دهد. کتاب بزرگی که به نام «اسرارالتوحید فی مقامات الشیخ ابوسعید» به چاپ رسیده، پر از این گونه داستانهاست. در یک جا هم می‌نویسد، شیخ از زنی برای درویشان میهمانی خواست. او گفت چیزی نمی‌دارم. شیخ گفت دریوزه کن و بدست آور.

در جاییکه بیست یا سی تن از مردان تندرست و پرخوار پی کار نرفته و در یک خانقاهی روز می‌گزارده‌اند، این ناچاری می‌بوده که کار به دریوزه و گدایی کشد.

این بیکاری زیان دیگری را نیز در پی می‌داشته و آن این که صوفیان بنشینند و بیهوده‌اندیشی و پنداربافی کنند. بنشینند و مفت خورند و گزافبافی کنند:

ماذات ذوالجلال خداوند اکبریم

قدوس ذات و از همه الواث برتریم

بنشینند و مفت خورند و به مردم زبان‌درازی کنند.

اهل دنیا از مهین و از کهین

لعنت الله علیهم اجمعین

بنشینند و مفت خورند و چرندهای بیشرمانه بافند:

تا کـــی معلـم یـارم بـه مکتـب

أرْسِــلْهُ مَعَنَــا یرْتَــعْ وَیلْعَــبْ

آن همه بافندگی‌های مـلای رومـی در مثنوی یـا در غـزل‌هـای بی‌شمارش و آن همه ریسندگی‌های شیخ عطـار در «منطـق‌الطیـر» و دیگر کتابهایش، همه نتیجه‌ی بیکار نشسـتن و مفـت خـوردن بـوده است.

برای آن که دانسته شود که این صوفیان روزهای خود را بـا چـه کارهایی می‌گذرانیده‌اند و نیروهای مغزی خود را در چه راهی به کار می‌انداخته‌اند، داستان پایین را از «اسرارالتوحید» می‌آورم:

«شیخ ما گفت در آن وقت که به آمل بودیم، یکروز پـیش شـیخ ابوالعباس نشسته بودیم دو شخصـی آمدنـد و پـیش وی نشسـتند و گفتند یا شیخ ما را با یک دیگر سخنی رفته اسـت؛ یکـی مـی‌گویـد اندوه ازل و ابد تمامتر دیگری مـی‌گویـد شـادی ازل و ابـد تمـامتر. اکنون شیخ چه می‌گوید؟ شیخ ابوالعباس دستی به روی خـود فـرود آورد و گفت الحمدالله که منزلگاه پسر قصـاب نـه انـدوه اسـت نـه شادی. لَیسَ عِندَ رَبِّکُمْ صَبَاحاً وَلا مَسَاء».

ببینیـد بـا چـه چیزهـای پـوچ و بیهـوده‌ای خـود را سـرگرم می‌داشته‌اند. آن پرسش پرسندگان و این پاسخ شیخ ابوالعباس (یا بـه

گفته خود پسر قصاب)، هر یکی از دیگری بیهوده‌تر.

سوم: زن نگرفتن صوفیان گناه بزرگ دیگری از ایشان بوده. خدا مردان را برای زنان و زنان را برای مردان آفریده و شماره‌ی آنان را یکسان گردانیده. پس مردی که زن نگرفته مایه‌ی بدبختی زنی گردیده. از آنسوی فرزند داشتن و نژاد بازگزاردن بایای هر کسی است و این نافرمانی با آفریدگار است که مردی زن نگیرد.

گذشته از آن صوفیان که زن نمی‌گرفته‌اند، بیشترشان دچار زشتکاریها می‌شده‌اند. اینست بچه‌بازی (یا به گفته‌ی خودشان شاهدبازی) که از زشت‌ترین گناه‌ها است در خانقاه‌ها رواج می‌داشته و این زشتتر که به چنان ناپاکی رخت پوشانیده و آن را با «عشق خدایی» که مدعی می‌بودند به هم بسته گردانیده و جمله «ألمَجَاز قَنْطَرَة حَقِیقَة» را به زبانها انداخته‌اند.

این شیوه صوفیان می‌بوده که به هر کار بدی از خودشان، عنوان نیکی درست می‌کردند که به گفته تهرانیان «چیزی هم دستی طلبکار می‌شدند». مثلا بی‌کاری را «سر فرود نیاوردن به دنیای دون» می‌نامیدند. گدایی را «ریاضتی» برای کشتن «معنی» و خودخواهی می‌شماردند. زن نگرفتن را «چشم‌پوشی از لذت» می‌خواندند. به بچه بازی نیز چنان عنوانی را ساخته‌اند.

آن خیالاتی که دام اولیاست
عکس مه رویان بستان خداست

در «نفحات‌الانس»، نام یکی از بزرگان صوفیان را «شیخ اوحدالدّین حامد کرمانی قدس‌الله تعالی سره» یاد کرده، چنین می‌نویسد:

«وی در شهود حقیقت توسل به مظاهر صوری می‌کرده و جمال مطلق را در صور مقیدات مشاهده می‌نموده».

می‌خواهد بگوید شیخ کرمانی ساده بازی می‌کرده، ولی به زشتکاری او جامه دیگر پوشانیده می‌گوید: زیبایی خدا را در روی جوانان ساده تماشا می‌کرده. ببینید اندازه گستاخی و بیشرمیشان چه می‌بوده.

در همان کتاب از شیخ حامد داستان پایین را می‌آورد: «چون وی در سماع گرم شدی پیراهن اَمرَدان چاک کردی و سینه به سینه ایشان نهادی. چون به بغداد رسید، خلیفه پسری صاحب جمال داشت، این سخن بشنید. گفت او مبتدع است و کافر. اگر در صحبت من این گونه حرکتی کند، وی را بکشم. چون در سماع گرم شد، شیخ به کرامت دریافت (و گفت):

سهل است مرا بر سر خنجر بودن

در پای مراد دوست بیسر بودن

تو آمده‌ای که کافری را بکشی

غازی چو تویی رواست کافر بودن

پسر و خلیفه سر در پای شیخ نهادند و مرید شدند».

چهارم: نکوهش از جهان و خوار داشتن زندگانی که شیوه صوفیان بلکه پایه کارشان بوده گناه دیگری از ایشان است.

جهان بر آب نهاده است و آدمی بر باد

غلام همت آنم که دل برو ننهاد

جهان را چرا می‌نکوهیده‌اند؟! مگر جهان را جز خدا آفریده؟! مگر جهان نه زیستگاه ما است؟! گرفتم که در جهان بدیهایی هست. باید کوشید و آن بدیها را تا می‌توان از میان برد، نه آنکه زبان به نکوهش و بدگویی باز کرد.

از نکوهش‌هایی که صوفیان (و همچنین خراباتیان) از زندگانی کرده‌اند این نتیجه به دست آمده که مردم ایران و کشورهای نزدیک، به زندگانی بی‌پروا باشند و با سستی و تنبلی روز گذرانند و چشم به راه پیشامدها دوزند و این بی‌پروایی و سستی، نتیجه آن را داده که زبون و زیردست دیگران گردند.

مرا شگفت افتاده که صوفیان از یکسو هستی را یکی دانسته و جهان و هر چه درو است، جدا شده از خدا (یا بلکه خود خدا) می‌پنداشتند و در گفته‌هاشان پیاپی آن را به زبان می‌آوردند:

یار بی‌پرده از در و دیوار در تجلی است یا اولی الابصار

موسیی نیست که آواز اناالله شنود ورنه این زمزمه اندر شجری نیست که نیست

و از یک سو نیز جهان را می‌نکوهیدند و خوار می‌داشتند. آیا آن

چه و این چه می‌باشد؟! با آن سخن که پلوتینوس می‌گفته «روانهای آدمیان از یک جهان والایی فرود آمده و در این جهان گرفتار مادّه شده»، اندک جایی می‌بوده که به جهان با دیده بیزاری نگرند؛ ولی با یکی بودن هستی که بنیاد صوفیگری شرقیست، چه جای بیزاری از جهان بوده؟! بی‌گمانست که این نکوهیدن جز نتیجه‌ی بیکاری و تهیدستی صوفیان نبوده. چون خودشان نمی‌داشته‌اند، به نکوهیدن و بد گفتن می‌پرداخته‌اند. یکی هم می‌خواسته‌اند با این سخنان، توانگران و پولداران را به دَهِش و بخشش وادارند.

پنجم: داستان رقص و آوازخوانی و مهرورزی با خدا، یکی دیگر از بدی‌های صوفیان است. در این باره داستان آن بوده که پلوتینوس، بنیادگزار صوفیگری، در میان سخنان خود یکی هم چنین گفته است، «آدمی چون روانش از خدا جدا گردیده، باید همیشه خواهای (=خواستار) نیکی‌ها و زیبایی‌ها باشد و آن‌ها را دوست دارد و سپس خواهای خدا که سرچشمه همه نیکی‌ها و زیبایی‌ها است گردد و عشق خدا را در دل گیرد». نزدیک به این سخنانی گفته.

این کلمه عشق از او (که دانسته نیست درست ترجمه شده یا نه)، عنوان به دست صوفیان داده که با خدا عشقبازی کنند و به یاد او آواز خوانند، چنگ و نی نوازند، پای کوبند و دست افشانند، بچرخند و بجهند، چندان که دهانشان کف کند و سرهاشان گیج خورده به زمین افتند. سراسر گفته‌هاشان پر از واژه عشق می‌باشد.

هر چـه داری اگـر بـه عشـق دهـی
کـافرم گـر جـوی زیـان بینـی
از شبنم عشـق خـاک آدم گـل شـد
صد فتنه و شور در جهان حاصل شد
سر نِشتَر عشـق بـر رگ روح رسـید
یک قطره فرو چکیده نامش دل شد

پیدا است که این جز از گفته پلوتینوس است. پلوتینوس اگر چه نام عشق برده همانان خواستش «خدا را در اندیشه داشـتن، و نـام و یاد او را گرامی شمردن و به خواست او کـار بسـتن» بـوده، نـه ایـن گونه کارهای سبک هوسمندانه. ایـن گونـه عشـقبازی بـا خـدا چـه سِزَد؟!. آنگاه به گفته پلوتینوس نخست باید کسی خواهان نیکـی‌هـا باشد و به نیکی‌ها کوشد تا سپس به عشـق رسـد. چیـزی کـه مـا از صوفیان کمتر می‌شناسیم نیکی‌ها است. صوفیان کارهاشان همان بوده که شمرده‌ایم. بیکاری و مفتخواری و بچه‌بازی و گدایی و پنـداربافی و مانند اینها.

به هر حال این نمونه‌ای از خداناشناسی صوفیان می‌باشـد. آنـان که نام خود را «عرفا» و «اولیا» گزارده بوده‌اند، رفتارشان با خـدا ایـن گستاخیها بوده. راست گفته‌اند که بیشتر آنان، هر یکی بچه خوبرویی یا زنی را به دیده می‌گرفته‌اند و به یاد او می‌رقصیده‌اند.

برخی از ایشان نادانی را به جایی رسانیده‌اند که به خدا نام «شاهد» داده، بلکه یک واژه زشت «هر جایی» به آن افزوده‌اند:

با که تو ان گفت این سخن که

شاهد هر جایی و گوشه نشین است[۱]

اگر صوفیان را گناه دیگری نبودی، همین گناه به روسیاهی آنان بس بودی.

در این باره نیز، داستانهای رسوایی در کتابهای خود صوفیانست و اینک یکی از آنها را در پایین می‌آوریم. در «نفحات‌الانس» نام «شیخ فخرالدین ابراهیم المُشتَهر بالعراقی قدس‌الله روحه» را می‌برد و داستانهای رسواییهای او را می‌نویسد و از جمله چنین می‌گوید:

«در سن هفده سالگی در بعضی مدارس مشهوره همدان به افاده مشغول بوده. روزی جمعی قلندران به همدان رسیده‌اند و با ایشان پسری صاحب جمال بود و بر وی مَشرَب عشق غالب. چون آن پسر را بدید گرفتار شد. مادام که در همدان بودند با ایشان بود و چون از همدان سفر کردند و چند روزی برآمد، بی‌طاقت شد و در عقب ایشان برفت و چون به ایشان رسید برنگ ایشان برآمد و به همراه ایشان به هندوستان افتاد و در شهر مولتان به صحبت شیخ بهاءالدین

۱- این شعر از حاج ملاهادی سبزواریست.••

زکریا رسید و گویند چون شیخ ویرا به خلوت نشاند و از چلّه وی یک دهه گذشت، وی را وجدی رسید و حالی بر وی مستولی شد؛ این غزل را گفت:

نخستین باده کاندر جام کردند

ز چشم مست ساقی وام کردند

و آن را با آواز بلند می‌خواند و می‌گریست. چون اهل خانقاه آن را دیدند و آن را خلاف طریقت شیخ دانستند، چه طریقه ایشان در خلوت، جز اشتغال به ذکر یا مراقبه امر دیگری نمی‌باشد، آن را بر سَبیل انکار به سمع (=گوش) شیخ رسانیدند. شیخ فرمود که شما را از این منع است و او را منع نیست. چون روزی چند بر آمد، یکی از مُقرّبان شیخ را گذر به خرابات افتاد، شنید که آن غزل را خراباتیان با چنگ و چغانه می‌گفتند و پی‌آمد و صورت حال باز نمود و گفت باقی شیخ خاکند. شیخ سئوال کرد که چه شنیدی باز گوی. چون بدین بیت رسید:

چو خود کردند راز خویشتن فاش

عراقی را چرا بد نام کردند

شیخ فرمود که کار او تمام شد. برخاست و به در خلوت عراقی آمد و او سر در قدم شیخ نهاد. شیخ به دست مبارک خود، سر او را از خاک برداشت و دیگر وی را به خلوت نگزاشت و خرقه از تن

مبارک کشیده به وی پوشانید».

این داستان را نیک اندیشید تا بدانید «عشقی» که بیشتر صوفیان می‌داشته‌اند چه معنایی می‌داشته و از چه راه می‌بوده.

ششم: یک گناه دیگر از صوفیان دشمنی است که با «خِرَد» نشان داده‌اند. خِرَد که گران مایه‌ترین داده‌ی خدا است و هر کس باید آن را بشناسد و در کارهای خود راهنما گرداند، آنان چون کارهاشان بی‌خِرَدانه بوده، دشمنی با آن نشان داده‌اند و زبان باز کرده به نکوهش‌ها پرداخته‌اند:

عشق آمـد عقـل از آن آواره شـد
صبح آمـد شمع از او بیچـاره شد

پــای اســتدلالیان چــوبین بــود
پای چوبین سخت بی‌تمکین بـود

عشـق آمـد و کـرد عقـل غـارت
ای دل تو به جان بـر ایـن بشـارت

«شیخ ما را وقتی درویشی سئوال کرد یا شیخ عقل چیست؟ شیخنا گفت ألعَقل آل‌العبودیه. با عقل اسرار ربوبیت نتوان یافت که وی محدّث (= ساخته شده) است و محدّث را به قدیم راه نیست»[1]

۱- اسرار التوحید.

در کتابهای صوفیان این گونه جمله‌ها فراوانست: «چون عقل راه به جایی نمی‌برد پای در راه سیر و سلوک نهاد و طالب کشف و شهود گردید»؛ «چون به ناخن خِرَد گره از کار نمی‌گشود دست در دامن عشق زد»، «چون عشق در دل رخت انداخت، عقل خانه پرداخت».

با این سخنان می‌خواهند بفهمانند که آنان در جهانیند که والاتر از خِرَد و داوری آن می‌باشد؛ در جهانیند که پای خِرَد به آنجا نرسد. ولی راستی همان است که چون کارهای آنان آشکاره بی‌خِرَدانه بوده، ناچار شده‌اند خِرَد را کنار گردانند و به خوار گردانیدن آن کوشند.

در خانقاه‌ها بیکار نشستن، نان از دست دیگران خوردن، در بازارها به گدایی برخاستن، زن نگرفتن و فرزند نداشتن، با ریش و پشم پای کوبیدن و دست افشاندن و به خود چرخیدن، با خِرَد کمترین سازشی نمی‌داشته. گذشته از داستانهای بیخردانه دیگری که از آنان سر می‌زده که من اینک یکی برای نمونه یاد می‌کنم:

همان مولوی که می‌گوید، «عشق آمد عقل او آواره شد»، در «نُفَحات‌الانس»، داستان پایین را از او و از پیرش، شمس تبریزی می‌نویسد:

«مدت سه ماه در خلوتی لیلا و نهارا (= روزانه و شبانه) به صوم (= روزه) وصال نشستند که اصلا بیرون نیامدند و کسی را زهره نبود که در خلوت ایشان درآید. روزی مولانا شمس‌الدین [تبریزی] از

مولانا [جلال‌الدّین رومی] شاهدی (= پسرجوانی) التماس کرد. مولانا حرم (= همسر) خود را دست گرفته در میان آورد. [شمس تبریزی] فرمود او خواهر جانی منست. نازنین پسری می‌خواهم.

فی‌الحال فرزند خود سلطان ولد را پیش آورد. فرمود او پسر جانی منست، حالیا اگر قدری شراب دست می‌داد ذوق می‌کردیم. مولانا بیرون آمد و سبویی از محلّه جهودان پر کرده بیاورد. مولانا شمس‌الدین فرمود که قوّت مطاوعت (= فرمانبرداری) مولانا را امتحان می‌کردم. از هر چه گویند زیادتر است».

شما در این داستان نیک اندیشید: دو تن در خلوتی سه ماه چه می‌کرده‌اند؟! می‌گوید: «به صوم وصال نشستند». سه ماه نیز صوم وصال تواند بود؟! آنگاه صوم وصال (یا روزه پیوسته) کجا و زن و یا پسر خواستن و باده آرزو کردن کجا؟! در اینجا است که گفته‌اند: «دروغ گو فراموش کار باشد»

اینکه کسی زن یا پسر خود را به دیگری پیش کشد، آیا بی‌ناموسی نیست؟ مگر در صوفیگری، بی‌ناموسی نیز سزاست؟! این داستان اگر راست است پس چه بی‌غیرتی که مولوی بوده! اگر راست نیست بس چه نادانی آن کسان بوده‌اند که اینها را به نام بزرگان خود ساخته و در کتابها نوشته‌اند! این مولوی همان است که کتاب مثنوی او را پیاپی چاپ می‌کنند و با ستایش‌های گزافه‌آمیزی می‌پراکنند. همانست که کتابش را همپایی قرآن می‌شمارند. کسانی که

می‌خواهند از این گونه رسوایی‌های صوفیان آگاه گردند کتابهای «نُفَحات‌الانس» جامی یا «تذکره‌الاولیاء» عطار را خوانند.

چیزی که باید در پایان گفتار یاد کنم آنست که بیکاری و بیزنی که ما از گناه‌های صوفیان شمردیم، در همه سلسله‌ها نبوده است. نخست تا دیرزمانی چنین می‌بوده که صوفی نمی‌توانسته به کاری یا پیشه‌ای پردازد ولی می‌توانسته زن گیرد. کسانی از آنان زن گرفته‌اند که پیدا است بایستی نان و رخت او و فرزندانش نیز از گدایی راه افتد. سپس شیخ صفی اردبیلی[۸۵] و شاه نعمت‌الله کرمانی[۸۶] به پیروان خود پرگیده‌اند که کار یا پیشه‌ای دارند. شاه نعمت‌الله گفته، «دوستان خدا در لباس اهل کسب و حرفت نیز توانند بود».

گفتار سوم

رفتار بدی که با اسلام کرده‌اند

یک بدی بزرگ از صوفیان که باید آنرا جداگانه باز نماییم رفتاریست که آنان با اسلام داشته‌اند. صوفیگری چه از گفته‌های پلوتینوس برخاسته چه از جای دیگری سرچشمه گرفته، هر آینه با اسلام بیگانه می‌بوده. نه تنها با آن دین پیوستگی یا همبستگی نداشته یکسره آخشیج (= ضدّ، رو در رو) آن می‌بوده.

اسلام خدایی را می‌شناسانید که بیرون از این جهانست و پیوستگی میانه‌ی او با آدمیان و دیگر آفریدگان نمی‌باشد و نتواند بود. صوفیگری خدا را همان «هستی ساده» می‌شناسد که چنان که گفتم، ما اگر آن را بشکافیم معنایش آنست که آدمیان همه خدایند و

خدای دیگری نیست. این دو خدا را با هم سازشی نتواند بود.

در آیین اسلام نیز بی‌کار نشستن، و زن و فرزند نداشتن و دست به دریوزه گشادن و به یاد خدا رقصیدن و اینگونه کارها که در بنیاد صوفیگری خوابیده در اسلام ناسزا می‌بوده. اسلام می‌خواسته مردم را به یک زندگانی خردمندانه و میانه روانه که کوشش و تلاش با نیکخواهی و پاکدلی توام باشد، وادارد. خوار داشتن جهان و دامن در چیدن از خوشی‌ها که دستاویز صوفیان بوده، با خواست آن دین به یکبار بیگانه است.

اسلام پایه پیشرفت زندگانی و نیکی مردمان، نیرومندی خِرَدها را می‌شناخته. اینست در قرآن پیاپی مردم را به اندیشیدن و فهمیدن و خِرَد به کار بردن می‌خواند و در سراسر قرآن، یک بار واژه «عشق» را که زبانزد صوفیان می‌باشد نتوان یافت.

جای هیچ گفتگو نیست که صوفیگری از اسلام بیگانه بوده. لیکن چنان که دیده می‌شود صوفیان میانه راه خود، با اسلام پیوستگی پدید آورده‌اند و این همانا برای دو خواست بوده: یکی آن که از آزار مسلمانان ایمن باشند و توانند در میان ایشان زندگی به سر برند. دیگری آن که کسانی از مسلمانان را به سوی خود کشند و توانند به صوفیان افزایند.

اینست برای خود ریشه اسلامی درست کرده‌اند و در سلسله‌ای از ایشان خود را به یکی از یاران پیغمبر – از ابوبکر و امام علی

بن‌ابیطالب و دیگران رسانیده چنین وانموده‌اند که پیغمبر دو گونه آموزاک (= آموزش)ها داشته: یک رشته از آنها به نام «شریعت» که برای همه مردمان می‌بوده؛ دیگری «طریقت» که تنها برای کسان برگزیده و ویژه‌ای می‌بوده. این است آن مرد بزرگ در حال آن که دینی برای مردم بنیاد گزارده و «شریعتی» یاد داده، برای برگزیدگان «طریقت» بنیادی نهاده و آن را به کسانی از ابوبکر و علی و دیگران آموخته است که از ایشان به صوفیان رسیده.

روزی در تبریز یکی از صوفیان این را با من می‌گفت و به خود می‌بالید. گفتم، در بدی صوفیان همین بس که چنین دروغی را ساخته‌اند. من پذیرفتم که پیغمبر اسلام چنین کاری کرده و دو رشته آموزاکها داشته. پس چرا آن دو رشته با یکدیگر ناسازگار است؟! آنگاه کِی ابوبکر و علی به چنین کارهایی که صوفیان می‌پردازند پرداخته‌اند؟! علی کِی بیکار بوده؟! کِی به چِلّه نشسته؟! کِی با خدا «عشق» ورزیده و با دف و نای به رقص پرداخته؟!. کِی از زن گرفتن باز ایستاده؟! کِی پیروان خود را در بازار به دریوزه‌گردی فرستاده؟! اینها که گفتم پاسخی نداشت و به خاموشی گرایید.

آنچه این بدی صوفیان را بزرگتر گردانیده، آن است که دستبردهایی در اسلام کرده، چنین خواسته که تا توانند به اسلام رنگ صوفیگری دهند. به جای آن که خود پیروی از اسلام کنند، اسلام را پیرو خود خواسته‌اند. اگر کسی بخواهد کارهای صوفیان را تنها در

این زمینه بنویسد، کتاب بزرگی خواهد بود و من چون به کوتاهی می‌کوشم، به چند نمونه بس خواهم کرد.

۱) قرآن را افزاری یا بازیچه‌ای گردانیده، به آیه‌های آن هر معنایی که خواسته‌اند داده‌اند. مثلا آیه «وَهُوَ مَعَكُمْ أَيْنَ مَا كُنتُمْ» را دلیل به یکی بودن هستی (وحدت وجود) آورده‌اند. در حالی که از سرتا پای قرآن «با وحدت وجود» ناسازگار است. خدایی که قرآن نشان می‌داده، با خدایی که صوفیان می‌شناخته‌اند بسیار جدا است. آن آیه می‌گوید: «هر کجا باشید خدا با شما است» و نمی‌گوید: «خدا در شما است»، نمی‌گوید: «شما خودتان خدایید».

آیه «إِنَّ أَكْرَمَكُمْ عِندَ اللَّهِ أَتْقَاكُمْ» را که می‌گوید: «گرامی‌ترین شما نزد خدا پرهیزکارترین شماست»، شیخ ابوسعید معنی کرده می‌گوید «پرهیزکاری پرهیز کردن از خودی خود است». آنگاه نتیجه گرفته می‌گوید: «از این معنی بود که چون تو از خودی خود پرهیز کنی بدو برسی». پرهیزکاری در قرآن پرهیز کردن از بدیهاست. این شیخ به دلخواه معنای صوفیانه به آن می‌دهد.

گاهی رفتارشان با قرآن چنان بوده که جز شوخی و بازی نامی نتوان داد. در «اسرارالتوحید» می‌نویسد: «بشر حافی هرگز کفش و پای افزار در پای نکرد و گفت حق سبحانه و تعالی می‌گوید: اَلَّذِي جَعَلَ لَكُمُ الأَرْضَ فِرَاشًا، زمین بساط حق است سبحانه و تعالی و من روا ندارم بر بساط خدای تعالی با کفش و پای افزار روم و همه عمر

پای پرهنه رفت و بدین سبب او را بشر حافی لقب دادند.

قرآن می‌گوید: خدا زمین را برای شما گسترده گردانید. این می‌گوید پس من باید با پای برهنه راه روم. آیا این جز شوخی و بازی نامی تواند داشت؟! قرآن که مردم را به پاکیزگی وامی‌داشت، خواستش پای برهنه رفتن مردم می‌بوده؟!

در «تذکره‌الاولیاء» در باره بایزید بسطامی می‌نویسد: «نقل است که چون مادرش او را به دبیرستان فرستاد، چون به سوره‌ی لقمان رسید و به این آیت رسید «أَنِ اشْکُرْ لِی وَلِوَالِدَیکَ» خدا می‌گوید مرا خدمت کن و شکر گوی و پدر و مادر را خدمت کن و شکرگوی و استاد معنی این آیت می‌گفت. بایزید که این بشنوید بر دل او کار کرد. لوح بنهاد و گفت استاد مرا دستوری ده تا به خانه روم و سخنی با مادر بگویم. استاد دستوری داد. بایزید به خانه آمده، مادر گفت یاطیفور، به چه آمدی؟ مگر هدیه آورده‌اند یا عذری افتاد است؟ گفت نه، که به آیتی رسیدم که حق می‌فرماید ما را به خدمت خویش و خدمت تو من در دو خانه کدخدایی نتوانم کرد. این آیت بر جان من آمده است. یا از خدایم درخواه تا همه آن تو باشم، یا در کار خدایم کن تا همه با وی باشم. مادر گفت ای پسر ترا در کار خدای کردم و حق خویشتن به تو بخشیدم. برو و خدا را باش. پس بایزید از بسطام برفت و سی سال در شام و شامات می‌گردید و ریاضت می‌کشید...»

آیا معنی آیه ی قرآن این بود که کسی دست از کار و پیشه و زندگی بردارد؟! آن می‌گوید: «به من سپاس گزار و به پدر و مادرت هم». آیا کسی نمی‌توانست هم سپاسگزار خدا باشد و هم سپاسگزار پدر و مادر و از کار و پیشه نیز دست نکشد؟! از این گونه داستانها بسیار است.

۲) گاهی داستانهایی در کتابهاشان هست که پیدا است به اسلام و بنیادگزارش با چه دیده‌ای می‌نگریسته‌اند و چگونه جایگاه خود را والاتر می‌شمارده‌اند. در یکی از کتابهاشان داستان صوفی گردیدن جلال‌الدین رومی را چنین می‌نویسد که روزی جلال‌الدین از مدرسه قونیه بیرون آمده و سوار استری گردیده با طلبه‌ها می‌رفت. شمس تبریزی به او برخورده پرسید: آیا محمّد بن عبدالله بزرگ‌تر است یا بایزید بسطامی؟ جلال‌الدین پرسید این چه پرسشیست؟!. محمّد پیغمبری می‌بود و چگونه می‌توان او را با بایزید به سنجش گزاشت؟! شمس گفت: پس چرا پیغمبر می‌فرماید: «مَّا عَرَفْنَاکَ حَقَّ مَعرِفتک» (ما ترا چنان که می‌بایست نشناختیم) و بایزید بسطامی می‌گوید: «سُبْحَانِي وَمَا أَعْظَمُ شَأْنِي» (من خدایم و کارم بسیار بزرگ است)؟ مولانا به طوری آشفته شد که از استر بیفتاد و مدهوش شد و چون به هوش آمد با شمس به مدرسه رفت و تا چهل روز در حجره با او خلوت داشت».

از این داستانها نیز فراوانست. به مکه رفتن که یکی از

دستورهای اسلام می‌بوده، اینان ریشخندهای بسیار بـه آن کـرده‌انـد. مثلاً در «تذکره‌الاولیاء» می‌نویسد:

«رابعه به مکه می‌رفت در میان راه کعبه را دید که به استقبال او آمد رابعه گفت مرا ربّ البیت می‌باید، بیت را چکنم؟» از زبان بایزید می‌نویسد که گفته: «مدتی گردخانه طواف می‌کـردم. چـون بـه حـق رسیدم، خانه را دیدم که گرد من طواف مـی‌کـرد». شـیخ عبـدالقادر گیلانی که یکی از قطب‌های ایشانست در کتاب‌ها گزافه‌های شگفتی در باره او نوشته‌انـد. از جملـه اینکـه کسـی پرسـید: چـرا بـه مکـه نمی‌روی؟... شیخ دست بلند کرده میان دو انگشت خود را نشان داده به پرسنده گفت: ببین، پرسنده نگاه کرد و دید کعبه در هوا بـه گـرد سر شیخ می‌چرخد.

۳) یک کار صوفیان که ما آن را از جستجو به دست آورده‌ایم آن است که جمله‌هایی را از زبـان خـدا از خـود سـاخته‌انـد و بـه نـام «حدیث قُدسی» در میانه پراکنده‌اند. مثلاً: کُنتُ کنْزاً مخفیاً فَأحبَبتُ اَن اُعرَفَ، فَخَلَقْتُ الخَلْقَ لأُعْرَفَ، خَمْرَةُ طِینَهُ آدَم بِیدَی أرْبَعِینَ صَبَاحَاً، عَبْدی أطَعْنِی أجعَلَکَ مِثلِی.

از این جمله‌ها در کتاب‌های مسلمانان فراوان‌ست. ولی اگر شما بجویید که سرچشمه آنها کجاست؟. که آنها را از زبان خدا شنیده؟... به جایی نخواهید رسید. آنچه ما دانسته‌ایم اینها را صوفیان ساخته‌اند. زیرا آن صوفیان بوده‌اند که خود را همیشه بـا خـدا در راز و نیـاز و

گفتگو می‌شمارده‌اند. از آن سو معنی بیشتر جمله‌ها صوفیانه است. گذشته از این که دیده می‌شود که بیش از همه صوفیان اینها را دستاویز گرفته عنوان بافندگی‌های خود گردانیده‌اند.

«کُنتُ کنْزاً مخفیاً...» را مولوی و بسیاری از صوفیان در شعرها و کتاب‌های خود یاد کرده، به دستاویز آن به بافندگی‌های دور و دراز پرداخته‌اند.

«خَمْرَةَ طِینَة آدَمَ...» را ابوبکر رازی در «مرصادالعباد» به میان گزارده و هشت سات بیشتر در پیرامونش بافندگی کرده.

امیر پازواری که شعرهایی به مازندرانی سروده و همانا از صوفیگری ناآگاه نمی‌بوده این دو حدیث را در شعرهای خود آورده می‌گوید:

من واجب الوجود علم الاسمامه
عجین کرده خاک چهل صبامه
کنت کنزن گره را من بوشامه
ارزان نفروش که دُرّ گرانبهامه

(من واجب‌الوجود علم الاسما هستم. سرشته شده خاک چهل صباح می‌باشم. گره کنت کنزا را من گشایم. ارزان نفروش که دُرّ گرانبها هستم).

شگفت‌تر آنکه واژه «مخفی» در «کنت کنزا» غلط است.[1] در عربی باید گفت: «خفی». از اینجا پیدا است که این را کسی ساخته که عرب نمی‌بوده و عربی را نیک نمی‌دانسته.

اینهاست نمونه‌هایی از رفتار صوفیان با اسلام. شنیدنی‌تر آنکه با همه دستبردها که در آن دین کرده‌اند، نتوانسته‌اند صوفیگری را با آن سازش دهند و دو گونگی آشکاری را از میان بردارند. دو گونگی همچنان مانده و آنان در میان مسلمانی و صوفیگری سرگردان مانده‌اند. شما چون کتاب‌هاشان بخوانید، خواهید دید گاهی در آن پندارهای صوفیانه فرو رفته و از اسلام فرسنگ‌ها دور افتاده‌اند، و گاهی بازگشته، یک مسلمان «قشری» گردیده‌اند.

تاریخچه زندگانی ابوسعید ابوالخیر را نوشته‌اند. شما چون می‌خوانید می‌بینید در یک جا شیخ صوفی ناب گردیده:

«شیخ ما گفت چند گاه آن بود که حق را می‌جستیم گاه بودی که یافتیمی و گاه بودی که نیافتیمی. اکنون چنان شدیم که هر چند خود را می‌جوییم باز نمی‌یابیم. همه او شدیم زیرا که همه اوست».

در جایی دیگری می‌بینی صوفیگری فراموش گردیده و شیخ یک مسلمان بسیار «قشری» شده که سخن از رستاخیز و بهشت و دوزخ می‌راند:

---

۱ - یادداشت کسروی: کسانی که صرف عربی خوانده‌اند این قاعده را می‌دانند که از فعل لازم اسم مفعول آورده نشود. «خفی یخفی» نیز لازم‌ست و اسم •مفعول از آن نتوان آورد•

«شیخ ما گفت اگر از برای اسماعیل از آسمان ندا فرستادند، در قیامت برای اوباش امّت محمّد صلوات‌الله و سلامه علیه فدا فرستند. یَجَاءبالْکَافِرُ وَ یقَالُ مُسْلِم هَـذَا فـداؤک مِـنَ النَّـار (کـافر را آورنـد و گویند: ای مسلمان، این فدای تو از آتش است)»

جای پرسش است که با آن برداشتی که صوفیگری برداشته دیگر سخن از دوزخ و بهشت چه معنی تواند داشت؟! اگـر ایـن راسـت است که خدا همان «هستی ساده» است که در همه کـس و در همـه چیز هست، دیگر مسلمان و کافر چیسـت؟! کسـی بـه دوزخ یـا بـه بهشت چرا رود؟! کسی همان که مُرد، از زندان «کثرت» رها گردیـده به دریای «وحدت» خواهد پیوست. دیگر چه جای سخن از بهشـت و دوزخ می‌باشد؟!

در کتاب‌های صوفیان، این بارها گفته شده کـه جایگـاه صـوفی والاتر از «کفر» و «ایمان» می‌باشد:

پیش آن کس که عشق رهبر اوست
کفر و دین هـر دو پـرده در اوسـت
شـــب کفـــر و چـــراغ ایمـــان
خورشـــید چـــو شـــد رخشـــان
بـــا کفـــر بگفـــت ایمـــان
رفتـــیم کـــه بـــس باشـــد

شیخ شبستری می‌گوید:
اگر مومن بدانستی که بت چیست
بدانستی که دین در بت پرستیست

از دیده صوفیگری همین است که این گفته. همان بت نیز بهره‌ای از خدایی داشته و پرستش آن پرستش خدا می‌بوده. چنین چیزی با اسلام که دین بت‌شکن می‌بوده چه سازشی توانستی داشت؟!

جای گفتگو نیست که صوفیان در میان اسلام و صوفیگری به گیر افتاده، در سراسر زندگانی خود با دورنگی به سر می‌برده‌اند. چیزی که هست آنان در این زمینه بدو دسته می‌بوده‌اند: یکدسته آنان که به اسلام باوری نداشته و تنها از ترس مردم می‌بوده که گاهی مسلمانی نشان می‌داده‌اند، دسته دیگر آنان که هم به اسلام و هم به صوفیگری باور داشته، در میان آن دو با سرگردانی به سر می‌برده‌اند.

بیشتری از پیران‌شان از دسته نخست می‌بوده و خود را بسیار بالاتر از بنیادگزار اسلام می‌شمارده‌اند. مثلا شیخ عبدالقادر گیلانی که «قطب» زمان خود خوانده می‌شده و در باره او نوشته‌اند که زمین و زمان در اختیار او می‌بود و خورشید ازو پَرک (اجازه، پروانه) خواستی تا بیرون آمدی و ماه نو، پَرک طلبیدی تا فرارسیدی، کسی با این لاف‌ها و گزاف‌ها پیدا است که جایگاه خود را بسیار بالاتر از

جایگاه پیغمبر اسلام و دیگران می‌دانسته است.

سلسله‌هایی که پس از زمان صفویان در ایران پیدا شده‌اند، شیعی‌گری از خود نموده‌اند که می‌باید گفت: اینان نیز به دو گروه بوده‌اند: گروهی آنان که خود باوری به آن کیش نداشته و رویه کارانه همراهی با مردم می‌نموده؛ گروهی دیگر آنان که با شیعیگری بزرگ شده و پندارهای آن کیش را در دل‌های خود جا داده بوده‌اند و سپس نیز به صوفیگری گراییده، یک رشته پندارهای دیگری بر روی آنها افزوده‌اند و گیج‌وار زندگانی بسر برده‌اند. همان رفتاری را که ابوسعید و دیگران با اسلام کرده، برخی سازش‌هایی میانه صوفیگری با آن دین پدید می‌آورده‌اند، اینان با کیش شیعی کرده‌اند و به سازگاری‌هایی پرداخته‌اند.

یک چیز شگفت داستان صفی علیشاه است. اینمرد که «قطب» شمارده می‌شده صوفیگری را با علی‌اللهیگری توأم گردانیده. در شعرهایی خود در همه جا با واژه‌های صوفیانه، علی را خدا می‌ستاید. در یک جا می‌گوید:

چون که در جوش بحر وحدت ظاهر از بحر موج کثرت شد
کنز مخفی که غیب مطلق بود آشکار از حجاب غیبت شد
تا نماند به خانه غیر از خود عین اشیاء ز فرط غیرت شد

....

گاه شمشیر در معارک زد گاه آماده شهادت شد

گاه در خوابگاه احمد خفت   گاه بر مسند امامت شد

....

که حقیقت به مُلک هستی، شاه   نیست غیر از علی ولی الله

ترجیع‌بند درازیست که این شعر آخر را پیاپی آورده. واژه «ولی‌الله» درخور پروا است. در جایی که می‌گوید خدا جز همان علی نیست، به شیوه شیعیان او را «ولی‌الله» هم می‌خواند. این نمونه‌ای از دَرهَمی اندیشه اوست.

در همان ترجیع‌بند، در جای دیگری داستان معراج را سروده، می‌گوید:

اندر آن بزم الغرض چون حق   کرده بد دعوتش به مهمانی

خوانی آن دم زغیب حاضر شد   از نعیم سرای سبحانی

دستی از آستین غیب برون   آمد او را به رسم همخوانی

دید دستی که داده با او دست   بهر پیمان به امر یزدانی

دید دستی که کنده از خیبر   با دو انگشت در بآسانی

پیش از ایجاد عالم و آدم   بوده کاخ وجود را بانی

اندازه فهم این مرد را ببینید. به آسمان رفتن پیغمبر که خود افسانه‌ای بوده علی‌اللهیان افسانه دیگری به آن افزوده‌اند که برای پیغمبر در آسمان خوانی آوردند که با خدا شامی خورد و چون خدا

دست از پس پرده بیرون یازید، پیغمبر دید دست علیست. آن قطب روزگار این افسانه‌های بی‌پا را باور می‌کند و آن را با جمله‌بندیهای صوفیانه برشته شعر می‌کشد.

یکی نپرسیده که از دیده صوفیگری خدا جز همان هستی ساده نیست و آن، چیزیکه در آسمان یا در زمین باشد نتواند بود. پس بدیده گرفتن خدایی در آسمان با صوفیگری چه تواند ساخت؟!... آنگاه از دیده صوفیگری، همه خداییم و از خدا نه جداییم، پس چه شده که تو تنها علی را به دیده گیری؟!

از این شگفت‌تر آن که در پی آن شعرها می‌گوید:

با پیمبر علی اعلی گفت   در ثنای علی عمرانی
که حقیقت به ملک هستی شاه   نیست غیر از علی ولی‌الله

می‌گوید: خدا به پیغمبر گفته که خدا همان علی است و در جهان جز او چیزی نیست. دانسته نیست که خدای دیگری کجا می‌بوده که این سخن را در باره علی به پیغمبر بگوید.

اینها از یکسو نمونه‌ایست که چه آشفتگی‌هایی در مغز آن مرد در کار می‌بوده و از یک سو نمونه است که اندازه نافهمی آن قطب روزگار چه می‌بوده. اینها کسانی می‌بوده‌اند که می‌گفته‌اند سالها به خود سختی داده و آراسته و پیراسته گردیده و به یک جایگاه بسیار والایی رسیده‌اند. کسانی می‌بوده‌اند که دیگران را «قشری» (یا پوست

پرست) نامیده خود را به همه آنها، بلکه به برانگیختگان نیز، برتـری می‌نهاده‌اند. آن لافشان و این نمونه فهم و خردشان!

گفتار چهارم

صوفیگری جز مایه ناتوانی روان‌ها نمی‌بوده

کسانی گاهی می‌گویند: «صوفیگری اگر چه از دیده سود و زیان زندگانی درخور ایراد است و سخنان شما در آن زمینه راست می‌باشد، با این حال آن راهی برای پاک گردانیدن روان می‌بوده». می‌گویند: «تنها ایرادی که می‌توان گرفت آن است که صوفیان در پرداختن به روان از اندازه بیرون افتاده‌اند (افراط کرده‌اند)».

ولی این سخنان راست نیست. این خوش‌گمانیست که کسانی در باره صوفیان می‌دارند. من نمی‌توانم بگویم که همه صوفیان مردان بدی می‌بوده‌اند. آنچه می‌توانم گفت اینست که صوفیگری چون راه کجی می‌بوده، صوفیان نه تنها نتوانسته‌اند روان‌های خود را پاک گردانند، آن را هر چه آلوده‌تر گردانیده‌اند.

ما اگر از همه چشم پوشیده، تنها از دیده پاکی روان به صوفیان نگریم، خواهیم دید روی‌هم رفته در آن زمینه نیز از دیگران بدتر بوده‌اند. کسانی که به آن دسته خوش گمانی می‌نمایند و این سخنان را در باره ایشان می‌گویند، کتاب‌های آنان را نخوانده‌اند و از کارها و سرگذشت‌های ایشان آگاه نمی‌باشند. من اگر بخواهم در اینجا سخن از ناپاک روانی و آلوده خیمی صوفیان بگویم باید صد سات و بیشتر را سیاه گردانم. این است تنها به چند نمونه بس می‌کنم.

یکی از کوشش‌های صوفیان نبرد با خودخواهی (یا مَنی) می‌بوده که خودشان آن کوشش را «جهاد اکبر» نامیده‌اند. خودخواهی یکی از پست‌ترین خیم‌های آدمیست. اینکه صوفیان آن را سرچشمه همه بدیها شناخته‌اند، بسیار دور از راستی نبوده. لیکن سخن در آن است که صوفیان با آن راهی که می‌داشته‌اند، نه تنها خودخواهی یا منی را در خود نمی‌کشته‌اند، آن را هر چه جاندارتر می‌گردانیده‌اند. شما اگر داستان‌های صوفیان را که خودشان نوشته‌اند بخوانید، خواهید دید که چگونه خودخواهی از رفتار و گفتار آنان نمودار است.

مثلا یکی از شیوه‌های بزرگان صوفی آن می‌بوده که از هر کسی سخنی شنیدند، بالادست آن را گویند و به گوینده برتری فروشند، اگر چه با چرندگویی باشد.

مثلا در «اسرارالتوحید» می‌نویسد: «شیخ ما را گفتند یکی توبه کرده بود و بشکست. شیخ ما گفت اگر توبه او را نشکسته بودی او

هرگز توبه نشکستی». در آن کتاب از این گونه فراوان است.

در تذکرة الاولیاء یک گفتگوی شفیق بلخی و ابراهیم ادهم را چنین می‌نویسد:

«شفیق گفت ای ابراهیم چون می‌کنی در کار معاش؟ گفت اگر چیزی رسد شکر کنم و اگر نرسد صبر کنم. شفیق گفت سگان بلخ همین کنند که چون چیزی باشد مراعات کنند و دُم جنبانند و اگر نباشد صبر کنند. ابراهیم گفت شما چگونه کنید؟ گفت اگر ما را چیزی رسد ایثار کنیم و اگر نرسد شکر کنیم».

در باره بایزید می‌نویسد:

«به بایزید گفتند که فلان شخص در یک شب به مکّه می‌رود. گفت شیطان هم در یک لحظه از مشرق به مغرب می‌رود. و نیز به او گفتند که فلان بر آب می‌رود. گفت ماهی در آب و مرغ در هوا عجب‌تر از آن به جا می‌آورد».

یک شیوه دیگر ایشان به کارهای شگفت پرداختن و خود را به مردم نمودن می‌بوده. مثلا در «تذکره‌الاولیاء»[1] می‌نویسد:

«نقل است که در بغداد دزدی را آویخته بودند. جُنِید برفت و پای او بوسه داد. ازو سؤال کردند. گفت هزار رحمت بر وی باد که در کار خود مرد بوده است و چنان این کار را به کمال رسانیده است که سر در سر آن کار کرده است».

---

۱ - هر چه در این کتاب به نام تذکره الاولیاء آورده شده از کتاب دکتر قاسم غنی است.

باز می‌نویسد:

«نقل است که [جُنِید] شبی با مریدی در راه می‌رفت. سگی بانگ کرد. جُنِید گفت لبیک لبیک. مرید گفت این چه حالست گفت قوّه و دمدمه‌ی سگ از قهر حق‌تعالی دیدم و آواز از قدرت حق‌تعالی شنیدم و سگ را در میان ندیدم، لاجرم لبیک جواب دادم».

این را در باره خود شیخ عطار نوشته‌اند که چون سپاه مغول، نیشابور بگشادند و او بدست مغولی دستگیر افتاد، یکی او را شناخت و خواست صد دینار بخرد و آزاد گرداند. او خود نگزاشت و گفت: نفروش بهای من از این بیشتر است. خرنده‌ی دیگری پیدا شد و خواست او را به یک بار کاه بخرد. شیخ گفت: «بفروش که به این هم نمی‌ارزم». مغولی از این سخنان او خشمناک گردیده او را کشت.

یک رشته داستان‌های دیگری هست که معنایی به آنها نتوان داد جز آن که گفته شود خواست‌شان صوفیگری را یک کار دشوار و بسیار ارج‌دار نشان دادن و خود را نمودن می‌بوده. یکی از آنها، داستان پایینی است که به نام نمونه از «تذکره الاولیاء» آورده می‌شود:

«شِبلی به مجلس خیر نَسّاج شد... خیر او را نزدیک جُنِید فرستاد. پس شِبلی پیش جُنِید آمد و گفت گوهر آشنایی بر تو نشان می‌دهند یا ببخش یا بفروش. جُنِید گفت اگر بفروشم ترا بهای آن نبود و اگر بخشم آسان به دست آورده باشی، قدرش ندانی. همچون من قدم از فرق ساز و خود را در این دریا درانداز تا به صبر و

نظارت، گوهرت بدست آید. پس شِبلی گفت اکنون چه کنم؟ گفت برو یک‌سال کبریت فروشی کن. چنان کرد چون یک سال برآمد، [جنِید] گفت در این کار شهرتی و تجارتی در است، برو یک‌سال دریوزه کن چنان که به چیزی دیگر مشغول نگردی. چنان کرد، تا سر سال را که در همه بغداد بگشت و کسی او را چیزی نداد. باز آمد و با جُنِید بگفت. او گفت اکنون قیمت خود بدان که تو مر خلق را به هیچ نیرزی؛ دل در ایشان مبند و ایشان را به هیچ برنگیر. آنگاه گفت تو روزی چند حاجب بوده‌ای و روزی چند امیری کرده‌ای. بدان ولایت رو و از ایشان بِحِلی (= بخشودگی) بخواه. بیامد و یک یک خانه در رفت تا همه بگردید. یک مظلمه (= ستم) ماندش، خداوند او را نیافت. تا گفت به نیت آن صد هزار دِرَم باز دادم هنوز دلم قرار نمی‌گرفت. چهار سال در این روزگار شد. پس به جُنِید باز آمد و [جُنِید] گفت هنوز در تو چیزی از جا مانده است، برو یک سال دیگر گدایی کن. گفت هر روز گدایی می‌کردم و بدو می‌بردم و آن همه به درویشان می‌داد و شب مرا گرسنه همی‌داشت. چون سالی برآمد گفت اکنون ترا به صحبت راه دهم لیکن به یک شرط که خادم اصحاب تو باشی. پس یک سال اصحاب را خدمت کردم تا مرا گفت یا ابابکر، اکنون حال نفس تو به نزدیک تو چیست؟ گفتم من کمترین خلق خدا می‌بینم خود را. گفت اکنون ایمانت درست شد».

خوانندگان نیک اندیشند که صوفیان برای آنکه صوفیگری را

چیزی بسیار دشوار و بزرگ نشان‌دهند و آبی بـه آتـش خودخـواهی درون خود پاشند، به چه کارهای پست و بی‌معنایی برمی‌خاسـته‌انـد. در این داستان دروغ آشکاری هست: شِبلی با داشتن صـدهزار دِرَم و بیشتر، رو به درویشی آورده، گدایی می‌کرده. به هر حال چه دروغ و چه راست، این نمونه‌ای از کارها یا از دروغسازیهای صوفیانست که شَوَندی برای آن جز خودخواهی و خودنمایی نتوان پنداشت.

آنان با آن حال نداری و بیکـاری و خـواری، خـود را والاتـر از دیگران می‌پنداشته‌اند و خودخواهانه از آن خشـنود و خرسـند بـوده روزگار می‌گذرانیده‌اند و برای اینکه آن والاتـری را بـه مـردم نشـان دهند، به این گونه خودنمایی‌ها برمی‌خاسته‌اند.

یک شیوه دیگری از صوفیان کـه آن را هـم جـز از خودخـواهی نتوان شمرد، آنست که یک کار بدی یا بدنمایی که از یکی از ایشـان سر می‌زده، به جای آنکه فروتنی نمایند و بدی را بـه گـردن گیرنـد، معنای دیگری به آن کار داده، ستایشـی از آن بـرای خودشـان پدیـد می‌آورده‌اند. در این باره نمونه‌ی خنده‌آوری در کتـاب صـفوةالصـفا است که اینک در پایین می‌آوریم:

«ادام‌الله برکته علی‌العالمین شیخ صدرالدین فرمود که نوبتی شیخ صفی [الدّین اردبیلی] قدس سره از سیاورود عـزم اردبیـل فرمـود و عادت چنان داشتی که هرگز از زاویه شیخ زاهد قدس سره، چنان که دیگران تبرک برداشتندی، او برنداشتی. اتفاقاً در آن نوبت شیخ زاهد

به نور ولایت، احوال از پیش می‌دانست. اشارت فرمود تا از برای توشه شیخ صفی گردهای نان بسیار آماده کردند چنان که به خروار گرده نان از برای توشه در ناو نهادند حال آنکه در آن زمان مسافت ناو در آب اندک بود و از سیاورود تا کِلاس که از آب بیرون آیند یک گرده کفایت کردی. چون شیخ صفی‌الدین در ناو نشست و روانه شد، در حال حالتی است ارباب سلوک را چون بدان رسند، آتش محبّت چنان بر وی مستولی شود و معده ی وی چنان آتش گیرد که اگر طعام مجموع روی زمین به وی دهند بخورد و یک ذرّه به معده وی نرسد بلکه در طریق محترق (= سوخته) گردد تا به حدّی که بعضی باشند که از این آتش، وجود ایشان سوخته گردد چون طعام و غذا نیابد. شعر:

ذره آتش عشقت به دلی چون افروخت
جمله اجزای وجود و عدمش پاک بسوخت

شیخ را آن حالت پیدا شد و هر چه آن توشه و گردهای نان که در ناو بود تمام بخورد و چون از ناو بیرون آمدند، اصحابی که با وی بودند معلوم کردند که شیخ را آن حالت رسیده، پیشتر از نزول شیخ به دیه و منزلی که در پیش بود می‌رفتند و ترتیب طعام‌ها می‌دادند کردن و در هر دیهی بسیاری از طعام که جمع بسیار را کفایت باشد مرتب می‌گردانیدند، چون شیخ می‌رسید در پیش می‌کشیدند و شیخ

مجموع تناول می‌کرد و بدین طریق تمام راه تا به اردبیل بیامدند. چنان که هر جای پنج شش گوسفند ترتیب می‌کردند و همچنان شیخ در عقب می‌رسید و می‌خورد تا به دیه کلخوران رسید. چون در خانه رفت، دید که نان می‌پختند. پیش تنور بنشست و هر چه پخته می‌شد می‌خورد تا تمام هر چه پختند تمام بخورد، تا آن خمیر که از برای خانه و مهمانان و کارکنان آماده بود، تمامت بپختند و او تمام بخورد. چون والده‌اش رحمه‌الله علیها آن حال بدید، بدانست که شیخ را چه حالیست قوچی سخت بزرگ در خانه داشت. آن را ذبح داد بردن و پختن و دیگی بزرگ از طعام با آن مرتب گردانید. [شیخ] آن مجموع نیز بخورد. پس از خانه اقارب (= بستگان) هر چه مغذّی بود از انواع اطعمه می‌آوردند و می‌خورد. پس از خانه همسایگان همچنان می‌آوردند تا آن نیز پرداخته شد. پس آوازه در دیه افتاد و هر کس چیزی از ماکولات (= خوردنی‌ها) می‌آوردند و شیخ می‌خورد تا به حدّی رسید که اضطرار کلی در شیخ پیدا شد و به این همه اطعمه سیر نمی‌شد. شعر:

مـــرغ همـــت چـــون در آن منـــزل

کمتر از یک دانه داند پیش خود

و چون سالک را این حالت پیدا شود، مرشد باید که وی را از این حالت بیرون آرد و تلقین ذکری خاص به وی کند تا از این حال

بگذرد و باز آید. پس چون شیخ صفی‌الدین در این حالت بدان حال رسید که بیم هلاکت بود، صفت شیخ زاهد را می‌دید که بیامد و او را تلقین آن ذکر کرد و از آن حالت بیرون آورد و ساکن شد. شعر:

اندرین میکده‌ام ساقی هشیاری هست
که خمار من سرمست به یک جرعه شکست

و مثل این حالت، مریدی را از مریدان شیخ صفی قدس سره در کلخوران پیدا شد و به شب از خلوت بیرون آمد و در باغی بزرگ افتاد که انواع بُقول (= دانه‌های خوراکی) آنجا بود و در آن شب مجموع آن بقول چنان بخورد که یک برگ باقی نماند و بامداد باغبان به باغ رفت، متحیر ماند که آنچه در باغ بوده سوخته نشده، کجا رفت؟ شیخ این بشنید، آن مرید را آن ذکر خاص تلقین کرد و از آن حالت باز آورد و همچنان مثل این حالت دیگری را از مریدان شیخ صفی در اردبیل واقع شد و شیخ صلاح [الدّین] خادم را اشارت فرمود که متعاقب از برای او نان و طعام مرتب دارد و صلاح بسیاری از اطعمه مرتّب گردانید [و] در خلوت آن حوضخانه پیش آن طالب نهاد و روز جمعه بود و به جامع رفت و مجموع را آن طالب بخورد و چون دیگر می‌خواست موجود نبود، به باغی در رفت که در پیش پنجره قبلی زاویه بود و هر چه در آنجا بقول بود تمام بخورد پس در اوراق اشجار (= برگ درختان) افتاد و هر چه ممکن بود تمام بخورد

و آنگاه در خلوت رفت و چون هیچ ممکن نبود و طاقتش برسید، در خلوت وفات یافت. شیخ قدس سره به نور ولایت بدانست در جامع که او متوفی شد. چون مراجعت کرد و از استر فرود آمد، صلاح خادم را فرمود نه بتو گفتم که لاینقطع (= بی‌گُسَست) ماکولات جهت آن کس مرتب داری؟ بیا در خلوت او را ببین و دست صلاح گرفت و در خلوت برد. آن کس را دیدند در کنج خلوت نشسته و اسناد به دیوار کرده و کف سبز در دهان آورده و تسلیم نموده. شعر:

مـردن عاشقان نکو باشد   جان عاشق بهانه‌جو باشد»

تا اینجا است نوشته «صفوةالصفا». بی‌گمان داستان این بوده که شیخ صفی در سفری که از گیلان باز می‌گشته، در این فرودگاه و آن فرودگاه، پرخواری‌هایی می‌نموده، و این کار که بدنما می‌بوده، شیخ به جای آن که فروتنی نماید و بگوید، «هر آدمی از این بدی‌ها تواند داشت و جای نکوهش نیست»، خودخواهی واداشته که رنگی دیگر به داستان دهد و آن پرخوری‌ها را حالی از حال‌های صوفی بلکه رازی از رازهای صوفیگری وانماید و آن دروغ را ساخته و گفته. سپس کسانی از پیروان برای استواری آن، دروغ‌های دیگری پدید آورده‌اند.

برخی از آنان چندان در بند این چیزها می‌بوده‌اند که ما در «اسرارالتوحید» می‌بینیم دو کودکی از ابوسعید مرده بوده و شیخ

خودخواه آن را به خود هموار نگردانیده و با آن جایگـاه والایـی کـه برای خود نشان می‌داده، ناسازگار یافته و این بوده کـه رنگـی بـه آن زده و چنـین گفتـه: «اهـل بهشـت از مـا یادگـاری خواسـتند، دو دستانبویه‌شان فرستادیم تا رسیدن ما». از این گونه چندان است کـه به شمار نیاید.

یک نشان دیگر از ناتوانی روان‌های صوفیان، برخاستن ایشان بـه گدایی و دریوزه‌گری می‌باشد. چنان که از داستان‌هاشان دیدیم، آنـان گدایی را نه تنها بد ندانسته از آن نان می‌خـورده‌انـد، آن را یکـی از راه‌های سـختی کِشـی (ریاضـت) شـمارده، نیکـش می‌دانسـته‌انـد. بهانه‌شان این می‌بوده که دشوارترین کار به «نفس» اسـت و آن را بـه یکبار خوار می‌گرداند و می‌کشد.

این می‌رساند که پیران صوفی جان و روان (یا به گفته خودشان: نفس و روح) را در هـم آمیختـه، جـدایی میانـه خواهـاک (= آنچـه خواهند)‌های آنها نمی‌گزارده‌اند. زیرا در کالبد آدمی آنچـه گـدایی را بد می‌شناسد و از آن سرباز می‌زند، «روان» است. این روان است که نمی‌پسندد که آدمی در جلو دیگری گردن کج کند و خـود را خـوار گرداند و چیزی خواهد. و گرنه «جان» (یا نفس) را از گدایی رمشی (= دوری) نیست و آن را بد نمی‌شناسد.

صوفیان که «نفس» را مانند سگ شناخته‌اند و در بسیار جاها آن را سگ نامیده‌اند، بهتر بودی به یاد آورند که سگ را از گدایی بـاکی

نباشد. بلکه گدایی پیشه اوست. آن آدمیست، آدمی که پاکروان است، که به گدایی گردن نتواند گزاشت.

آنگاه صوفیان گدایی می‌کرده‌اند که به گفته خودشان «نفس» را بکشند، پس بیکار چرا می‌نشسته‌اند؟! آیا آنهم برای کشتن «نفس» می‌بوده؟! آیا بیکار زیستن و چشم به دست دیگران دوختن، به گدایی و دریوزه برخاستن، سرچشمه‌ای جز ناپاکی و سستی روان توانستی داشت.

تاریخچه ابوسعید را که نوشته‌اند، کوتاه شده‌اش این است که به دستاویز صوفیگری خود را از کار و پیشه دور داشته و یک دسته از درویشان گردن ستبر را به سر خود گرد آورده بوده که با بیکاری و یاوه‌بافی روز می‌گزارده‌اند و از بازاریان خوردنی‌ها گرفته، وامدار می‌شده‌اند و سپس از این توانگر و از آن توانگر به گدایی برخاسته، به نام آنکه وام پیدا کرده‌ایم، پول می‌خواسته‌اند و اگر یکی نمی‌داده، با نفرین بیمش می‌داده‌اند و بدگویی‌ها می‌کرده‌اند. داستان پایین یک نمونه از کارهای ابوسعید است:

«هم در آن وقت که شیخ ما ابوسعید به نیشابور بود، حسن مؤدّب که خادم شیخ ما بود، از هر کسی چیزی وام کرده بود و بر درویشان خرج کرده و چیزی دیرتر پدید می‌آمد و غنیمان تقاضا می‌کردند. یک روز جمله به در خانقاه آمده شیخ حسن مودب را گفت بگو تا درآیند. حسن بیرون شد و ایشانرا در آورد. چون

درآمدند در پیش شیخ خدمت کردند و بنشستند. کودک طوّاف (= دست فروش، دوره گرد) بر در خانقاه بگذشت و ناطف (= خوردنی) آواز می‌داد. شیخ گفت آنچه دارد جمله برکش. جمله برکشید و پیش شیخ و صوفیان نهاد تا به کار بردند آن کودک طوّاف گفت زر می‌باید. شیخ گفت پدید آید. یک‌ساعت بود، دیگر بار تقاضا کرد. شیخ گفت پدید آید یک‌ساعت بود دیگر بار تقاضا کرد شیخ گفت پدید آید سوم بار تقاضا کرد شیخ همان جواب داد. آن کودک گفت استاد مرا بزند. این بگفت و بگریستن ایستاد. در حال کسی از در خانقاه درآمد و صُرِه (=کیسه)ی زر در پیش شیخ بنهاد و گفت فلان کس فرستاده است و می‌گوید مرا به دعا یاددار. شیخ حسن مؤدّب را گفت برگیر و به غنیمان تفرقه (= تقسیم، پخش) کن و بر متقاضیان. حسن زر را بگرفت و همه را بداد و زر ناطف آن کودک بداد. هیچ باقی نماند و هیچ در نبایست و برابر آمد. شیخ گفت این زر در بند اشک این کودک بوده است».

خوانندگان این داستان را نیک اندیشند: از کسان بسیاری وام گرفته و خورده و آنان که به طلبکاری آمده بوده‌اند، ابوسعید به جای آن که در پی پرداختن طلب‌های آنان باشد، در بند شکم چرانی بوده و بی‌آنکه پولی باشد، پسر پاگردی را که خوردنی (ناطف!) می‌فروخته، آواز داده و هر چه داشته گرفته و با درویشان خورده و چون پسر پول خواسته، پاسخ داده «پدید آید» و او از ترس کتک

استاد خود به گریه افتاده تا در آن میان کسی رسیده و پولی به شیخ آورده. ببینید کاری به این پستی که جز شکم‌پرستی و خیره‌رویی معنایی نتوان داد، «معجزه»ای از آن پدید آورده‌اند: «هیچ چیز باقی نمانده و هیچ چیز در نبایست و برابر آمد شیخ گفت این زر در بند اشک این کودک بوده»! می‌خواهد بفهماند که کارهای شیخ و پیروانش را خدا راه می‌برده و آن پول را خدا خواستی رساند. ولی می‌بایسته آن کودک اشکی فرو ریزد. ببینید به شکم چرانی‌های پست خود چه رختی می‌پوشانیده‌اند. ببینید با خدا چه گستاخی‌ها می‌کرده‌اند. آیا اینان روان‌هاشان پاک می‌بوده؟! پس اگر پاک نبودی چه کارها کردندی؟!

نمونه دیگری از ناپاکی روان‌های صوفیان بیاورم. مردی به نام «مولوی» در زمان ما است که شاگرد صفیعلی‌شاه می‌بوده (و گویا اکنون جانشین اوست). این مرد یک مثنوی در تاریخ به نام «عالم و آدم» سروده که به چاپ رسیده. من دو شعر از آن به یاد می‌دارم که در ستایش تیمور لنگ است:

رایت تیمور شه گورگان   چون به جهان شد علم داستان
حکمش از ایوانگه کیهان گذشت   معدلتش زادم و حیوان گذشت

کسی که چِلّه‌ها به سر برده و «مقامات» پیموده، این نمونه‌ای از تیرگی روان او است که به تیمور خونخوار پس از شش‌صد سال

چاپلوسی می‌کند. تیموری که در اسپهان به بهانه نافرمانی چند تن، فرمان کشتار داد و هفتاد هزار سر خواست و در بغداد از سرهای کشتگان مناره‌ها افراشت، این از «معدلت» (= دادگری) او سخن می‌راند و آن را از «آدم و حیوان» می‌گذراند.

کسی که روانش پاک است باید از ستم بیزار باشد. جدایی روان از جان در همین‌جاست که روان خواهای دادگری و آبادانی و دلسوزی‌ست و از ستم و ویرانی بیزار می‌باشد. پس کسی چه اندازه ناپاک‌روانست که از آنهمه خونخواریهای تیمور پروایش نبوده و به چنان ستایش چاپلوسانه در باره آن برخاسته است.

گفتار پنجم

صوفیان از دروغ کم‌ترین باکی نداشته‌اند

یک کار زشت صوفیان که آلودگی روانهای ایشان را نیک می‌رساند و ما می‌باید گفتاری جداگانه گردانیم، بی‌باکی‌شان در دروغ‌گویی و دروغ‌سازی بوده. آنان تو گویی دروغ را بد نمی‌شناخته‌اند که کمترین باکی نداشته‌اند. راست گفته‌اند که صوفیان انبان دروغ بوده‌اند. اگر من از سرگذشت‌ها و داستان‌های دروغ و از گفته‌های گزافه‌آمیز، بلکه سراپا لاف آنها، به سخن پردازم، باید صدها سات را پُر گردانم. اینست تنها از یکرشته از دروغ‌های آنان به سخن می‌پردازم.

شما اگر کتابهای صوفیان را بخوانید خواهید دید پیاپی کارهای

نتوانستنی، یا به گفته خودشان «کرامات» از پیران و بزرگان خود یاد می‌کنند و چنین می‌رسانند که پیران صوفی به «آیین سپهر» چیره می‌بوده‌اند که می‌توانسته‌اند آن را به هم زنند و نگارهای بیرون از آن آیین، از راه رفتن بر روی آب، سخن گفتن با جانوران و گیاهان، و آگاهی دادن از ناپیدا، زر گردانیدن خاک، گوهر گردانیدن سنگ، بهبود دادن به بیماران، زنده گردانیدن مردم و مانند اینها برخیزند.

این یک چیز بی‌چون و چرایی در نزد آنان می‌بوده و صدها داستان از این گونه نوشته‌اند، داستانهای شگفت. داستانهایی که می‌باید به گفته عامیان «دروغهای شاخدار» نام داد. اینک من برای نمونه داستانهایی را یاد می‌کنم.

آورده‌اند که وقتی در مَیهَنَه جماعت صوفیان را چند روز بود که گوشت نخورده بودند و یک هفته زیادت بگذشت که حسن [مؤدّب، خام شیخ ابوسعید ابوالخیر] را گوشت میسّر نگشت و جمع را تقاضای گوشت می‌بود و ظاهر نمی‌کردند. روزی شیخ برخاست و جمع در خدمت او برفتند تا از دروازه راه مرو بیرون شد و بر بالای زعقل که بر سر بیابان مرو هست و پیش از این ذکر آن رفته است و هر وقت که شیخ را قَبضی (= افسردگی) بودی، آنجا رفتی. چون شیخ بر آن بالا شد و بایستاد و ساعتی توقف کرد، آهویی از صحرا پدید آمد و رو سوی شیخ کرد تا پیش شیخ آمد و در زمین افتاد و در زمین می‌گشت و شیخ را آب از چشم می‌چکید و می‌گفت نباید

نباید. آهو همچنان در خاک می‌غلطید. پس شیخ رو به جمع کرد و گفت دانید که این آهو چه می‌گوید؟ می‌گوید که من آمده‌ام تا خود فدای اصحابنا کنم تا فراغت دل شما حاصل گردد و ما می‌گوییم که نباید که فرزندان داری و الحاح (= پافشاری) می‌کند. پس شیخ بسیار بگریست و اصحابنا نعره‌ها زدند و حالت‌ها رفت و آن آهو همچنان در خاک می‌غلطید. پس شیخ به حسن اشارت کرد گفت این را به دکان سعد قصاب بر و بگو که بکاردی تیز سر این آهویک را بسمل کن تا امشب صوفیان را چیزی بساز. حسن چنانکه اشارت کرده بود بجای آورد و آنشب جماعت از گوشت آهو بیاسودند.»(از اسرارالتوحید)

«نقل است که روزی یکی درآمد و از حیا مسئله‌ای پرسید. شیخ (بایزید) جواب داد و آنکس آب شد. مردی درآمد آبی زرد دید ایستاده، گفت یا شیخ این چیست؟ گفت یکی از در درآمد و سوالی از حیا کرد و من جواب دادم؛ طاقت نداشت چنین آب شد از شرم».(تذکرةالاولیاء)

«وقتی رابعه عَدَویه به عزم حج در بادیه می‌رفت، در میان بادیه خر بمرد. مردمان گفتند این بار تو ما برداریم. گفت شما بروید که من بر توکّل شما نیامده‌ام. مردمان برفتند. رابعه تنها بماند. گفت، الهی، پادشاهان چنین کنند با عورتی (= زنی) غریبِ عاجز؟ مرا به خانه خود خواندی، پس در میان راه خَرَم را مرگ دادی و مرا به

بیابان تنها بگزاشتی. هنوز این مناجات تمام نکرده بود که خر بجنبید و برخاست و رابعه بار بر روی او نهاد و برفت»(تذکرةالاولیاء)

نقل است که وقتی دیگر رابعه به مکه می‌رفت در میان راه کعبه را دید که به استقبال او آمد رابعه گفت مرا رب البیت می‌باید بیت را چکنم. (تذکرةالاولیاء)

«نقل است از ابراهیم ادهم که روزی بر لب دجله نشسته بود و بر خرقه ژنده خود پاره می‌دوخت. سوزنش در دریا افتاد. کسی از او پرسید که مُلکی چنان از دست بدادی چه یافتی؟ اشارت کرد به دریا که سوزنم باز دهید. هزار ماهی از دریا برآمد که هر یک سوزنی زرین به دهان گرفته ابراهیم گفت سوزن خویش خواهم. ماهیکی ضعیف برآمد، سوزن او به دهان گرفته. گفت کمترین چیزی که یافتم، به ماندن مُلک بلخ اینست. دیگرها را تو ندانی».(تذکرةالاولیاء)

مولوی در مثنوی داستانی می‌سراید که بایزید بسطامی که گاهی مستانه «سُبْحَانِی وَمَا أَعْظَمُ شَأْنِی» گفتی، یک بار شاگردان این‌را به او خرده گرفتند. بایزید گفت: «اگر از این پس چنان سخنی گفتم شما کاردها را بگیرید و پیاپی بزنید و مرا بکشید». بار دیگر چون باز چنان سخنی گفت، شاگردان کاردها را برداشتند و دیوانه‌وار به جان او افتادند، ولی:

هر که اندر شیخ تیغی می‌خلید	باژگونه او تن خود می‌درید
یک اثر نی بر تن آن ذوفنون	و آن مریدان خسته در غرقاب خون

اینها هنوز چندان بی‌آبرو نیست. ما نخواسته‌ایم بگردیم و داستان‌های رسوای آنها را پیدا کنیم. نوشته‌هایی هست که هر کسی از خواندنش سرافکنده گردد. در سال‌های پیش کتابی به عربی در باره شیخ عبدالقادر گیلانی خوانده‌ام که برخی نوشته‌هایش به یادم مانده: کعبه همیشه به گرد سر شیخ می‌گردیده. خورشید از شیخ پَرک می‌طلبیده و بیرون می‌آمده؛ دوازده ماه هر یکی از شیخ دستور می‌گرفته و فرا می‌رسیده. نواده‌اش گفته: من بارها ماه را دیدمی که به رویه جوانی یا پیری به پیش شیخ آمدی و پَرک طلبیدی.

روزی به شیخ آگاهی دادند که فلان پیرو (= هوادار)، مرده. شیخ در خشم شد که عزرائیل بی‌پَرک خواستن از او، جان پیروش را گرفته. در زمان به آسمان پرید و جلو عزرائیل را گرفت و با خشم لگدی انداخت که به آن شیشه روانها که در دست عزرائیل می‌بود خورد و آن شیشه شکسته، همه روانها آزاد شدند که کسانی که در آن روز مرده بودند، همه زنده گردیدند.

یک رشته از دروغ‌های آنان در این زمینه است که چون کسی به پادشاهی یا به جایگاه بلند دیگر می‌رسیده، داستانی برایش می‌ساخته‌اند که «چون به فلان شیخ ارادت می‌ورزید شیخ آن مُلک به او داده». بدینسان از پیشامدها سودجویی‌های ناسزا می‌کرده‌اند.

طغرل و برادرانش که بارها با سلطان مسعود غزنوی و با دیگران جنگ کردند و آن پادشاهی بزرگ را بنیاد نهادند، ما در کتابهای

صوفیان می‌بینیم که روزی به نزد ابوسعید رفته بوده‌اند و شیخ سر برآورده و گفته: «خراسان را به چغری دادیم، عراق را به طغرل دادیم...» و در سایه همین بوده که آن پادشاهی را پیدا کرده‌اند.

این لاف کشوردهی و تاج‌دهی از صوفیان چندان ریشه‌دار بوده و بی‌چون و چرا گردیده که حافظ شیرازی که می‌خواسته خراباتیان را دسته «خدا جویانی» در برابر صوفیان نشان دهد و هر چه آنان در باره خود می‌گفته‌اند، این در باره خراباتیان (یا به گفته خودش رندان در میکده) می‌گفته[1]. همان تاج‌دهی را نیز عنوانی ساخته چنین می‌گوید:

بر در میکده رندان قلندر باشند

که ستانند و دهند افسر شاهنشاهی

کار این لاف به جایی رسیده که می‌بینیم در زمان ما، شت مهربابا خود را از آن بی‌بهره نخواسته و ما در کتابش می‌بینیم که پادشاهی یافتن رضا شاه پهلوی و کارهایی که او در ایران کرده، همه نتیجه پروایی می‌بوده که شت مهربابا از هند در باره این کشور داشته و سفری تا بوشهر کرده و بازگشته. مهتر است خود جمله‌های کتاب را بیاوریم. در باره «حقانیت و معجزات شت مهربابا» به سخن درازی پرداخته از جمله می‌نویسد:

---

۱ – در این باره کتاب «حافظ چه می‌گوید» دیده شود.

«یکی از بزرگترین معجزات که بر فردا فرد واضح و آشکار و ظاهر و مبرهن است و تمام عالم از وقوع آن در تفکر و حیرت‌اند ولی هیچ کس از اصل آن مخبر نیست، وضع حالیه و ترقّی امروزه مملکت ایران و انقراض سلطنت قاجاریه و تشکیل پادشاهی پهلوی و نصب اعلیحضرت رضا شاه به تخت سلطنت ایران است و این اولین خدمتی بود که شت مهربابا بعد از وصل الهی در این دنیا انجام داد و از برای اجرای آن هم سفری تا سر حد ایران (بندر بوشهر) رفته و مراجعت کرد. در سنه ۱۹۲۴ بعد از مسافرت کاملی که از هندوستان کرده و مراجعت نمودند با چند نفر از اتباع و پیروان خود به خیال گردش و مسافرت به ایران عزیمت فرمودند. بعد از رسیدن به بوشهر و اقامت چند روزی در آن جا، ادامه در مسافرت را موقوف نموده و باز مراجعت نمودند. از این مراجعت و مسافرت سبب و جهتی ظاهرا مفهوم نمی‌شد. فقط چنین استنباط می‌شد که مقصود مسافرت و سیاحت نیست بلکه از روی اشاره که معلوم شد فقط اجرای ماموریت بزرگی و تغییر و تبدلات کاملی بود که از روی ابهام می‌گفت، دانه کاشته شد و نشانه و اثر آنهم به زودی معلوم و واضح شد. یعنی از همان تاریخ اوضاع ایران به هم خورده و تغییرات کاملی در اوضاع سیاسی و اقتصادی و قوانین مملکتی رویداده و روز به روز وضعیت رو به بهبودی گذارد تا به حال امروزی رسید...»

در باره این داستانها سخن در آن است که همه آنها دروغست. از هر راهی که بیاییم اینها نبوده است و نتوانستی بود. اینها کارهاییست «نتوانستنی».

اگر از راه دین بیاییم، خدا برای کارهای جهان آیینی نهاده و چیزی بیرون از آیین آن نتواند بود که خری که مرده به خواهش کسی زنده گردد. نتواند بود که خانه کعبه از جای خود برخیزد و پیشواز کسی بیاید و یا به گرد سر کسی بچرخد. نتواند بود که ماهی‌ها از زیر آب به دلخواه کسی بیرون آیند و هر یکی سوزنی زرین به دهان دارند. نتواند بود که صوفی کسی را به یک خواستن در دل خود، به پادشاهی رساند.

دستگاه خدا بازیچه نیست که هر کسی برای هنرنماییهای خود در آن دستی برد و آن را دیگر گرداند. آنچه در باره موسی و عیسی و دیگر پیغمبران گفته‌اند، همچنین دورغست. بزرگ تر از موسی و عیسی، پیغمبر اسلام می‌بود که هر زمان «نتوانستی» (معجزه) ازو خواسته‌اند، ناتوانی نشان داده. این قرآن او که در دست ماست.

اگر از راه تاریخ بیاییم، این داستان‌ها تنها در کتاب‌های صوفیان است و در کتاب‌های تاریخی، نشانی یا پادآوازی از آن‌ها نیست. اگر رابعه خر مرده خود را زنده گردانیده بودی، آوازه کارش به همه جا افتادی و هزارها کسان به دیدن او و خرش شتافتندی و همه از آن آگاه گردیدندی و در تاریخ‌ها نوشته شدی. همینست حال در باره

دیگر کارها.

اگر از دیده دانش‌ها نگریم، هیچ کاری در جهان بی‌شَوند نتواند بود و کارهای جهان همه به هم بسته است. رضا شاه که از افسری به پادشاهی رسید، در نتیجه کوششهای خود او و پیشامدهایی از ایران و اروپا می‌بود. در آن میانه آنچه نمی‌بود، خواست شت مهربابا می‌بود.

اگر از راه آزمایش در آییم، چرا این صوفیان آن هنرها (یا کرامت‌ها) را چنان نشان نمی‌دهند که جای سخنی باز نماند؟! در زمان ما صوفیان هستند. یکی بیاید و مرده‌ای را زنده گرداند که همه ببینند و آن مرده بماند و راه رود و زبان همه بسته شود. چرا یکی به چنین کاری نمی‌پردازد؟! چرا شت مهربابا چنین «معجزه»ای نشان نمی‌دهد؟! از این هم می‌گذریم! چرا شط مهربابا نمی‌خواهند هندوستان را که نشیمنگاه او است به نیکی آورد؟! چرا نمی‌خواهد آنجا را به بهبود رساند؟! پس چرا همیشه چنین است که کاری را که دیگری برمی‌خیزد و می‌کند، پیران صوفی آن را به خود می‌بندند.

پیران صوفی که «اسم اعظم» می‌دانسته‌اند و خاک را زر و سنگ را گوهر گردانیدن می‌توانسته‌اند، چرا دیگر به گدایی می‌پرداخته‌اند؟! چرا وامدار افتاده و پرداختن وام‌هاشان را از این و از آن می‌طلبیده‌اند؟! در «اسرارالتوحید» می‌خوانیم که ابوسعید از یکی از بزرگان پولهایی خواسته که وامهایش را دهد و آن بزرگ نوید داده

ولی به کار نبسته و ابوسعید به خشم آمده و نفرین کرده که شبی آن بزرگ را سگانش دریده‌اند. من از خواندن این داستان به یاد داستان دیگری افتادم که هنگامی در کتابی خوانده‌ام، بدین سان: عابدی گندم به آسیا برد. آسیابان کار بسیار می‌داشت و به او نپرداخت. عابد در خشم شده گفت: «اگر گندم مرا زودتر از آن دیگران آرد نکنی نفرین کنم که خرت سنگ گردد». آسیابان گفت: «اگر تو را نزد خدا چنین جایگاهی هست، دیگر چرا خر مرا سنگ می‌گردانی؟! چرا آن نکرده‌ای که دعا کنی گندمت آرد گردد و نیاز به آمدن به آسیا نداری؟!»

جای هیچ گفت و گو نیست که آن «کرامت‌ها» همه دروغ است و اگر انگیزه آن جوییم، داستانش اینست که صوفیان چون به اینراه کج درمی‌آمده‌اند و سالها به سر می‌برده‌اند، با همه تیرگی روان و مغز که پیدا می‌کرده‌اند، به دعوی «پیوستن بخدا» برخاسته، چنین وامی‌نموده‌اند که بجهان دیگری درآمده‌اند و به جایگاه بسیار والایی رسیده‌اند و برای آنکه آن دروغ را به کرسی نشانند، ناچار می‌بوده‌اند به دعوی «کرامت» برخیزند و به یک رشته دروغ‌های دیگری پردازند. ناچار می‌بوده‌اند داستانها سازند. هر پیروی بایا (= وظیفه)ی خود می‌شمارده که پیر خود را دارای چنان جایگاه والا شناسد و توانای «کرامت» داند و باز بایای خود می‌شمارده که از آن داستانهای دروغی بسازد و بگوید. دستگاهی که بنیادش دروغ بود، باید با

دروغ‌ها نگه داشته شود.

از آن سو صوفیان که بیکار نشسته و همیشه بایستی چشم به دست توانگران دوزند، این کرامت‌های دروغ افزارهایی در دست آنان برای ترسانیدن یا امیدمند گردانیدن آن توانگران می‌بوده. این که «فلان کس پولی به درویشی داد و به پادشاهی رسید»، یا بهمان‌کس «به درویشی پولی نداد و پسرش جوانمرگ گردید»؛ یا ماننده‌های اینها، افزارهای برنده‌ای می‌بوده که توانگران پندارپرست را به پول دادن برانگیزد.

اینها انگیزه‌هایی بوده که صوفیان را بساختن آن داستانهای دروغ واداشته. شگفت‌تر از اینها آنست که برخی از صوفیان گامی بالاتر گزارده چنین وانموده‌اند که نشان دادن «معجزه» و «کرامت» در آغازهای کار و در زمان خامی یک صوفی، راهرو تواند بود. سپس که بیشتر رفت و از خامی درآمد، به «کرامت» نیز سر فرو نیاورد و آن را شایای (= شایسته، سزاوار) خود نشناسد. از بایزید بسطامی [در تذکرةالاولیاء] روایت شده که گفته است در بدایت (= آغاز) احوال، خداوند کرامات و آیاتی به من نشان می‌داد ولی من به آیات و کرامات توجهی نداشتم. چون خداوند مرا چنین یافت، راه معرفت خود را به من نمود.

این نمونه دیگریست که پیروان صوفی تا چه اندازه به درد خودنمایی گرفتار می‌بوده‌اند. چون از کسان «کرامات» گفته می‌شد،

اینان به برتری فروشی برخاسته این وانمود را پیش آورده‌اند. از آنسو این پرده‌ای می‌بوده که بر روی ناتوانیهای خود کشند و اگر کسانی «کرامتی» طلبیدند، چنین بهانه‌ای پیش آورند.

به گفتگو بیش از این دامنه نمی‌دهیم. از این گفته‌ها یک نتیجه روشن به دست می‌آید، و آن این که صوفیان مردان بسیار ناپاکروانی می‌بوده‌اند و این نمونه‌ای از ناپاکی‌های ایشانست که تا این اندازه بدروغگویی دلیر و به خدا و دستگاه آن گستاخ بوده‌اند. کسانی که به صوفیان خوش‌گمانی می‌نمایند از این‌ها ناآگاهند.

یک چیز شگفت آن که کتاب «اسرار التوحید» که پر از «معجزه»های ابوسعید و کارهای بسیار شگفتی به نام او یاد شده [که] شیخ راز دل هر کسی را می‌دانسته و چون به سرخس می‌رفته در هوا می‌پریده، با چهارپایان سخن می‌گفته، طغرل و برادرانش را به پادشاهی رسانیده؛ در همان کتاب با بودن همه اینها، داستانی می‌نویسد که یکی به نزد شیخ آمده و «کرامتی» خواسته که خود با دیده ببیند و شیخ در برابر او درمانده و بهانه آورده و چون آن داستان گواه دیگری به دروغگویی صوفیان می‌باشد، در پایین می‌آوریم:

«استاد عبدالرحمن که مُقری (= قرآن خوان) شیخ ما ابوسعید بود، گفت که در آن وقت که شیخ ما به نیشابور بود، یکی به نزدیک شیخ درآمد. سلام کرد و گفت که مردی غریبم بدین شهر درآمده‌ام.

همه شهر صیّت و آوازه‌ی تست و می‌گویند اینجا مردیست که او را کرامات ظاهر است. اکنون یکی به من بنمای.

شیخ ما گفت که ما به آمل بودیم به نزدیک ابوالعبّاس قصّاب. یکی به همین واقعه که ترا افتاده است، به نزدیک شیخ ابوالعبّاس درآمد و از وی همین سؤال کرد و از وی طلب کرامات کرد. شیخ ابوالعبّاس گفت میبینی آن چیست که نه کراماتست آنچه اینجا می‌بینی؟ پسر قصّابی بود که از پدر قصّابی آموخت. چیزی بدو نمودند و او را بربودند، به بغداد تاختند. پیر شِبلی او را به مکّه فرستاد و از مکه به مدینه فرستاد و از مدینه به بیت‌المقدس و در بیت‌المقدس خِضر را بوی نمودند و در دل خِضر افکندند تا او را قبول کرد و او را صحبت افتاد و اینجا باز آورد و عالمی را روی به وی آورد تا از خرابات‌ها بیرون می‌یایند و از ظلمتها بیزار میشوند و توبه می‌کنند و نعمت‌ها فدا می‌کنند و از اطراف عالم سوختگان می‌آیند و از ما او را می‌جویند. کرامت بیش از این چه بُوَد؟ پس آن مرد گفت یا شیخ کرامتی می‌باید که در وقت ببینم. گفت نیک ببین نه کرم او است که فرزند بُزکُشی را در صدر بزرگان بنشانند و به زمین فرو نشود و این دیوار بر وی نیفتد و این خانه بر سر وی فرو نیاید؟ بی‌مِلک و مال ولایت دارد و بی‌آلت و کسب روزی خورد و خلق را بخوراند. این همه نه کرامات است؟

آنگاه شیخ ما گفت که یا جوانمرد، ما را با تو همان افتاد که او

را. آن مرد گفت یا شیخ من از تو کرامات می‌طلبم، تو از شیخ ابوالعبّاس می‌گویی؟ شیخ ما گفت هر که به جمله کریم را بُوَد، همه حرکات او کرامات بُوَد. پس تبسم کرد و گفت:

هر باد که از سوی بخارا بـه مـن آیـد

زوبوی گل و مشک و نسیم سمن آید

بر هر زن و هر مرد کجا می‌وزد آن باد

گویی مگر آن بـاد همـی از خـتن آیـد

نی‌نی زختن باد چنان خوش نوزد هیچ

کان بـاد همی از بر معشـوق مـن آیـد

هر شب بگرایم به یمن تـا تـو برآیی

زیرا که سهیلی و سـهیل از یمـن آیـد

خواهم که بپوشم صنما نام تو از خلق

تا نـام تـو کـم در دهـن انجمـن آیـد

با هر که سخن گویم اگر خواهم اگرنه

اول سـخنم نـام تـو انـدر دهن آیـد

پس شیخ ما گفت: چو بنده را حق پاک گرداند، او را از خـودی خود دور گرداند و حرکات و سکنات و قالت و حالت آن بنده همـه کرامات گردد و صلی‌الله علی محمّد و آله اجمعین».

خوانندگان ایـن داسـتان را نیـک اندیشـند: آن مـرد «کرامـت» می‌خواهد و ابوسعید در پاسخش داستان می‌سراید و شعر می‌خوانـد

و با این کار خود می‌رساند که شیخش نیز همچون او درمانده‌ای بیش نبوده است. با این حال از دعوی «کرامت» دست نکشیده می‌گوید: «بنده را که حق پاک گرداند... حرکات و سکنات آن بنده همه کرامت گردد».

گفتار ششم

چگونه ایرانیان زبون مغولان شدند؟

در تاریخ ایران چیستانی هست که تاکنون باز نشده. داستان دلگداز مغول را می‌دانیم. این چیستانیست که چگونه ایرانیان به آن آسانی زبون مغولان گردیدند؟!

برای آنکه چگونگی دانسته شود، باید به یاد آورد که ایرانیان خود مردم جنگجو و دلیر می‌بودند و از زمانهای باستان، این کشور همیشه لشگر آراستی و به جنگها برخاستی. سپس اسلام چون جنگ و کوشش را به همه کس بایا می‌گرداند، ایرانیان که اسلام را پذیرفتند به جنگجویی افزودند.

ما اگر ایرانیان را در آخرهای سده‌ی چهارم و آغازهای سده‌ی

پنجم هجری به دیده گیریم، در آن زمان ایرانیان در دلیری و جنگجویی بسیار پیش رفته بودند. در آن زمان است که از یکسو سامانیان در ماوراءالنهر در برابر دسته انبوه ترکان ایستاده، جلو تاخت و هجوم آنان را می‌گرفتند، و چنان که استخری و دیگران نوشته‌اند همیشه سیصد هزار سواره آماده و آراسته در مرز نگه می‌داشتند، از یک سو سلطان محمود غزنوی با سپاهیان خود به کشور بزرگ و پهناور هندوستان تاخته شهرها می‌گشاد و تاراجها می‌آورد، و از یک سو دیلمیان و گیلانیان از کوهستان خود بیرون ریخته پادشاهی‌ها بنیاد می‌نهادند، و خاندان بویه تا بغداد پیش رفته خلیفه را زیردست می‌گردانیدند. همین دولتها با این جنگها و لشکرکشیها با همدیگر نیز درستی و نرمرویی ننموده در میان خود نیز جنگها پدید می‌آورند.

با این همه جنگها و سرگرمیها در خود کشور، دیده میشد که سالانه ده هزارها مردان، دسته دسته آهنگ آسیای کوچک کرده در آنجا در جنگهایی که همه ساله در بهار و تابستان در میان مسلمانان با رومیان برپا شدی همدستی می‌کردند. یک‌سال را ما در تاریخ می‌یابیم که تنها از خراسان هشتاد هزار تن به این آهنگ روانه آسیای کوچک شده‌اند. می‌باید گفت: ایران از غیرت و مردانگی سرشار می‌بوده و لبریز می‌شده است.

استخری می‌گوید: من در ماوراءالنهر به خانه هر دهگانی که رفتم اسبی را در استبل بسته، شمشیری را از دیوار آویخته دیدم.

این حال ایرانیان تا آغازهای سده پنجم می‌بوده. این سده می‌گذرد و سده ششم از پی آن آمده می‌رود، و در آغازهای سده هفتم، این کشور دچار تاخت و تاز مغولان می‌گردد و در آنجا است که ما با چیستان تاریخی روبرو می‌گردیم. زیرا می‌بینیم چنگیزخان که به ماوراءالنهر آمد، چهار سال در آنجا و در خوارزم و در بخارا به ویران کردن شهرها و کشتن مردان و برده گرفتن زنان پرداخت و آنچه می‌توانست از ستم به مردم آنجاها دریغ نداشت. با این‌حال در خراسان و آذربایجان و عراق و فارس و دیگر جاها، مردم به تکان نیامدند و کسی به این اندیشه نیفتاد که دسته‌ای پدید آورد و به یاری آن ستمدیدگان شتابد و یا آماده باشد که اگر مغولان به اینسو درآمدند با آنان جنگ کند. از میلیونها مردم یکی چنین مردانگی از خود ننمود.

بدتر از همه آن بود که چنگیزخان دو تن از سرداران خود را به نام یمه و سوتای با سی هزار تن از دنبال خوارزمشاه فرستاد، و آنان از جیحون گذشته از خراسان کشتارکنان پیش آمدند، و یک دسته از راه مازندران و دسته دیگری از راه خوار و ورامین، به ری و همدان رسیدند و در اینجاها به کشتار و آزار پرداختند، و سپس به آذربایجان رفته زمستان را در آنجا به سر بردند و در بهار بار دیگر برای کشتار و تاراج پراکنده شدند.

ایرانیان نه دلیری می‌داشتند که به جنگ برخیزند و دست

دشمنان را برتابند و نه کاردانی از خود می‌نمودند که باری از در زینهارخواهی درآیند و خاندانها را از گزند نگه دارند. سبک سرانه از جلو دشمن درمی‌آمدند و بی‌سرو سامان جست و خیزهایی می‌کردند و هر چه زودتر شکست خورده زبون دشمن می‌گردیدند.

در آن پیشآمد از همه شهرهای بزرگ ایران تنها تبریز آسوده ماند و آن در سایه کاردانی و دلیری شمس‌الدین طغرایی بود که از یک سو نیرو اندوخت و باروهای شهر را استوار گردانید، و از یک سو سبکسری ننموده فرستادگان به مغولان فرستاد و در آشتی و آشنایی کوفت، و همانا نخست بار بود که مغولان یک رفتار بخردانه و مردانه از ایرانیان می‌دیدند و از این رو خواهش شمس‌الدین را پذیرفته بسر تبریز نرفتند و آن شهر از کشتار و تاراج آسوده ماند.

دیگر شهرها از مرو و بلخ و نیشابور و ری و همدان آسیب‌های بسیار دیدند و یمه و سوتای چون کاری که بایستی کنند کردند از راه قفقاز و گرجستان و شمال دریای خزر به لشکرگاه خود پیوستند.

به گفته ابن اثیر در «کامل‌التواریخ»، این یک اندوه دلگداز بزرگی بود.

آری اندوه دلگداز بزرگی بود که سی هزار تن از اینسر کشور درآیند و کشتارکنان و تاراج‌کنان از آنسر بیرون روند و مردم چندان درمانده و زبون باشند که جلو آنان نتوانند گرفت. ایرانیان اگر درمانده و بیمار نبودندی، یک‌تن از آن سی‌هزار تن زنده بیرون

نرفتی. راست است که سپاهیان جنگ آزموده نمی‌داشتند و جنگ روبرو نتوانستندی کرد. ولی این توانستندی کرد که در این گردنه و آن دره جلوشان گیرند و به سرشان تازند و جنگ و گریز کنند. مردم اگر بشورند و آماده جنگ گردند از میانشان دلیرانی برخیزد و از فرماندهان کاردان پدید آید. سخن در اینجاست که ایرانیان هیچ نشوریده‌اند. چنان دشمنان خونخواری را در کشور خود دیده به تکانی برنخاسته‌اند.

ما می‌پرسیم: این بی‌دردی و سستی از کجا بوده؟... این بیرگی و پستی چه شوندی داشته؟... مگر ایرانیان آن نمی‌بودند که در سده‌های چهارم و پنجم، آن دلیریها و جنگجویی‌ها را از خود می‌نمودند؟... پس چه بود که در سده هفتم این درماندگی و زبونی را ما از آنان می‌بینیم؟... آیا در آن دو صد سال چه رخ داده بوده؟

تاکنون کسی در این زمینه به گفتگو و جستجویی نپرداخته و پاسخی به این پرسش‌ها داده نشده، ولی ما پاسخ آنها را می‌دانیم.

در آن دو صدسال در ایران چند رشته بدآموزی‌های زهرآلودی رواج یافته و در میان مردم پراکنده شده و همگی را از اندیشه جنگ و مردانگی دور گردانیده و سهش‌های آنان را از کار انداخته بوده. یکی از آن بدآموزی‌ها صوفیگری و دیگری باطنیگری و صوم

خراباتیگری می‌بود¹ آنچه مردم ایران را سست و بی‌رگ ساخته، و چیرگی مغولان را بدانسان آسان گردانیده، این نادانی‌ها و بدآموزی‌هاست.

راست است که چنان که در تاریخ‌ها نوشته شده مغولان را به ایران سرکشی‌های بی‌خردانه سلطان محمّد خوارزمشاه آورد و چند صد هزار لشگرهای جنگ آزموده را (که توانستندی جلو مغولان را بگیرند) ترسندگی و کارندانی او از میان برد. از آنسوی الناصرالدّین‌الله خلیفه عباسی و دیگر بزرگان پستی‌ها از خود نشان دادند و چنان که نوشته‌اند دستی در کار می‌داشتند. پس از همه اینها ما می‌گوییم: هنگامی که مغولان در ماوراءالنهر آن قصّابی‌ها را می‌کردند، چگونه ایرانیان یا مسلمانان دیگر جاها به تکان نیامدند؟! چگونه به یاری هم‌میهنان خود نشتافتند؟! چگونه به آینده خود نیندیشیدند؟! همه چیز به کنار به آن داستان سی‌هزار تن چه گوییم؟! چرا در برابر تاخت و کشتار یمه و سوتای ایستادگی ننمودند؟! یک مردمی که دشمنان به آن خونخواری را در نزدیکی، یا در میان خود می‌دیدند بایستی بجنبند و بشورند و در اندیشه چاره باشند، و اگر جنگ از روبرو نتوانستند سر گردنه‌ها را گیرند و یا در پشت دیوارهای شهر بایستند.

---

۱ - در باره خراباتیان کتابچه «حافظ چه می‌گوید دیده شود و در باره باطنیان در کتابچه دیگری سخن رانده خواهد شد.

ایران آن روزی بزرگتر از این، و مردم در شهرها و آبادی‌ها انبوه‌تر می‌بودند. از آن سو ایرانیان پشت‌گرمی به مسلمانان عراق و سوریا و مصر و دیگر جاها می‌داشتند. یک چنین توده بزرگی چه شده که بدانسان زبونی و ناتوانی از خود نموده؟!

پاسخ همان است که داده‌ایم. هنگامی که مغولان به ایران آمدند، از دیرباز در این کشور گفتگوی کشورداری و جنگ و مردانگی و اینگونه چیزها از میان برخاسته و از یادها رفته، و یک رشته گفتگوهای دیگری، از بی‌ارجی جهان و بدی جنگ و بیهوده بودن کوشش و مانند اینها – به جای آن‌ها آمده بوده. صوفیان و خراباتیان و باطنیان همه مردم نمی‌بودند. لیکن بدآموزی‌های ایشان به همه دل‌ها راه یافته بود.

از همان زمان‌ها یک کتاب نیکی در دست ما است که گواه نیکی به این گفته‌های ما تواند بود و آن سفرنامه ابن جبیر است. این مرد که در سال ۵۷۸ از اندلس بیرون آمده و از راه مصر و دریا به مکه رفته و در بازگشت عراق و سوریا و دیگر جاها را دیده، در کتاب خودآگاهی‌های نیکی از حال مسلمانان به ما می‌دهد. به نوشته او در همه جا صوفیان بسیار فراوان می‌بوده‌اند و با آسودگی و خوشی روز می‌گزارده‌اند. در همه جا بدآموزی‌های صوفیان بازاری شده درویشی و پارسایی و چشم‌پوشی از جهان عنوان نیکی برای خود نمایان می‌بوده. در همه جا واعظان مردم را به گریستن وامی‌داشته‌اند. در

همه جا سخن از «عشق به خدا» و «وجد» و مانند اینها می‌رفته. در بغداد، ابن جوزی بزرگ‌ترین واعظ آن جا شمرده می‌شده، و این مرد بالای منبر شعرهای صوفیانه می‌خوانده و مردم را می‌گریانیده و در هر بار کسان بسیاری را به سر تراشیدن و درویشی و پارسایی گزیدن وامی‌داشته است. در همه داستان‌هایی که او در کتاب خود نوشته به شما یک‌جایی را نخواهید یافت که سخن از نگهداری کشور و جنگ و مردانگی به میان آمده باشد. در همه جا مسلمانان از این اندیشه‌ها بسیار دور بوده و همانا نگهداری کشور و جلوگیری از دشمنان و جنگ با آنان را بایای پادشاهان و امیران و سپاهیان ایشان دانسته و آنان را «اهل دنیا» شناخته خوار می‌داشته‌اند.

برای آنکه نیک دانسته شود که این بدآموزی‌های صوفیان و دیگران تا چه اندازه کارگر افتاده، و تا چه اندازه اندیشه جنگ و مردانگی را از مسلمانان دور گردانیده، بلکه فهم و خرد را نیز باز گرفته بود یک داستان تاریخی دیگری در میانست که اینک باز می‌نماییم.

یمه و سوتای با سی هزار تن از آنسر کشور درآمدند و از این سرش در رفتند و آن‌همه خون‌ها ریختند و ویرانی‌ها کردند. چنگیزخان چهار سال در ماوراءالنهر و خوارزم و بخارا، کشتار و ویرانی دریغ نمی‌گفت و سپس نیز به خراسان در آمده تا غزنین پیش رفته و از آنجا با صدهزاران دختران و زنان که به بردگی گرفته بود،

به مغولستان باز گردید. پسران او، اکتای و تولی، در خراسان کشتار و ویرانی‌های بسیار کرده شهرهای بزرگی را از آبادی انداختند.

آیا پس از این داستان، ایرانیان یا مسلمانان چه بایستی کنند؟ آیا نبایستی از گذشته پند گرفته بنشینند و بیندیشند که مایه آن بدبختی‌ها چه بوده و برای آینده چه باید کرد؟ آیا نبایستی بدانند که مغولان دوباره خواهند آمد و در اندیشه چاره باشند.

ولی تاریخ نیک نشان می‌دهد که مردم پروایی نمی‌داشته‌اند و آن داستان‌های خونریزانه را فراموش کرده هر گروهی در پی کارهای خود می‌بوده‌اند. ما از آن زمان داستان‌هایی می‌خوانیم که هر یکی مایه شگفت و افسوس می‌باشد و یکی از آنها داستان مدرسه «المستنصربالله» بوده که چنان که گفتیم یک داستان تاریخی به شمار است.

المستنصربالله نوه الناصرالدین الله می‌بوده که پس از نیایش به تخت خلافت نشست، و این مدرسه را در بغداد در سال [۶۲۵ قمری، ۱۲۲۸ م] (هفت سال پس از بازگشت چنگیزخان) آغاز کرده و گنجینه بسیار در راه آن بکار برد، و چون در سال [۶۳۱ قمری، ۱۲۳۴ م] پایان یافت، باشکوه بسیاری آنجا را بگشاد و چند صد فقیه و چند صد صوفی را در آنجا نشاند که خوراک و نوشاک و پوشاک و دیگر دربایست‌های زندگی را آماده می‌داشتند.

این مدرسه نامش در کتاب‌ها فراوان یاد شده و آن را نمونه‌ای از

«تمدّن اسلامی» به شمار آورده‌اند. ولی اگر راستی را بخواهیم، نمونه‌ای از پستی اندیشه‌های مسلمانان و از سستی و بیرگی خلیفه و کسان او است. اگر مسلمانان کوردرون و پست‌اندیشه نبودندی، بایستی کینه مغولان را فراموش نکنند و صدهزار زنان و دختران را که در مغولستان با دل‌های پر از درد می‌زیستند از یاد نبرند و در همه جا به تکان آمده در اندیشه چاره باشند و چه فقیه و چه صوفی و چه دیگران، به جای هر کار دیگری در پی یاد گرفتن فن جنگ باشند و از آن سوی خلیفه گنجینه‌های خود را بیرون ریخته به سپاهیان دهد و افزار جنگ خَرَد و دژها بنیاد گزارد. این که هفت سال از آن خونریزی‌ها نگذشته، آن را فراموش کرده بدینسان به ساختن مدرسه (یا بهتر گویم، لانه فقیه‌تراشی و صوفی‌سازی) برخاسته و آن را با شکوه بسیار گشاده‌اند، بهترین دلیل است که چه در خلیفه و چه در مردم از غیرت و مردانگی، بلکه از خرد و فهم، چیزی باز نمانده بوده است و چنین کسانی سزایشان همان می‌بوده که بار دیگر مغولان بیایند و بکشند و آتش زنند و به بردگی بَرَند و سرانجام به همان بغداد دست یافته چهل روز کشتار کنند.

ما در ایران گواه تاریخی دیگری به پستی اندیشه‌های مردم و آکندگی مغزهای آنان می‌داریم و آن گلستان سعدی و شعرهای او است. این شاعر که در زمان مغول زیسته و همه آن ستم‌های دلگداز را دیده و ناله‌های ستمدیدگان را شنیده، مغزش چنان آکنده می‌بوده

که هیچ آنها را در نیافته و کمترین سَهِشی در او پدید نیامده. اینست شما می‌بینید در آن‌همه شعرها و سخنان خود، یادی از آن ستم‌ها نمی‌کند و سَهِشی از خود نشان نمی‌دهد. همه‌اش غزل می‌بافد، قصیده می‌سازد، سخن از یار می‌گوید، چاپلوسی به پول‌داران می‌نماید، و پندهای بیخردانه می‌دهد. در یکجا نیز سال ۶۵۶ [قمری، ۱۲۵۸ م] را که سال کشتار بغداد می‌بود سال خوشی خود می‌نامد.

در آن مدت که ما را وقت خوش بود
زهجرت ششصد و پنجاه و شش بود

در همه شعرهای این شاعر بزرگ در دو جا یادی از داستان مغولان رفته: یکی در آنجا که به انگیزش چاپلوسی و پستی، به کشته شدن مستعصم افسوس می‌خورد و آسمان را بر او خون می‌گریاند:

آسمانرا حق بود گرخون ببارد بر زمین
در زوال ملک مستعصم‌امیرالمؤمنین

تنها مستعصم می‌بوده که سعدی بایستی به کشته شدنش افسوس خورد.

دیگری در آنجا که در هزلیاتش داستان بسیار زشتی را بشعر می‌کشد و در میان آن دَلَخَکی (= دلقکی)هایش چنین می‌گوید:

بوق رویین در آن قبیله نهاد　　همچو شمشیر قتل در بغداد

این شاعر در یکجا می‌گوید:

تو کز محنت دیگران بی‌غمی نشاید که نامت نهند آدمی

این را می‌گوید و از بس مغزش آکنده می‌بوده، هیچ به یاد نمی‌آورد که خودش از درد و اندوه هم میهنانش به یکبار ناآگاه و بی‌غم می‌بوده.

چنان که گفتم داستان این شاعر و گفته‌هایش گواه تاریخی دیگری از حال ایرانیان و مسلمانان آن روز می‌باشد.

در اینجا میدان سخن بسیار فراخست و می‌توان از این گفتگو نتیجه دیگری نیز گرفت. این که گفته می‌شود آدمیان به دین نیازمندند، به یک راهی نیازمنداند که در زندگانی پیش گیرند، برای جلوگیری از این‌گونه زیان‌ها است. این صوفیان (و همچنین خراباتیان) خود را بالاتر از آن دانسته‌اند که پیروی دین کنند و شما می‌بینید که چگونه مایه تباهی صد میلیون‌ها مردم گردیده‌اند، چگونه خون صدهزاران مردان و زنان را به گردن گرفته‌اند.

مردان شوم دوست می‌داشته‌اند که بنشینند و از جهان و زندگانی نکوهش کنند و مردم را دلسرد گردانیده، به تنبلی و پستی کشانند. دوست می‌داشته‌اند که از جنگ و مردانگی بد گویند و خانقاه‌نشینی و سختی‌کِشی و مانند اینها را، که به گمان خودشان «مجادله با نفس»

می‌شماردند، «جهاد اکبر» خوانند، دوست می‌داشته‌اند که دلها را پر از بافندگیهای خود گردانیده و از هر دانش و باور نیکی بی‌بهره سازند.

در کتابهای خود صوفیان نیز، در باره درآمدن مغولان داستان‌هایی هست. داستان‌هایی که هر یکی گواه روشن دیگری به این گفته‌های ما است: مثلاً نجم‌الدّین رازی که یکی از بزرگان صوفیان شمرده می‌شود، از کسانی است که در زمان درآمدن مغولان می‌زیسته و او چون آهنگ مغولان را بسوی ری شنیده از آنجا گریخته و خود او در «مرصادالعباد» داستان را بدین‌سان می‌نویسد:

«چون قهر و غلبه آن ملاعین (= ملعون‌ها، اشاره به مغولان) پدید آمد، قریب یکسال این ضعیف در دیار عراق صبر می‌کرد بر امید آنکه مگر شب دیجور فتنه و بلا را صبح عافیت بدمد و خورشید سعادتی طلوع کند. هر گونه مُقاسات (= تحمّل، پذیرا شدن) شَدایِد (= سختی‌ها) و مِحَن (مِحنت‌ها، رنج‌ها) تحمل می‌کرد تا از سر اطفال و عوارت (عورت‌ها، همسران) نباید رفت و مفارقت احباب و دوستان و مُحِبّان و ترک مَقَرّ و مسکن نباید گفت. نه روی آن بود که مُتِعلّقان (= خویشاوندان) را به جملگی از آن دیار بیرون آرد و نه دل بار می‌دارد که جمله را در معرض هلاک و تلف بگزارد. عاقبت چون بلا به غایت رسید و مِحنت بینهایت و کار بجان و کارد به استخوان، أَلضَّروراتُ تُبیحُ المَحظُوراتِ برمی‌بایست خواند و بر فرمان یا أَیهَا الَّذِینَ آمَنُواْ عَلَیکُمْ أَنفُسَکُمْ لاَ یضُرُّکُم مَّن ضَلَّ إِذَا

اهْتَدَیتُمْ قیام نمودن و ترک جملهٔ متعلقان گفتن وَمَنْ نَجا بِرأسِهِ فَقَد رَبِحَ برخواندن و بر سنّت اَلْفِرارُ مِمَّالایطاقُ مِن سُنَنِ المُرسَلِینَ، رفتن و عزیزان را به بلا سپردن.

بی‌بلا نازنین شمرد او را چون بلادیده در سپرد او را
تا بدانی که وقت پیچاپیچ هیچکس مر ترا نباشد هیچ

این ضعیف از شهر همدان که مسکن بود شب بیرون آمد و با جمعی عزیزان و درویشان در معرض خطری هر چه تمام‌تر در شهور (= ماه‌های) سنه ثمان عشر و ستّمائه (= سال ۶۱۸) بر راه اردبیل روان شد و بر عقب این ضعیف خبر رسید که کفّار دَمرَهُم‌الله (= خداوند نابودشان کند) به شهر همدان رسیدند و حصار دادند و اهل شهر به قدر وسع بکوشیدند و بسی شهید شدند و عاقبت کفّار دست یافتند و شهر بِستَند و خلقی بسیار شهید کردند و بسی عورات و اطفال را اسیر کردند و مُتِعلّقان این ضعیف را که به شهر ری بودند بیشتر شهید کردند.

بارید بباغ ما تگرگی وز گلبن ما نماند برگی»

این داستان را نیک بخوانید تا بدانید صوفیان خود چه می‌بوده‌اند و مردم را چه می‌گردانیده‌اند. این مرد می‌گوید: یک‌سال شکیبیدم (=شکیبایی کردم) تا بلای رسیده پایان یابد. این نادان امید می‌داشته

که مغولان خود به خود باز گردند. چشم به راه می‌بوده که در ماوراءالنهر و بخارا و خوارزم و خراسان هر چه می‌خواهند بکنند و چندان که می‌توانند بکُشَند و آنگاه باز گردند و مردم عراق (ری و همدان) و دیگر جاها را از بیم و ترس آسوده گردانند. به این امید می‌شکیبیده و از نادانی این نمی‌دانسته که ایرانیان باید بکوشند تا بلا را از خود دور گردانند. نمی‌دانسته که باید او و هر سر جنبان دیگری پیش افتند و مردم را بشورانند و به نگهداری خاندان‌هاشان وادارند. این‌ها به اندیشه او نمی‌رسیده.

از آنسو پستی را نگرید که زنان و بچگان خود را بی‌سر گزارده، و خود با چند تن «درویشان» که افزار کارش می‌بودند، از همدان جان به در برده. مردک این نکرده که به ری رود و با خاندان خود باشد که اگر کشته شدن است با هم کشته شوند و اگر گریختن است با هم گریزند. آیا چنین بیرگی جز از کولیان پست نهاد سر تواند زد؟!

بدتر از این، آن بهانه‌هاییست که می‌آورند: «اَلضَّروراتُ تُبیحُ المَحظُوراتِ».[۱] این جمله که از کتاب‌های فقهی برداشته شده، آیا جایش این جا است؟! تو چرا نمی‌توانستی زنان و بچگانت را نیز همراه بَری؟! آن آیه که از قرآن آورده، در آن باره است که در آغاز اسلام اگر کسی مسلمان می‌گردید و خویشانش در بت‌پرستی

۱- در ناچاری به ناسزا توان در آمد.

می‌ماندند، به او باکی نمی‌بود. این آیه کجا و زنان و فرزندان را به دشمن سپردن و خود گریختن کجاست؟!

این شیوه آنان می‌بوده که چون پنداری می‌بافتند، جمله‌هایی از قرآن و از حدیث و از شعر و از دیگر جاها، بی‌آنکه سازشی در میان باشد می‌آوردند. در این جا همین رفتار را کرده:

بـی‌بــلا نــازنین شمرد او را   چون بلا دید، در سپرد او را

آیا این شعر در ستایش گفته شده یا در نکوهش؟!

چنان که گفتم این مرد یکی از بزرگان صوفیان می‌بوده، و این داستان نمونه یکی از ایشانست. نمونه‌ی نیکیست که در زندگانی بیش از این نمی‌خواسته‌اند که به کار و کوشش به یکبار بی‌پروا باشند و نان از هر راهی که به دست آمد (اگر چه از گدایی باشد) بخورند و در سختی‌ها چشم به راه پیش‌آمدها دوخته، باز شدن آنها را بیوسند (= منتظر باشند) و اگر باز نشد، جان خود را برداشته بگریزند. این حال آنان می‌بوده و خود پست‌ترین درجه زندگانیست.

گفتار هفتم

سودجویی‌ها که صوفیان از داستان مغول کرده‌اند

ما اگر بخواهیم تاریخ اسلام را تا زمان مغول کوتاه گردانیده، در چند جمله بگنجانیم، می‌باید بگوییم:

اسلام به خِرَدها و غیرت‌ها تکان داد و چند توده جداگانه را یکی گردانیده توده‌ای بزرگ و کشوری بسیار نیرومند پدید آورد. ولی شیعیگری و باطنیگری و صوفیگری و خراباتیگری، زالوهایی بودند که به کالبد آن توده و کشور چسبیدند و خون آن را مکیدند و همه نیرویش را گرفتند و آن را یک دستگاه پوچ گردانیدند که یک آزمایشی می‌خواست تا دانسته گردد چیست و آن آزمایش داستان مغول گردید.

جای افسوس است که چیرگی مغولان که در نتیجه رواج این

بدآموزی‌ها پیش آمده بود، در زمان آنان دوباره اینها (جز از باطنیگری)[1] به رواج افزودند و زیان و آسیب بیشتر گردانیدند. سخن از صوفیگری است و چنانکه گفتیم، در زمان مغولان بود که سلسله‌های بزرگتری در ایران و دیگر جاها پدید آمدند و صوفیان هر چه فزون‌تر گردیدند.

بدبختی ایرانیان در زمان مغول خود داستان درازیست که باید کتابها در باره‌اش نوشت. پستی اندیشه‌ها تا به جایی بوده که چنگیز را برانگیخته خدا - برانگیخته خشم خدا - می‌ستوده‌اند و با مغولان کینه‌ای نمی‌ورزیده‌اند. حمدالله مستوفی، که یکی از مردان با فهم زمان خود بوده، چنگیز را از «الوالامر» شناخته در باره‌اش شعرهایی می‌سراید.

ندارد گزیر از شهان روزگار   بود پادشه سایه کردگار
ولیکن سزاوار قوم و زمان   فرستد شهان را خدا بی‌گمان
گه از سایه لطف و گاهی زقهر   دهد خسروان را خداوند بهر
اگر بندگان راستکاری کنند   همان از پی رستگاری کنند
شهی همچون ایشان بایشان دهد   که بیگانه به ز خویشان دهد

....

و گر بندگان را دگرگونه رای   بود خشم گیرد برایشان خدای
هم ازخشم خود،خسرویی تیغ‌زن   فرستد به نزدیک آن انجمن

---

۱۰ - ولی باطنی‌گری بشوندی که در جای خود یاد شده از رواج افتاد.

تو گویی که کاری ندارد دگر　　نخواهد بمانَد یکی جانور
جز آزار مردم ندارد بیاد　　نباشد بجز کار پیکار شاد
نه دیار ماند از و نه دیار　　برآید ز کارش ز گیتی دمار

از آن زمان نیز سفرنامه ابن بطوطه در دست ماست. این مرد که در آخرهای زمان مغول، گردش درازی در حجاز و عراق و ایران و هندوستان و دیگر جاها کرده، در همه جا صوفیان را می‌دیده است و با پیران ایشان دیدار می‌کرده. از کتاب او نیک پیدا است که در صدسال و بیشتر که زمان پادشاهی مغولان بوده، صوفیگری رواج بسیاری یافته بوده.

راستی آنست که با آن حالی که برای ایرانیان و مسلمانان رخ داد، و گروهی از دشمنان خونخوار بر سرشان تاخته و ملیونها مردان را کشته و صدهزارها زنان و دختران را به بردگی برده، و پس از همه آنها، رشته فرمانروایی کشور را به دست گرفته بودند. با چنان حالی مردم می‌بایست بیکی از دو کار برخیزند: یا مردانه دست به هم دهند و به یک رشته جانفشانی‌های بزرگ تاریخی برخاسته کینه از مغولان جویند و آنان را از کشور بیرون رانند، و یا به یکبار چشم از کینه‌جویی و مردانگی پوشیده، برای آرام گردانیدن دل‌ها و کاستن از اندوه‌ها، خود را به دامن صوفیگری و خراباتیگری انداخته روز گذرانند. می‌بایست یا آن کنند و یا این. مردم بدبخت ایران چون

آلوده می‌بودند و آنگاه سران و پیشروان شاینده نمی‌داشتند، این یکی را برگزیدند و این بود روز بروز صوفیگری و خراباتیگری به رواج خود افزود و بدآموزیهای پست، هر چه بیشتر گردید.

یک چیز دیگر این بود که صوفیان از همان پیشامد مغول نیز به سودجویی پرداختند و از بدبختی و دلسوختگی مردم فرصت بدست آورده، بهره‌برداریهایی کردند و چون این یکی از کارهای بسیار ننگ‌آلود صوفیانست، از آن بگشادی سخن خواهم راند.

در پیش هم گفتم که یکی از شیوه‌های بد صوفیان این بود که از سرگذشت‌ها و پیش‌آمدها سود جستندی. به این معنی که اگر سر کرده‌ای در جنگها فیروز درآمدی و به پادشاهی رسیدی، آن را به خود بسته چنین گفتندی: «فلان هنگام به دستبوس شیخ ما آمده بود و شیخ فرمود پادشاهی فلان‌جا را به تو دادم». اگر پادشاهی کشته شدی یا از تخت افتادی، چنین سرودندی: «دشمن اولیا می‌بود و فلان‌زمان شیخ ما از او پول خواست و نداد». اگر یکی را پسر جوانی مُردی یا زیان بزرگی از بازرگانی رسیدی، زبان به سرزنش باز کرده چنین گفتندی: «چون به درویشان دستگیری نمی‌کرد سزای خود را دید».

چنان که گفتیم این رفتار نتیجه آن مفتخواری و گدایی می‌بود که برای خود پسندیده بودند. برای آن که بیشتر توانند پول از مردم بگیرند، ناچار می‌بودند به چنین زشت کاری پردازند.

این رفتار گذشته از آن که نشان دروغگویی صوفیان و دلیل گستاخی آنان با خدا است، نمونه‌ای از پستی خوی‌های ایشان می‌باشد. زیرا کسی را که پسری مرده یا اندوه دیگری رسیده، راه مردانگی آن است که آشنایان و دوستان به دلجویی پردازند و با دست و زبان از اندوه او بکاهند. نه این که فرصت یافته، زبان به سرزنش باز کنند. چنین کاری جز شیوه گدایان پستِ رشک بر نتواند بود.

به هر حال در داستان مغول نیز صوفیان این شیوه خود را به کار بردند. بدینسان که چون سلطان‌محمّد خوارزمشاه، چند سال پیش از داستان مغول، شیخ مجدالدّین بغدادی نامی را که از بزرگان صوفیان می‌بود به گناه آنکه با مادر او، ترکان خواتون، درآمیخته بود، در خوارزم به آب انداخت، زمانی که داستان دل‌گداز مغول رخ‌داد، صوفیان عنوان به دست آورده چنین گفتند:

«خدا چنگیزخان را برای گرفتن خون شیخ مجدالدّین فرستاد».

چنین گفتند: «چون مجدالدّین کشته شد دریای خشم خدا به جوش آمد و مغولان را به خواستن کینه او فرستاد.

تا دل مرد خدا نامد بدرد   هیچ قومی را خدا رسوا نکرد»

یک افسانه دروغی هم ساخته در کتاب‌های خود نوشتند:
«خوارزمشاه چون مجدالدّین را کشت از نتیجه آن ترسناک گردید و

یک لگنی پر از زر گردانیده شمشیری و کفنی روی آن گزارده به نزد شیخ نجم‌الدّین کبری که استاد مجدالدین می‌بود آورد و خود سر را برهنه گردانیده در پایین اطاق ایستاد و زبان به آمرزش خواهی گشاده چنین گفت:

«اگر خونبها می‌خواهید این زر، و اگر کیفر می‌خواهید آن شمشیر و این سر من. شیخ فرمود خونبهای فرزندم مجدالدّین پول نیست. در این راه پادشاهی تو رود، سرهای من و کسان دیگر نیز رود».

ببینید تیره درونی را به جای آن که به مردم بگویند چیرگی مغول جز در نتیجه سستی و بی‌دردی و پراکندگی شما نبوده و آنان را به چاره‌جویی راه نمایند، یا این دروغها هر چه گمراه‌ترشان گردانیده‌اند.

همین نمونه دیگری از گستاخی صوفیان با خدا است: خدا خون مجدالدین بغدادی را با دست مغولان گرفته، از که؟... از زنان ناآگاه و بچگان بی‌گناه بخارا و سمرقند و خوارزم و مرو و نیشابور و ری و همدان؟ برای کشته شدن یک صوفی، کشورهایی را ویران گردانیده؟ اینست معنی گفته‌های ایشان!

از آن سوی ما می‌بینیم در همان داستان مغول از خود صوفیان نیز کشته شدند. نجم‌الدّین [کبری] خوارزمی کشته شد، شیخ عطار کشته شد، دیگران کشته شدند. اگر صوفیان در دستگاه خدا آن ارج

را می‌داشتند، پس چه شد که خدا باری اینان را نرهانید؟! آنگاه چه بوده که خدا به هر یک صوفی کشته شده، آن همه بی‌گناهان را به کشتن داده، ولی به پاس صوفیان زنده، باری یک شهر نیشابور یا خوارزم را از کشتار باز نداشته است؟! چه شده که «کرامت‌های» صوفیان همه گزندآور بوده؟!

در باره همان شیخ عطار نیز دروغی ساخته چنین گفته‌اند: «مغولی که او را کشت چون شمشیر راند و سرش به زیر افتاد شیخ با آن تن بی‌سر نعره کشان دویدن گرفت و نیم‌فرسنگ دوید و آنگاه افتاد». دانسته نیست کسیکه «معجزه» می‌توانسته، چرا در یک راه سودمندی آن را ننموده؟! دانسته نیست از این معجزه چه نتیجه خواستی بود؟!

در باره همان مجدالدّین یک افسانه دیگری در کتابهای صوفیان است: مجدالدّین روزی با درویشان نشسته بود. چون در حال «جذبه» می‌بود به زبان راند، «ما تخم غازی بودیم در کنار دریا مانده». این سخن او چون به گوش استادش شیخ نجم‌الدّین رسید، گفت «در دریا باشد». مجدالدّین چون این را شنید ترسید و روزی که شیخ به سماع (رقص و آواز) برخاسته شادمان می‌بود پابرهنه به نزد او شتافت و لگنی را پر از آتش به سر گزارده در آستانه ایستاد: نجم‌الدّین گفت: چون از این راه آمدی دین و ایمان تو آسوده ماند. ولی سر تو رود و بشوند تو سر ما نیز رود و جهان ویران گردد.

چندی نگذشت که همه این گفته‌ها جای خود را گرفت.

این گونه افسانه که باید آنها را «چیستان» نامید، در کتابهای خود صوفیان فراوانست. خواسته‌اند چنین فهمانند که ما را به یک جهان دیگری راهست و یک‌زبان دیگری می‌داریم و رازهایی با خدا در میانست. یک مشت گدایان از هیچ لافی باز نمی‌ایستاده‌اند و از هیچ گستاخی با خدا دریغ نمی‌گفته‌اند. به هر حال من می‌پرسم: اگر این داستان راست بوده پس مجدالدّین در نتیجه آنکه زبان خود را نگه نداشته بوده، به گفته استادش بایستی کشته شود. خواست خدا این می‌بوده. پس خوارزمشاه در کشتن او چه گناه داشته؟! دیگر چه می‌بایست که خدا به خشم آید و مغولان را به جستن کینه او فرستد؟!

گذشته از اینها، مگر شما نمی‌گویید همه خدایند؟ پس خوارزمشاه نیز خدا می‌بوده و یک کاری کرده. خدایی، خدایی را کشته است. دیگر چه جای خشم و کینه‌جویی می‌بوده؟! نمی‌دانم چرا به نتیجه گفته‌های خود گردن نمی‌گزارید؟!

در یکجا، در آن پندارهای صوفیگری غوطه خورده، به یک جاهایی می‌رسید که نیک و بد و راست و کج و ستم و داد و تاریکی و روشنایی همه را یکی می‌شمارید؛ میانه‌ی فرعون و موسی جدایی نگزارده می‌گویید:

چونکه بیرنگی اسیر رنگ شد   موسیی با موسیی در جنگ شد

در یک‌جا نیز به رَدِه‌ی عامیان بسیار نافهم بازگشته، می‌گویید خدا چنگیزخان را به گرفتن خون مجدالدّین فرستاد. آیا آن چه می‌بوده و این چه می‌باشد؟!

یک داستان دیگری از سودجوییهای صوفیان در زمان مغولان این است که چون در سال [۶۲۸ قمری، ۱۲۳۱ م] جلال‌الدّین خوارزمشاه در آذربایجان از جلو مغولان گریخت و به کردستان رفت، در آنجا مغولان ناگهان به سر چادرهای او ریختند و او بیش از این نتوانست که بر اسبش نشسته، تنها جان به در برد و در کوهستان با دست یکی از کردان کشته گردید. این بود پایان سرگذشت آن مرد دلیر.

ولی مردم تا سالیان درازی کشته شدن او را باور نکرده و چشم به راه پیدایش او می‌داشتند، و صوفیان از اینجا نیز به سودجویی پرداخته‌اند و چنان که در کتابهاشان می‌نویسند، شیخ الشیوخ رکن‌الدوله علاءالدوله سمنانی چنین گفته که روزی استاد او [عبدالرحمن اسفراینی] از جایی که نشسته بوده ناپدید گردیده. شاگردان در شگفت شده‌اند و سپس که شیخ ناگهان در همانجا پدید آمده، چنین سروده: سلطان جلال‌الدین از هنگامی که گریخت جامه درویشی در بر کرده و به «رجال‌الله» درآمده بوده و همیشه در گوشه‌های جهان گردیدی تا مرگش فرارسید و در فلان غاری بدرود زندگی گفت و من رفتم تا برو نماز گزارم و به خاکش سپارم.

گفتار هشتم

آمیغی که در گفته‌های پلوتینوس توان یافت

بدیهای صوفیان بسیار بیشتر از آنست که ما بتوانیم در این کتاب از همه آنها سخن رانیم. عنوان‌هایی که ما در کتاب‌های آنان می‌بینیم. از توکّل، تسلیم، رضا، وَرَع، ایثار، صبر، فناءفی‌الله و مانند اینها در هر یکی لغزش‌ها و بی‌خردی‌های بسیار در کار است. ما چون فرصت نمی‌داریم و چون نیازی به گفتگو از همه بدی‌ها و بی‌خردی‌های آنان نمی‌بینیم، به سخنی از آنها نپرداخته‌ایم.

اما پلوتینوس بنیادگزار صوفیگری، چنان که گفتیم، گفته‌های او نیز پایه‌ای استوار نمی‌دارد. لیکن در سخنان او یک آمیغی (= راستی، حقیقت) نهانست. آمیغی ارجدار، و آن این که آدمی تنها این تـن و

جان مادی نیست و خواهاکهای او تنها خوردن و خوابیدن و کام گزاردن و با همجنسان خود نبردیدن نمی‌باشد. بلکه در کالبد آدمی، دستگاه دیگری نیز می‌باشد که خواهاک‌های آن با دیگران دلسوزی نمودن و به آنان نیکی کردن و به داد و راستی پشتیبان بودن و آبادی جهان و آسایش جهانیان را خواستن و مانند اینها است و هر آدمی باید این را بداند و این دستگاه روانی را در خود بشناسد و همیشه به نیرومندی آن کوشد.

پلوتینوس این آمیغ را دریافته و به برگزیدگی آدمی از میان همه آفریدگان پی برده. ولی چون خواسته آنرا به رشته سخن بکشد، به شیوه دیگر فیلسوفان یونانی، با پنداربافیها در هم آمیخته و با «یکی بودن هستی» (وحدت وجود) و سخنان دیگر که همه‌اش بی‌پا می‌باشد، آلوده گردانیده.

از آنسوی راهی را که پلوتینوس برای نیرومند ساختن روان نشان‌داده، بسیار کج است و خِرَد از آن بیزار است. چرا باید از خوشیهای جهان چشم پوشید؟! چرا باید به خود سختی‌های بیهوده داد؟! پس خوشی‌های جهان بهر چه کسانی است؟! مگر این جهان را جز خدا پدید آورده؟! آنگاه «عشق» با خدا چه می‌سِزَد؟! چه معنایی به آن توان داد.

نیز «بی‌خودی» یا بیرون رفتن از خود که پلوتینوس نتیجه سختی‌ها و رنج‌ها می‌داند، مدعی است که خود او چهار بار آن حال

را پیدا کرده و به خدا پیوسته، جز سَمَردی نیست! باید گفت پلوتینوس فریب پندارهای خود را خورده. کسی نه از خود بیرون تواند رفت و نه به خدا تواند پیوست.

دوباره می‌گوییم: این راست است که آدمی تنها این تن و جان مادّی نیست. راست است که در او دستگاه دیگری با خواهک (= خواسته)های دیگری هست. ما این آمیغ را که بسیار ارجدار است، با ساده‌ترین و استوارترین زبانی، بارها زیر عنوان «جان و روان» باز نموده‌ایم[۱] پلوتینوس که نتوانسته این را با زبان دانش باز نماید، یک رشته پندارهای بی‌پایی به آن افزوده است.

این نیز راست است که هر کسی باید در پی نیرومند گردانیدن روان باشد: آدمی اگر به حال خود مانَد، جان چیرگی نموده، «روان» را ناتوان و به یکباره خواهد گردانید. راست است که آدمی خودرو نباید بود و او را به کوشش‌هایی در باره‌ی پیراستن و آراستن نیاز بسیار می‌باشد. چیزی که هست این کار راهش چشم‌پوشی از جهان یا سختی دادن به خود (ریاضت) نتواند بود. چنان که نشان دادیم از این‌ها جز نتیجه‌ی وارونه پدید نیاید.

برای نیرومندی روان، نخست گام جهان و زندگانی را بدانسان که هست دانستن، خدا را شناختن و به بزرگی و توانایی او و کوچکی و ناتوانی آدمی در برابر وی پی بردن و نتیجه‌های نیکی را

---

۱۰ – کتاب «ورجاوند بنیاد» بخش یکم دیده شود.

که از پیروی خواهاک‌های روان تواند بود، بدیده گرفتن و در پیش چشم داشتن است. آن سختی که هر کس باید به خود دهد این است که در زیست خود جلو آز و خشم و کینه و خودخواهی و مانند اینها را که خیم‌های جانی است بگیرد و در هر کاری که می‌کند نه تنها در بند خوشی خود بلکه در بند خوشی همه باشد.

اینها سخنانیست که ما با پلوتینوس ‑ یا بهتر گویم، با بنیادگزار صوفیگری ‑ می‌داریم. اما صوفیان در این اندازه نیز نایستاده و تا توانسته‌اند در گمراهی‌ها پیش رفته‌اند و ما آمیغی در گفته‌های آنان نمی‌یابیم. آری همه‌ی صوفیان دانسته و فهمیده بد نبوده‌اند و گاهی برخی از آنها نیز تنها به پارسایی ساده و جلوگیری از آز و خودخواهی بس کرده‌اند که ما را با ایشان سخنی نیست. ولی این گونه چیزها بسیار کم می‌بوده و صوفیگری رویهم رفته سرچشمه گمراهی‌های بسیار بزرگ و بدآموزی‌های بسیار زهرناک و زیان‌های تاریخی هَناینده بوده است.

ما در این کتاب که برای همگان نوشته و تا می‌توانیم به سادگی زبان آن کوشیده‌ایم، نخواسته‌ایم از همه چیز سخن رانیم. نخواسته‌ایم از «طاعات» و «شطحیات» نام بریم. نخواسته‌ایم از قلندران و کارهای ایشان گفتگو کنیم.

یک نکته دیگری که باید باز نماییم آن است که صوفیگری امروز «گمراهی ساده‌ای» نیست، بلکه «افزار سودجویی» نیز هست. به این

معنی صوفیان نه آن که آمیغ‌ها را نمی‌دانند و از راه ندانستن به صوفیگری گرویده‌اند و بر روی آن ایستادگی نشان می‌دهند، بلکه آنان از این گمراهی سود می‌جویند و این انگیزه آن شده که پس از دانستن نیز دست برنمی‌دارند.

خواهید گفت: چه سودی می‌جویند؟! پاسخش آنست که پیران و پیرامونیان‌شان بی‌رنج و کوشش زندگی می‌کنند. به گفته‌ی ابوالعباس قصاب، «بی‌مُلک و مال ولایت می‌دارند و بی‌آلت و کسب روزی می‌خورند و خلق را می‌خورانند...». اکنون در ایران و هندوستان و دیگر جاها، چند دستگاه از این گونه هست که بی‌تاج و تخت پادشاهی می‌کنند و بی‌هیچ پاسخدهی از مردمان «مالیات» می‌گیرند و در هر یکی از خود آنها گذشته از «پیر»، پیرامونیانی نان می‌خورند و روزگار با خوشی می‌گذرانند.

اما پیروان، صوفیگری برای بسیاری از ایشان «پناهگاه» است. برای آن که خواستمان روشن گردد می‌باید در این جا اندکی از زمینه‌ی خود بیرون رفته، به یک گفتگوی دیگری پردازیم.

این نکته چه از دیده‌ی روانشناسی و چه از راه آزمایش‌های تاریخی، بی‌گفتگوست که مردانی که روانهاشان ناتوان است و جلو بدکاری‌های خود را نمی‌توانند گرفت، در همان حال روانهاشان آنان را آسوده نخواهد گزاشت و فرجاد (= وجدان) همیشه به آنان نکوهش خواهد کرد. از اینجا است که آن گونه کسان همیشه در

جستجوی راهی باشند که به دستیاری آن خود را از ناآسودگی بیرون آورند. نیز از اینجا است که تیمور با آن بیدادگری و خونخواریش، صوفی پافشاری می‌بوده. صمدخان مراغه‌ای با آن سیاهکاریهای ننگ‌آلودش، شیعی بسیار خونگرمی شمرده می‌شده. تیمور که آن همه خون بیگناهان را می‌ریخته، بی‌گمان گاهی با خود می‌اندیشیده و نکوهش سخت از درون خود می‌هَنیده و برای او بسیار لذت می‌داده که یک دسته پیران صوفی باشند که بی‌آنکه بازخواستی در باره آن خونریزیها کنند، تنها از اینکه بدیدن ایشان می‌رود و پول به آنان می‌رساند، او را نیک و پاک شناسند و یک دسته شکم‌پرست در پای سفره او نشسته، او را «مروج دین» خوانند. این‌ها برای او آب به آتشش ریختن می‌بود. صمدخان که مردانی را که در راه آزادی کشور خود کوشیده بودند می‌کشت، زبان می‌برید، آزادیخواهی را دست بسته جلو سگ می‌انداخت و پس از همه اینها با صد پستنهادی نوکری بیگانگان می‌کرد، چنین کسی هر چه تیره درون بودی، بیگمان گاهی آواز فرجاد را از درون خود شنیدی و بسیار به جا می‌بود که کیش شیعی بگوید «اگر به امام حسین گریستی یا به زیارتش رفتی، همه گناهانت آمرزیده گردد».

اینست معنی پناهگاه و خواستمان آن است که از صوفیگری یا از گمراهیهای دیگر سودجویی می‌شود که چه پیشروان و چه پیروان از آن برخورداری می‌کنند. مثلاً بسیاری از سران وزارتخانه‌ها که

جستجو کرده، می‌بینیم به فلان شمس‌العرفاء و به همان عاشق علی شاه سر سپرده‌اند این یک کار بی‌انگیزه‌ای نیست. این مردان که رشته کارهای کشوری را به دست گرفته و هر یکی جز در پی سود خود نیست و صد سیاهکاری در نهان و آشکار از هر کدام سر می‌زند بدانسان که روشن گردانیدیم، به صوفیگری یا یک چیزی مانند آن نیاز بسیار می‌دارند و از اینجاست که ما در این چند سال دیده‌ایم به هر یکی از گمراهی‌ها که ایراد می‌گیریم، هواداران آنها نخست تا می‌توانند ایستادگی نشان می‌دهند و به هیاهوی می‌پردازند و سپس که دیدند کاری نتوانستند و ایرادها به زبانها افتاد، جاهای ایراد را انکار می‌کنند و یا تنها آن بخشها را کنار می‌گزارند. به هر حال خرسندی نمی‌دهند که آن گمراهی از میان رود و آن دستگاه بر افتد.

این کار در باره صوفیگری یک مثل نیکی می‌دارد و آن این که چون در ایران جنبش مشروطه برخاست و ایرانیان بدبختی‌های خود را به یاد آورده سرچشمه آنها را می‌جستند، در آن میان از صوفیگری نیز نام برده، به عنوان این که مردم را از پرداختن به کار و زندگانی باز می‌دارد و جهان را در دیده‌ها خوار می‌گرداند، نکوهش‌های بسیار می‌نوشتند و همانا در نتیجه آن است که دیده می‌شود که به تازگی پیران صوفی سخن خود را دیگر گردانیده‌اند و می‌گویند «به دنیا نیز باید پرداخت». یک جمله‌هایی را که در کتاب‌های عربی به نام امام علی بن ابیطالب نوشته‌اند دلیل آورده می‌گویند مگر مولای ما

نفرموده: «إعمل لِدُنْیا کأنک تعیش أبدًا وَ إعمل لِآخِرَتک کأنک تَمُوتَ غَدًا»؟!

این را دلیل می‌آورند که صوفیگری با پرداختن به آبادی جهان ناسازگار نیست در جایی که:

نخست، بنیاد صوفیگری به چشم پوشی از جهان و دشمنی با آن بوده و اینست صوفیان خود را در این جهان سوگوار می‌دانسته‌اند و جامه‌ی کبود پوشیده سر می‌تراشیده‌اند. کبود پوشیدن و سر تراشیدن در آن زمانها، نشان سوگواری سختی می‌بوده که مادران پسر مرده و خواهران برادر کشته شده به آن برمی‌خاسته‌اند. کتابهای صوفیان پر از نکوش جهان است، همیشه آن را مردار (جیفه) نامیده، دامن در چیدن از آن را بایای هر مرد خدایی می‌شمارده‌اند. در این باره چندان پافشاری می‌داشته‌اند که می‌نویسند پیرانشان پول یا کالایی را که از دیگران با گدایی می‌گرفته‌اند، برای فردا نگاه نداشته همان روز به درویشان و دیگران بخشیده یا می‌خورانیده‌اند. این بوده اندازه دشمنی آنان با جهان و زندگانی.

دوم - پایه صوفیگری گفته‌های پلوتینوس رومی بوده، آن را به همبستگی به امام علی بن ابیطالب نتوانستی بود. اینها رویه کاریهایی است که صوفیان برای بریدن زبان مردم کرده‌اند. صوفیان خود دینی نمی‌داشتند. ولی چنان که گفتم، در هر کجا که می‌بودند با کیش مردم آنجا راه می‌رفتند. در ایران شیعی می‌شدند و خود را به امام علی بن

ابیطالب می‌بستند و در عثمانی سنّی می‌بودند و سلسله خـود را بـه ابوبکر خلیفه می‌رسانیدند.

به هر حال این یک دست و پایی است که در این بیست و سی سال کرده‌اند و من می‌دانم در برابر این ایرادهای ما نیـز نخسـت بـه هیاهو خواهند پرداخت و به دولت دست به دامن شـده، جلـوگیری خواهند خواست. سپس از در پرده‌کشی در آمده، آنچه را کـه تواننـد انکار خواهند کرد. یا خواهد گفت سلسله‌ی ما نبـوده. پـس از همـه اینها آن بخش‌ها را که ایراد گرفته شده، دیگر خواهند گردانید.

ولی این خود سنگر عـوض کردنسـت. ایـن دلیلسـت کـه آنـان نمی‌خواهند دست از گمراهی‌هـای خـود کشـند. دلیلسـت کـه ایـن گمراهی‌ها دکـانی اسـت و اینسـت نمـی‌خواهنـد رهـا کننـد. بلکـه می‌خواهند بخواهش زمان رنگش را دیگر گردانند.

فراموش نکرده‌ام در آغاز جنبش مشروطه در تبریـز واعظـی بـه نزدیکی از سران مشروطه‌خواهی آمده، چنین مـی‌گفـت: «دیـروز بـه مجلسـی رفتـه بـودم، نگزاردنـد بـالای منبـر رَوَم. گفتنـد دیگـر آن موعظه‌ها به درد نمی‌خورد، باید از مشروطه سخن راند. در حالی که واعظی کار منست که اگر نکنم باید گرسنه بمانم. اینست آمـده‌ام بـه من یاد بدهید از مشروطه سخن برانم. دیگر چرا به منبر نـروم؟!» ایـن را با یک سادگی می‌گفت.

این صوفیان نیز با زبان حال همان را خواهند گفـت: صـوفیگری

کار ما است، راه روزی ماست، پناهگاه ما است، چرا دیگر دست بکشیم؟! هر کجایش بد است، بگویید آنجا را دیگر گردانیم!

www.ingramcontent.com/pod-product-compliance
Lightning Source LLC
Chambersburg PA
CBHW070044080526
44586CB00013B/902